浙江省高职高专优势专业（护理）建设项目成果

卫生法规及护理管理

主　编　饶和平

副主编　祝美姣　朱晓卓

编　者　（以姓氏笔画为序）

朱晓卓（宁波卫生职业技术学院医学技术学院）
阮维修（衢州市医学学术管理中心）
李胜琴（衢州职业技术学院医学院）
邹　涛（上海市浦东新区卫生监督所）
范晓江（衢州职业技术学院医学院）
金祥宁（金华职业技术学院医学院）
饶和平（衢州职业技术学院医学院）
祝美姣（衢州职业技术学院医学院）
顾　艳（南通市肿瘤医院）
徐勤容（衢州市人民医院护理部）
曹　莹（复旦大学附属肿瘤医院闵行分院）
韩继红（衢州市柯城区人民医院护理部）
韩翠芳（天津蓟县人民医院）

ZHEJIANG UNIVERSITY PRESS
浙江大学出版社

图书在版编目(CIP)数据

卫生法规及护理管理 / 饶和平主编. —杭州：浙江大学出版社，2015.12(2020.8 重印)
ISBN 978-7-308-15369-0

Ⅰ.①卫… Ⅱ.①饶… Ⅲ.①卫生法－中国－高等职业教育－教材②护理学－管理学－高等职业教育－教材 Ⅳ.①D922.16②R47

中国版本图书馆 CIP 数据核字（2015）第 286245 号

卫生法规及护理管理

饶和平 主编

丛书策划 孙秀丽
责任编辑 阮海潮
文字编辑 金　蕾
责任校对 冯其华　林允照
封面设计 俞亚彤
出版发行 浙江大学出版社
（杭州市天目山路 148 号　邮政编码 310007）
（网址：http://www.zjupress.com）
排　　版 杭州中大图文设计有限公司
印　　刷 杭州良诸印刷有限公司
开　　本 787mm×1092mm　1/16
印　　张 11.25
字　　数 267 千
版 印 次 2015 年 12 月第 1 版　2020 年 8 月第 2 次印刷
书　　号 ISBN 978-7-308-15369-0
定　　价 29.00 元

INTRODUCTION

内容简介

《卫生法规及护理管理》是一本适合高职高专护理专业、助产专业及医学相关技术类专业使用的工学结合、校企合作开发教材，也可作为针对基层医疗卫生单位一线医护人员的实用性特别强的继续教育培训教材。本教材的主要内容有三方面：一是卫生法学基础知识（如卫生法律责任、卫生行政救济制度等）；二是与医护人员活动相关的法律法规和规章，如医疗损害责任，医疗事故处理，献血法，药品、医疗废物管理，传染病相关法律和医师执业、护士执业等执业活动制度等；三是护理管理基础，是卫生法规与护理管理相关规章制度的有机结合。本教材还编写了同步训练及若干知识卡片，有助于拓展学生知识。

前　言

《卫生法规及护理管理》紧紧依据《教育部关于全面提高高等职业教育教学质量的若干意见》(教高〔2006〕16号)和《关于"十二五"期间全面提高高等职业教育教学质量的实施意见》(浙教高教〔2011〕169号)的精神而编写。文件中提出要加大课程建设与改革的力度,增强学生的职业能力,与行业中的企业共同开发工学结合教材。在广泛调研各有关高校及医疗卫生单位的基础上,结合医务人员执业岗位及国家执业护士考试大纲[2015年版(试行)]的要求,我们经与医疗机构中的相关医疗护理专家共同研究后,确定了本教材的编写内容。

本教材编写体现了先进性、科学性、启发性和实用性的统一,并有所创新。教材共分三大部分:第一部分为卫生法学基础篇,如卫生法律责任、卫生行政救济制度等。为减少篇幅,只简明扼要地介绍了该部分内容。第二部分是与医护人员活动相关的法律法规和规章,是本教材的重点,主要选取了高职高专护理、助产、医学技术类等相关专业具有共性的内容如医疗损害责任,医疗事故处理,献血法,药品、医疗废物管理,食品安全,计划生育,母婴保健,精神卫生,公共卫生,传染病相关法律和医师执业、护士执业等执业活动制度等内容进行编写,每个内容按照概述、法律精髓、实例分析三大方块进行创新编写,并运用表格等多种表现方式,以利于教学。第三部分为护理管理基础,供护理类专业使用,是卫生法规与护理管理相关规章制度的有机结合。

为强化学习效果,本教材在编写的过程中增设了同步训练,学生可以在课后自主学习,达到举一反三的效果。本教材还编写了若干知识卡片,有助于拓展学生知识。

本教材为衢州职业技术学院校校企合作开发课程《卫生法规与护理管理》(YXXQHZ201404)的建设成果。教材内容紧扣行业要求,全国三所高校和七所医疗卫生单位的专家共同参加了本教材的编写工作,是一本工学结合、校企合作开发的教材,适合全国高职高专护理、助产、康复治疗技术、医学营养、医学技术类专业使用,也可作为基层医疗卫生单位一线医护人员的实用性特别强的继续教育培训教材。

由于编者能力和水平有限,本教材可能有错误之处,敬请广大读者和同行不吝赐教和批评指正。

饶和平

2015年5月

目　录

第一章　卫生法学基础

学习目标

1. 知识要求

理解卫生法律责任、卫生行政救济的概念以及卫生法律的构成要素；熟悉卫生法的特征、卫生法律的责任种类、卫生行政救济的方式；了解卫生法的渊源、卫生法学的作用。

2. 能力要求

学会正确运用卫生法律知识指导护理工作。

3. 素质要求

具有卫生法律意识并能自觉遵守卫生法律、法规。

第一节　概　述

一、卫生法与卫生法学概念

1. 卫生法　卫生法指由国家制定或认可，并由国家强制力保证实施，旨在调整保护人体生命健康活动中形成的各种社会关系的法律规范的总和。关于卫生法的概念，也可简单说是指调整卫生活动过程中所发生的社会关系的法律总和。以上两种提法的本质是一致的。具体表现在以下几个方面：①卫生法具有国家意志性。卫生法是由国家专门机关制定、认可和解释的行为规范。卫生法与其他法律一样，由国家强制力保障实施，这与一般的社会道德规范是不同的。②卫生活动只调整关于保护人体生命健康权益方面相关的社会活动。与人体生命健康权益方面相关的医疗机构（如各级医院、社区卫生服务中心等）、各种人群（如病人、医生、护士、医院其他人员等）、卫生行政机关、其他卫生相关组织（如红十字会、医疗器械公司、医药公司、血站等），都是卫生法调整的对象。卫生的范围有狭义和广义之分，狭义的是指公共卫生、医疗保健和健康相关产品。广义的是指与卫生有关的事项，除了以上狭义的范围以外，还包括环境卫生、环境保护、生产安全等。通常人们说的卫生是指狭义的范围。

2. 卫生法的渊源　卫生法的渊源是指卫生法的法源，即卫生法律规范的各种表现形式。其归纳起来主要有以下几种：①《中华人民共和国宪法》。宪法是国家的根本大法，新中国成立后，标志着卫生立法重大突破的是1982年在宪法中加入了“国家发展医疗卫生事业，保护人民健康”的条款。2004年3月14日，第十届全国人民代表大会第二次会议通过的《中华人民共和国宪法修正案》中的有关卫生健康的相关条款有很多，如第 21 条指出："国家发展医疗卫生事业，发展现代医药和我国传统医药，鼓励和支持农村集体经济组织、国家企业事业组织和街道组织举办各种医疗卫生设施，开展群众性的卫生活动，保护人民健康。"第 25 条指出："国家推行计划生育，使人口的增长同经济和社会发展计划相适应。"第 33 条指出："中华人民共和国公民在法律面前一律平等。国家尊重和保障人权。"第 38 条指出："中华人民共和国公民的人格尊严不受侵犯。禁止用任何方法对公民进行侮辱、诽谤和诬告陷害。"第 45 条指出："中华人民共和国公民在年老、疾病或者丧失劳动能力的情况下，有从国家和社会获得物质帮助的权利。国家发展为公民享受这些权利所需要的社会保险、社会救济和医疗卫生事业。"②卫生法律。如《中华人民共和国传染病防治法》《中华人民共和国药品管理法》《中华人民共和国母婴保健法》等，是由全国人大及其常务委员会制定的。③卫生行政法规。如《护士条例》《医疗事故处理条例》《艾滋病防治条例》《血液制品管理条例》《麻醉药品和精神药品管理条例》《医疗废物管理条例》《公共场所卫生管理条例》等。此类卫生行政法规数量较多，分国家和地方两大类，前者由国务院制定，后者由各省、自治区、直辖市及较大的市的人民代表大会及其常务委员会制定。④卫生规章。如《医疗事故分级标准(试行)》《医疗事故技术鉴定暂行办法》《流动人口计划生育工作条例》《医院感染管理办法》《护士执业注册管理办法》《护士执业资格考试办法》《医疗机构传染病预检分诊管理办法》《药品不良反应报告和监测管理办法》《医疗机构临床用血管理办法》等。卫生规章也分为国家和地方两种，前者由中华人民共和国国家卫生和计划生育委员会制定，后者由各省、自治区、直辖市及较大的市的人民政府制定。⑤卫生标准。包括各种技术规范和操作规范，由国家或地方政府卫生行政部门制定，如"护理分级"和"静脉治疗护理技术操作规范"等卫生行业标准。⑥卫生国际条约。其指我国与外国结缔或者加入并生效的国际规范性文件，如《国际卫生条例》(International Health Regulations，简称 IHR)。

3. 卫生法学 卫生法学是研究卫生法及其发展规律的一门法律科学，是自然科学和社会科学相互渗透的边缘交叉学科，这是适应生物—心理—社会医学模式转变而发展起来的。对卫生法律现象及其发展规律的研究是卫生法学所要研究的。对于一名护理工作者，学习掌握卫生法律、法规、规章等相关知识，加强对卫生法学的研究，提升自己的卫生法律知识水平，在护理实践中不断应用，对于构建和谐的护患关系、促进护理质量、提升健康服务水平十分有利。

二、卫生法的特征与作用

1. 卫生法的特征 卫生法的根本宗旨是保护人的生命健康权。人的生命健康权是全人类关注的问题，这一根本宗旨决定了卫生法的以下特征(见表 1-1)。

表 1-1　卫生法的主要特征及其解释

特征分类	主要解释
保护人的生命健康权	体现健康至上，一切卫生法律规定都围绕保护人的生命健康权，这是卫生法区别于其他法的主要标志。卫生及健康问题不仅是卫生部门的工作，也是当今人们共同关注的问题，全人类有责任共同促进健康工作
体现自然科学技术要素	在卫生法制定中，将大量技术规范法律化，将有关自然人的生命健康安全的科学工作方法、程序、操作规范、卫生标准等以法律文本形式予以确定，体现了卫生行业科学要求较高的特点，也体现了卫生法的科学性
采用多种调节手段	卫生与健康不仅仅是卫生部门的工作，其实质还是一项社会工程。公民生命健康权与基本权利密不可分，这决定了卫生法不像有些法律那样由于调整的社会关系相对单一而仅仅采用一种调节手段，卫生法在实施中还会涉及行政监督、行政许可、行政复议、民事、经济、管理等调节手段，也会借用刑法、诉讼法等的调节手段

2. 卫生法的作用　从卫生法的概念和特征出发，我们可以清楚地发现全人类对人的生命健康权的重视，一个国家如果有一整套科学完善的卫生法法律制度并且该制度得到很好的实施，那么将对人的生命健康起到积极的作用，同时也是对全人类的贡献。卫生法的作用可以归纳为以下几个方面：①有利于保障国家卫生政策的实施。通过卫生法的制定，国家的卫生政策得以具体化，以法律条文形式固定下来，卫生行政部门和司法部门可以根据卫生法律依法行政，保障与人的生命健康相关的合法权益，从而实现卫生法治。②规范卫生行为。有了卫生法，使与人的生命健康相关的各方，如国家机关、企事业单位、社会团体、医疗卫生机构和公民、病人与医务人员，能够正确遵守卫生法律规定的权利与义务，规范自己的行为，共同促进健康服务。③推动医学科学发展。只有通过卫生立法，才能确保医学科学新技术、新成果及时、规范、合法地应用到人类，同时不被滥用。同时也能激励及保障医务人员(包括护理人员)主动钻研业务，合法地开展科研工作，从而推动医学科学发展，推动护理质量提高。④促进国际卫生合作与交流。随着经济全球化的发展，国际合作交流中涉及的卫生事务不断增加。由于健康是全人类共同的责任，这就要求我们重视国际合作与交流，如艾滋病、H7N9 等传染病的控制需要全球配合，防止疾病国际传播。我国承认并加入《国际卫生条例》，有利于促进全球人类健康。

第二节　卫生法律关系

一、卫生法律关系的概念

1. 卫生法律关系的定义　卫生法律关系是指在医药卫生管理和医疗预防保健服务过程中，卫生法所调整的国家机关、企事业单位和其他社会团体之间、单位内部之间、单位与公民之间所形成的权利和义务关系。分析以上定义，卫生法律关系表现出以下几个特征：①卫生法律关系是根据卫生法律规范而结成的法律关系，也可以说卫生法律关系是由卫生法律、法规、规章给予确认和调整的，可见卫生法律规范是卫生关系的前提。②卫生法律关系始终围绕人的生命健康权，基于人的健康这一宗旨，反映在卫生管理、医疗、预防与保健服务过程中。

2. 卫生法律关系的种类 卫生法律关系包括卫生行政法律关系和卫生民事法律关系两大类型(见表 1-2)。

表 1-2 卫生法律关系的种类及主要内容

种　类	主要内容
卫生行政法律关系	是指卫生法律关系主体之间是管理与被管理的关系。如卫生行政机关与医药卫生组织之间、各级卫生行政机构(或单位)与其工作人员之间。这是一种纵向的卫生法律关系，这种法律关系具有法律主体的恒定性、法律内容的法定性及不可自由处分性、法律关系双方地位的不对称性
卫生民事法律关系	是指卫生法律关系主体在地位平等的前提下所形成的法律关系。其主要特征是双方无隶属的平等关系，权利与义务是对等的，如医疗护理服务过程中病人与医务人员之间的关系，实质上是医疗卫生服务过程中所发生的以权利与义务为内容的法律关系

二、构成卫生法律关系的要素

构成卫生法律关系的有主体、内容与客体三大要素，三大要素必须同时存在，否则卫生法律关系就不可能产生(见图 1-1)。

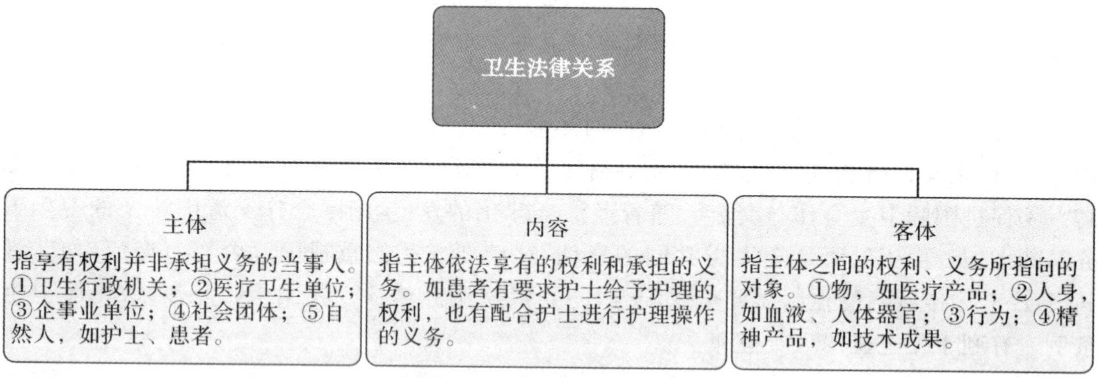

图 1-1 卫生法律关系三要素

三、卫生法律关系的变化与法律事实

卫生法律关系的变化包括卫生法律的产生、变更和消灭，这些变化在法理上统称为法律事实，法律事实是法律关系形成的直接前提条件。法律事实通常可分为法律行为和法律事件两类。

1. 法律行为 是指在法律关系中与当事人意志有关的行为，分为合法行为与违法行为(或者分为作为与不作为行为)。合法行为(或作为行为)是指符合卫生法律规范、能够产生行为人预期后果的行为，一名护理人员必须认真按照规范的护理程序、操作规范实施护理工作，因为这样的行为是合法的，是受我国法律所保护的。违法行为（或不作为行为）违反法律规范、程序或规章，不被法律所保护。作为一名护理人员必须要避免违法行为，否则将要承担法律责任。

2. 法律事件　是指在法律关系中不以当事人意志为转移的行为。分为自然事件（如病人自然死亡而终止的医疗护理，战争、地震、失火、流行病暴发等自然灾害而临时被迫停止或影响医疗护理）和社会事件（如争议的司法判决、行政处理决定，卫生政策的重大调整等）。这些事件均不以人的意志为转移，但它能引起卫生法律关系的产生、变更和消灭。

第三节　卫生法律责任

一、卫生法律责任的概念

卫生法律责任是指在对人的生命健康服务过程中，有关服务主体如果违犯卫生法律法规规范，就必须承担法律规定的责任。卫生法律责任含义的主要内涵是：①主体行为出现了违法，或者有时出现了非医疗事故的损伤，虽然不是违法，但需要承担民事责任；②是否违反在卫生法律中有明确规定的条文；③具有国家强制性（由国家强制保证履行）；④由国家授权的专门机关（如卫生行政机关、司法机关）依法追究。

二、卫生法律责任的种类

根据责任主体违反卫生法律的性质和程度，卫生法律责任可分为行政责任、民事责任和刑事责任（见表1-3），三种责任方式可以并存。卫生行政责任的构成要件有：行为人实施了违犯卫生法律法规的行为、行为人主观上有过错、法律明文规定违法行为造成的损害后果应当由专门机构追究法律责任。卫生民事责任的构成要件有：有损害事实、有违法行为、损害事实与违法行为之间存在因果关系、行为人主观上有过错。卫生刑事责任必须具备四个要件：犯罪客体、犯罪客观方面（必须以卫生刑事犯罪为前提）、犯罪主体、犯罪主观方面。

表1-3　卫生法律责任的种类

种　类	定　义	责任承担方式
卫生行政责任	行为主体违反卫生法律规范但未构成犯罪	行政处罚（警告、通报、罚款、没收非法所得、没收非法财物、责令停产停业、暂扣或吊销许可证）；行政处分（警告、记过、记大过、降级、降职、撤职、留用察看、开除）
卫生民事责任	行为主体违反卫生法律规范而侵害了公民的民事权益	停止侵害、排除妨碍、消除危险、返还财产、恢复原状、修理重作更换、赔偿损失、支付违约金、消除影响、恢复名誉、赔礼道歉、精神抚慰金。民事责任方式可以合并使用
卫生刑事责任	行为主体实施了犯罪行为，严重侵犯了管理秩序和公民人身健康	刑罚（主刑如管制、拘役、有期徒刑、无期徒刑、死刑。附加刑如罚金、剥夺政治权利、没收财产）

第四节　卫生行政救济制度

一、卫生行政救济的概念

卫生行政救济是指公民、法人或其他组织认为卫生执法主体的行政行为侵犯了自己的合法权益，请求国家有关机关给予解决，纠正违法或不当的卫生行政行为，停止错误或不当的卫生行政行为，以达到法律救济的目的，从而保护当事人的正当利益。卫生行政救济有四个主要特征：一是对权利所进行的救济，切实保护当事人的正当权利；二是对卫生行政违法行为所进行的救济，针对性明确；三是一种事后救济制度的体现，反映出以事实为根据，及时纠正违法或不当行为；四是一般在法律上形成某种共识，广泛被人们所接受。

二、卫生行政救济的方式

我国现有的卫生行政救济的方式主要有申诉、复议和诉讼。

1. 卫生行政申诉　卫生行政申诉是指当事人对卫生行政主体作出的卫生行政行为不服，认为需要纠正，向有关部门反映情况，提出纠正卫生行政行为的要求及建议。在医疗卫生服务过程中，这种情况时有发生，如果一名护理人员能够正确运用申诉手段，可以及时保护自己的合法权益。对于一名护理人员，卫生行政申诉的渠道较多，如对医院某科室发生的医疗纠纷，护士对医院作出的开除处罚感到不满，认为事实不清、处罚错误或处罚过重，可以向本院人事部门提出申诉，也可向当地卫生行政机关、人事劳动部门等部门申诉。

2. 卫生行政复议　卫生行政复议是指当事人认为卫生行政机关的具体卫生行为侵犯了自己的合法权益，按照法定程序和条件向作出该具体卫生行为的上一级卫生部门行政机关提出申请，上级卫生行政机关依法进行审查并作出复议决定的活动。卫生行政复议机关作为第三方对下一级卫生部门的行政行为进行复审，类似司法的复审行为，但由于卫生行政复议机关又是上一级机关，属于自己的管辖范围，因此，它是一种自我审查纠错机制的体现，可以有效地对下一级卫生行为实施监督，以及时纠正错误。

(1)卫生行政复议的受案范围(见表 1-4)

表 1-4　卫生行政复议的受案范围

受案范围	不受案范围
①对行政处罚不满 ②对强制性措施不服 ③认为侵犯合法经营自主权 ④认为不应拒绝颁发卫生许可证(照) ⑤侵犯了财产权 ⑥侵犯了人身权 ⑦认为行政机关不答复问题是不作为	①不服行政处分及其他人事处理决定 ②不服对民事纠纷的调解和其他处理

(2)卫生行政复议有关事项　①申请人。必须是由作为行政相对人的公民、法人或者其他组织所提起。②申请期限。一般自当事人知道具体卫生行政行为之日起60天内提出复议,如果出现不可抗拒的原因耽误法定期限,申请期限自障碍消除之日起计算。③审查时间与要求。卫生行政复议机关在收到复议申请后,应当在5天内进行审查,决定是否受理审查。对于不予接受的申请,应以书面形式告知申请人。④复议决定的作出。卫生行政复议机关应当自受理申请后的60天内作出复议决定,特殊情况下经批准可延长期限,延长时间不超过30天。⑤卫生行政复议期间与原已作出的卫生行政行为的关系。在卫生行政复议期间,原则上不停止执行原具体卫生行政行为,但如果被申请人认为需要或行政复议机关认为需要或申请人申请停止执行而复议机关认为合理的或法律规定停止执行的四种情形,可以停止执行。⑥严肃对待卫生处理决定。对于申请人不起诉又不履行卫生行政复议,或不履行最终裁决决定的,由卫生行政机关或申请人民法院强制执行。

(3)卫生行政复议的原则(见表1-5)

表1-5　卫生行政复议的原则

原　则	基本要求
合法	复议机关和机构主体合法、复议依据合法、复议程序合法
及时	受理及时、复议及时、决定及时、复议后当事人执行情况及时处理
便民	经济、实用,不得收费
公正	复议受理、调查、审理、决定公正
公开	工作活动向当事人、公众和媒体公开
准确	尊重事实、严格按照法律法规,做到有错必纠

3.卫生行政诉讼　卫生行政诉讼是指当事人认为卫生行政机关的具体卫生行为侵犯了自己的合法权益,依法向人民法院起诉,人民法院依法进行审理和解决行政案件的活动。卫生行政诉讼的主要特点:①行政诉讼期间,具体行政行为不停止执行。即在未经人民法院变更、撤销以前,具体行政行为仍继续执行,但如果被告认为需要停止执行或原告申请后法院认为可暂时停止执行或法律法规规定停止执行的除外。②法院主要审查具体卫生行政行为的合法性,不审查其合理性。③被告负有举证责任,这与一般的民事诉讼是不同的。④不适用调解,必须作出审判,但在涉及行政赔偿的内容上可以进行调解。⑤有关申请时间。对于卫生行政复议不服的,可在15天内向人民法院起诉。如果没有申请直接向人民法院起诉,应当在知道卫生行政处理决定3个月内向人民法院起诉,但法律另有规定的除外,如《传染病防治法》规定为15天内起诉。

4.卫生行政赔偿　卫生行政赔偿是指卫生行政机关及其工作人员违法行使职权,侵犯公民、法人和其他组织的合法权益并导致损害的,则必须由国家承担赔偿。

(1)卫生行政赔偿范围(见表1-6)

表 1-6　卫生行政赔偿的范围

属于国家赔偿	不属于国家赔偿
①违法实施卫生行政处罚的 ②违法采取强制措施的 ③违反国有规定,征收财物、摊派费用的 ④非法剥夺公民人身自由的 ⑤其他损害	①卫生行政机关工作人员与行使职权无关的个人行为 ②公民、法人和其他组织自己的行为致损害的 ③法律规定的其他情形

(2)卫生行政赔偿程序、方式和标准(见表 1-7)

表 1-7　卫生行政赔偿的程序、方式和标准

卫生行政赔偿的有关方面	内　容
程序	①单独请求赔偿。先向卫生行政部门提出——2 个月内答复——如不满答复的,可在 2 个月后 3 个月内向人民法院请求赔偿 ②申请复议和诉讼同时附带请求赔偿
方式	①支付赔偿金,这是主要方式 ②返还财产、恢复原状 ③导致名誉、荣誉权损害的,在一定范围内消除影响、恢复名誉、赔礼道歉
标准	①侵犯人身自由的,按照国家上一年度职工日平均工资赔偿 ②造成身体受损的,支付医药费、误工费。最高额为国家上一年度职工平均工资的 5 倍 ③造成失能的,支付医药费、残疾赔偿金。造成全部失能的,外加支付其抚养的无劳动能力的人的生活费 ④造成死亡的,支付死亡赔偿金、丧葬费 ⑤造成财产权损害的,支付财产赔偿金

知识卡片

A 卫生行政执法主体形式

①卫生行政管理机关。如国家卫生和计划生育委员会(由卫生部、人口与计划生育委员会合并)。各省、自治区、直辖市卫生厅(局),地(市)卫生局,县(县级市、区)卫生局,各级人口与计划生育委员会。②国境卫生检疫机关。③食品药品监督管理机关。如国家食品药品监督管理局。各省、自治区、直辖市食品药品监督管理局,地(市)食品药品监督管理局,县(县级市、区)食品药品监督管理局。④法律法规授权的其他组织。如疾病预防与控制机构、药品检验机构。

B 十种常见卫生犯罪

①妨碍传染病防治罪;②妨碍国境卫生检疫罪;③非法组织卖血罪;④强迫卖血罪;⑤非法采集、供应血液罪;⑥医疗事故罪;⑦非法行医罪;⑧生产、销售假药罪;⑨生产、销售劣药罪;⑩生产、销售不符合标准的医疗器械罪。

同步训练

一、名词解释

卫生法律责任　卫生行政复议　卫生法律关系　卫生法　卫生法学

二、填空题

1. 构成卫生法律关系的三要素是(　　)、(　　)和(　　)。
2. 卫生行政救济的主要方式是(　　)、(　　)和(　　)。

三、选择题

1. 卫生法最主要的特征是　(　　)
   A. 保护人的生命健康权　B. 体现自然科学技术要素
   C. 采用多种调节手段　D. 推动医学科学发展
2. 法律关系形成的直接前提条件是　(　　)
   A. 法律行为　B. 法律事件
   C. 法律事实　D. 法律责任
3. 卫生行政复议的原则是　(　　)
   A. 合法、及时　B. 便民、准确
   C. 公正、公开　D. 合法、及时、便民、公正、公开、准确
4. 一般自当事人知道具体卫生行政行为之日起(　　)内提出复议，卫生行政复议机关在收到复议申请后，应当在(　　)内进行审查，以决定是否受理审查。
   A. 60 天，5 天　B. 15 天，5 天
   C. 30 天，15 天　D. 15 天，10 天
5. 关于卫生行政赔偿范围，下列哪项应除外　(　　)
   A. 违法实施卫生行政处罚的
   B. 违法采取强制措施的
   C. 非法剥夺公民人身自由的
   D. 卫生行政机关工作人员与行使职权无关的个人行为
6. 卫生民事责任的构成要件有　(　　)
   ①有损害事实；②有违法行为；③损害事实与违法行为存在因果关系；④行为人主观上有过错
   A. ①②③④　B. ①②③
   C. ②③④　D. ①③④
7. 关于卫生法的作用，下列哪项应除外　(　　)
   A. 有利于保障国家卫生政策的实施
   B. 规范卫生行为
   C. 推动医学科学发展
   D. 保护人的生命健康权
8. 构成卫生法律关系有主体、内容与客体三大要素，三大要素必须同时存在，否则卫生

法律关系就不可能产生，主体包括 （ ）

①卫生行政机关；②医疗卫生单位；③企事业单位；④社会团体；⑤自然人，如护士、病人

A. ①②③④ B. ①③④⑤

C. ①②③④⑤ D. ②③④⑤

9. 关于卫生民事责任，下列哪项应除外 （ ）

A. 停止侵害 B. 排除妨碍 C. 赔偿损失 D. 刑罚

10. 卫生行政执法主体形式包括 （ ）

①卫生行政管理机关；②国境卫生检疫机关；③食品药品监督管理机关；④法律法规授权的其他组织

A. ①②③④ B. ①③④ C. ①②④ D. ①③

11. 新中国成立后，标志着卫生立法的重大突破是在宪法中加入了“国家发展医疗卫生事业，保护人民健康”，请问在哪一年 （ ）

A. 1949 B. 1979 C. 1982 D. 1986

12. 关于卫生法的调整对象，下列哪个不是 （ ）

A. 卫生组织关系 B. 卫生经济关系

C. 卫生管理关系 D. 卫生服务关系

四、简答题

1. 简述法律事实分类及含义。

2. 卫生法律关系表现出哪些特征？

（饶和平）

第二章　医护执业活动相关的法律、法规、规章

第一节　医疗机构管理法律制度

学习目标

1. 知识要求

理解医疗机构的概念和范围，熟悉医疗机构设置、审批、登记和执业规则的法律规定，了解医疗机构管理法律的立法情况。

2. 能力要求

掌握医疗机构设置的要求，能按照法律要求，规范医疗机构执业行为。

3. 素质要求

提升护理人员对医疗机构依法执业的意识和能力。

一、概述

医疗机构是指以救死扶伤、防病治病、为公民的健康服务为宗旨，依据《医疗机构管理条例》和《医疗机构管理条例实施细则》规定，经登记取得"医疗机构执业许可证"的机构，包括从事疾病诊断、治疗活动的医院、卫生院、疗养院、门诊部、诊所、卫生所(室)以及急救站等。新中国成立以来，为了加强对医疗机构的管理，促进医疗卫生事业的发展，保障公民健康，我国制定了一批关于医疗机构管理的规范性文件。国家卫生计生委于 1982 年先后发布了《全国医院工作条例》《医院工作制度》等。1985 年，经全国人大常委会法律工作委员会建议，国家卫生计生委医政司对新中国成立以来所制定的有关医院管理规范性文件进行了梳理，制定了《医政立法规划》，将医疗机构管理立法工作列入了议事日程。1994 年 2 月，国务院第 149 号令颁布了《医疗机构管理条例》，确定该条例自 1994 年 9 月 1 日起实施。1994 年 8 月，卫生部第 35 号令颁布了《医疗机构管理条例实施细则》。此后，卫生部又陆续颁布了《医疗机构监督管理行政处罚程序》《医疗机构设置规划指导原则》《医疗机构基本标准(试行)》《医疗机构诊疗科目名录》等规章。这一系列法律法规和规章制度的颁布实施，对科学设置医疗机构、规范医疗机构从业行为、保障医疗质量和医疗安全、维护人民群众身体健康起到了重要的作用，有效促进了经济社会的发展。

二、法律法规精髓

(一)医疗机构的设置审批

设置的医疗机构应当符合医疗机构设置规划和医疗机构基本标准。医疗机构不分类别、所有制形式、隶属关系、服务对象,其设置必须符合当地《医疗机构设置规划》。

申请设置医疗机构,应当提交下列文件:①关于设置的申请书;②关于设置的可行性研究报告;③选址报告和建筑设计平面图。

单位或者个人设置医疗机构,对于不设床位或者床位不满 100 张的医疗机构,向所在地的县级人民政府卫生行政部门申请;床位在 100 张以上的医疗机构和专科医院按照省级人民政府卫生行政部门的规定申请。

在城市设置诊所的个人,必须同时具备下列条件:①经医师执业技术考核合格,取得《医师执业证书》;②取得《医师执业证书》或者医师职称后,从事五年以上同一专业的临床工作;③省、自治区、直辖市卫生行政部门规定的其他条件。在乡镇和村设置诊所的个人的条件,由省、自治区、直辖市卫生行政部门规定(见表 2-1)。

表 2-1　不得申请设置医疗机构的情形

情　形	内　容
情形 1	不能独立承担民事责任的单位
情形 2	正在服刑或者不具有完全民事行为能力的个人
情形 3	医疗机构在职、因病退职或者停薪留职的医务人员
情形 4	发生二级以上医疗事故未满五年的医务人员
情形 5	因违反有关法律、法规和规章,已被吊销执业证书的医务人员
情形 6	被吊销《医疗机构执业许可证》的医疗机构法定代表人或者主要负责人
情形 7	省、自治区、直辖市政府卫生行政部门规定的其他情形

(二)医疗机构的登记与校验

1. 医疗机构的登记　医疗机构执业,必须进行登记,领取《医疗机构执业许可证》。医疗机构的执业登记,由批准其设置的人民政府卫生行政部门办理。申请医疗机构执业登记必须填写《医疗机构申请执业登记注册书》,并向登记机关提交有关材料(见表 2-2 和表 2-3)。

表 2-2　申请医疗机构执业登记的条件

条　件	内　容
条件 1	有设置医疗机构批准书
条件 2	符合医疗机构的基本标准
条件 3	有适合的名称、组织机构和场所
条件 4	有与其开展的业务相适应的经费、设施、设备和专业卫生技术人员
条件 5	有相应的规章制度
条件 6	能够独立承担民事责任

表 2-3　申请医疗机构执业登记需提交的材料

材　料	内　容
材料 1	《设置医疗机构批准书》或者《设置医疗机构备案回执》
材料 2	医疗机构用房产权证明或者使用证明
材料 3	医疗机构建筑设计平面图
材料 4	验资证明、资产评估报告
材料 5	医疗机构规章制度
材料 6	医疗机构法定代表人或者主要负责人以及各科室负责人名录和有关资格证书、执业证书复印件
材料 7	省、自治区、直辖市卫生行政部门规定提交的其他材料

医疗机构变更名称、地址、法定代表人或者主要负责人、所有制形式、服务对象、服务方式、注册资金(资本)、诊疗科目、床位(牙椅)的，必须向登记机关申请办理变更登记。机关、企业和事业单位设置的为内部职工服务的医疗机构如向社会开放，也必须按照规定申请办理变更登记。

因分立或者合并而保留的医疗机构应当申请变更登记；因分立或者合并而新设置的医疗机构应当申请设置许可和执业登记；因合并而终止的医疗机构应当申请注销登记。

医疗机构停业，必须经登记机关批准。除改建、扩建、迁建原因，医疗机构停业不得超过 1 年。医疗机构非因改建、扩建、迁建原因停业超过 1 年的，视为歇业。医疗机构歇业，必须向原登记机关办理注销登记。经登记机关核准后，收缴《医疗机构执业许可证》。

2. 医疗机构的校验　《医疗机构执业许可证》不得伪造、涂改、出卖、转让、出借。《医疗机构执业许可证》遗失的，应当及时申明，并向原登记机关申请补发。床位不满 100 张的医疗机构，其《医疗机构执业许可证》每年校验 1 次；床位在 100 张以上的综合医院、中医医院、中西医结合医院、民族医医院以及专科医院、疗养院、康复医院、妇幼保健院、急救中心、临床检验中心和专科疾病防治机构的《医疗机构执业许可证》每 3 年校验 1 次。医疗机构应当于校验期满前 3 个月向登记机关申请办理校验手续(见表 2-4)。

表 2-4　登记机关可暂缓医疗机构校验期的情形

情　形	内　容
情形 1	不符合《医疗机构基本标准》
情形 2	限期改正期间
情形 3	省、自治区、直辖市卫生行政部门规定的其他情形

(三)医疗机构的名称

医疗机构的名称由识别名称和通用名称依次组成。

医疗机构的通用名称为：医院、中心卫生院、卫生院、疗养院、妇幼保健院、门诊部、诊所、卫生所、卫生站、卫生室、医务室、卫生保健所、急救中心、急救站、临床检验中心、防治院、防治所、防治站、护理院、护理站、中心以及卫生部规定或者认可的其他名称。

医疗机构可以下列名称作为识别名称：地名、单位名称、个人姓名、医学学科名称、医学专业和专科名称、诊疗科目名称和核准机关批准使用的名称（见表 2-5 和表 2-6）。

表 2-5　医疗机构的命名原则

原　则	内　容
原则 1	医疗机构的通用名称以前面所列的名称为限
原则 2	前面所列医疗机构的识别名称可以合并使用
原则 3	名称必须名副其实
原则 4	名称必须与医疗机构类别或者诊疗科目相适应
原则 5	各级地方人民政府设置的医疗机构的识别名称中应当含有省、市、县、区、街道、乡、镇、村等行政区划名称，其他医疗机构的识别名称中不得含有行政区划名称
原则 6	国家机关、企业和事业单位、社会团体或者个人设置的医疗机构的名称中应当含有设置单位名称或者个人的姓名

表 2-6　医疗机构不得使用名称的情形

情　形	内　容
情形 1	有损于国家、社会或者公共利益的名称
情形 2	侵犯他人利益的名称
情形 3	以外文字母、汉语拼音组成的名称
情形 4	以医疗仪器、药品、医用产品命名的名称
情形 5	含有“疑难病”“专治”“专家”“名医”或者同类含义文字的名称以及其他宣传或者暗示诊疗效果的名称
情形 6	超出登记的诊疗科目范围的名称
情形 7	省级以上卫生行政部门规定不得使用的名称

对含有外国国家（地区）名称及其简称、国际组织名称的，含有“中国”“全国”“中华”“国家”等字样以及跨省地域名称的，各级地方人民政府设置的医疗机构的识别名称中不含有行政区划名称的医疗机构，由国家卫生行政部门核准。属于中医、中西医结合和民族医医疗机构的，由国家中医药管理局核准。

以“中心”作为医疗机构通用名称的医疗机构名称，由省级以上卫生行政部门核准；在识别名称中含有“中心”字样的医疗机构名称的核准，由省、自治区、直辖市卫生行政部门规定。含有“中心”字样的医疗机构名称必须同时含有行政区划名称或者地名。

除专科疾病防治机构以外，医疗机构不得以具体疾病名称作为识别名称，确有需要的，由省、自治区、直辖市卫生行政部门核准。

医疗机构名称不得买卖、出借。未经核准机关许可，医疗机构名称不得转让。

（四）医疗机构的执业规则

1. 医疗机构执业活动的原则　医疗机构开展执业活动，必须遵守有关法律、法规和医疗技术规范；必须将《医疗机构执业许可证》、诊疗科目、诊疗时间和收费标准悬挂于明显处；必须按照核准登记的诊疗科目开展诊疗活动；不得使用非卫生技术人员从事医疗卫生技术工作；必须按照人民政府或者物价部门的有关规定收取医疗费用，详列细项，并出具收据。医疗机构的印章、银行账户、牌匾以及医疗文件中使用的名称应当与核准登记的医疗机构名称相同；使用两个以上名称的，应当与第一名称相同。医疗机构应当严格执行无菌消毒、隔离制度，采取科学有效的措施处理污水和废弃物，预防和减少医院感染。标有医疗机构标识的票据和病历本册以及处方笺、各种检查的申请单、报告单、证明文书单、药品分装袋、制剂标签等不得买卖、出借和转让。医疗机构不得冒用标有其他医疗机构标识的票据和病历本册以及处方笺、各种检查的申请单、报告单、证明文书单、药品分装袋、制剂标签等。医疗机构的门诊病历的保存期不得少于15年，住院病历的保存期不得少于30年。

2. 医疗机构的告知规则　医疗机构在诊疗活动中，应当对病人实行保护性医疗措施，并取得病人家属和有关人员的配合；对危重病人应当立即抢救，对限于设备或者技术条件不能诊治的病人，应当及时转诊；应当尊重病人对自己的病情、诊断、治疗的知情权利，在实施手术、特殊检查、特殊治疗时，应当向病人作必要的解释，对于因实施保护性医疗措施不宜向病人说明情况的，应当将有关情况通知病人家属。医疗机构施行手术、特殊检查或者特殊治疗时，必须征得病人同意，并应当取得其家属或者关系人同意并签字；无法取得病人意见时，应当取得家属或者关系人同意并签字；无法取得病人意见又无家属或者关系人在场，或者遇到其他特殊情况时，经治医师应当提出医疗处置方案，在取得医疗机构负责人或者被授权负责人员的批准后方可实施。

3. 医疗机构的证明规则　医疗机构为死因不明者出具的《死亡医学证明书》，只作是否死亡的诊断，不作死亡原因的诊断。如有关方面要求进行死亡原因诊断的，医疗机构必须指派医生对尸体进行解剖和有关死因检查后方能作出死因诊断。未经医师（士）亲自诊查病人，医疗机构不得出具疾病诊断书、健康证明书或者死亡证明书等证明文件；未经医师（士）、助产人员亲自接产，医疗机构不得出具出生证明书或者死产报告书。

4. 医疗机构需承担的义务　医疗机构除依法开展疾病诊疗活动外，必须承担相应的预防保健工作，承担县级以上人民政府卫生行政部门委托的支援农村、指导基层医疗卫生工作等任务。发生重大灾害、事故、疾病流行或者其他意外情况时，医疗机构及其卫生技术人员必须服从县级以上人民政府卫生行政部门的调遣。

（五）法律责任情形及责任方式

按照《医疗机构管理条例》的规定，出现以下情形时，应负法律责任（见表2-7）。

表2-7　违反医疗机构管理法律的常见情形及法律责任

情　景	处理方式
情景1：未取得《医疗机构执业许可证》擅自执业	由县级以上卫生行政部门责令其停止执业活动，没收非法所得和药品、器械，并处以3000元以下的罚款

续表

情　景	处理方式
有下列情景之一的： 1.1　因擅自执业曾受过卫生行政部门处罚 1.2　擅自执业的人员为非卫生技术专业人员 1.3　擅自执业时间在三个月以上 1.4　擅自执业给病人造成伤害 1.5　擅自执业并使用假药、劣药蒙骗病人 1.6　擅自执业以行医为名骗取病人钱物	责令其停止执业活动，没收非法所得和药品、器械，处以 3000 元以上 10000 元以下的罚款
情景 2：逾期不校验《医疗机构执业许可证》仍从事诊疗活动	由县级以上卫生行政部门责令其在限期内补办校验手续；在限期内仍不办理校验的，吊销其《医疗机构执业许可证》
情景 3：出卖、转让、出借《医疗机构执业许可证》	由县级以上卫生行政部门没收非法所得，处以 3000 元以下的罚款
有下列情景之一的： 3.1　出卖《医疗机构执业许可证》 3.2　以营利为目的转让或出借《医疗机构执业许可证》 3.3　《医疗机构执业许可证》受让方或者承借方给病人造成伤害 3.4　转让、出借《医疗机构执业许可证》给非卫生技术专业人员	没收其非法所得，处以 3000 元以上 5000 元以下的罚款，并吊销《医疗机构执业许可证》
情景 4：除急诊和急救外，医疗机构诊疗活动超出登记的诊疗科目范围	情节轻微的，处以警告
有下列情景之一的： 4.1　超出登记的诊疗科目范围的诊疗活动累计收入在 3000 元以下，给病人造成伤害	责令其限期改正，并可处以 3000 元以下罚款
4.2　超出登记的诊疗科目范围的诊疗活动累计收入在 3000 元以上，给病人造成伤害	处以 3000 元罚款，并吊销《医疗机构执业许可证》
情景 5：使用非卫生技术人员从事医疗卫生技术工作	由县级以上卫生行政部门责令其限期改正，并可处以 3000 元以下的罚款
有下列情景之一的： 5.1　任用两名以上非卫生技术人员从事诊疗活动 5.2　任用的非卫生技术人员给病人造成伤害	处以 3000 元以上 5000 元以下罚款，并可以吊销其《医疗机构执业许可证》
情景 6：出具虚假证明文件	情节轻微的，由县级以上卫生行政部门予以警告，并可处以 500 元以下的罚款
有下列情景之一的： 造成延误诊治或给病人精神造成伤害的或造成其他危害后果的	处以 500 元以上 1000 元以下的罚款

（六）有关说明

1. 根据《医疗机构管理条例》等相关法律规定，医疗机构是指以救死扶伤、防病治病、为公民的健康服务为宗旨，依据《医疗机构管理条例》和《医疗机构管理条例实施细则》规定，经登记取得《医疗机构执业许可证》的机构，包括从事疾病诊断、治疗活动的医院、卫生院、疗养院、门诊部、诊所、卫生所（室）以及急救站等。

2. 根据《医疗机构管理条例》等相关法律规定，诊疗活动是指通过各种检查，使用药物、器械及手术等方法，对疾病作出判断和消除疾病、缓解病情、减轻痛苦、改善功能、延长生命、帮助病人恢复健康的活动。

实例分析

【实例资料】行医资格跨村失效案件

2012 年 5 月，李某向当地县级卫生行政部门申请办理了《医疗机构执业许可证》，在该县某乡镇的甲村开了家诊所，并申请注册了《执业医师执业证书》。因诊所每月前来就医病人较少，诊所收入微薄，为了增加收入，李某又到隔壁的乙村开办了一家“中西医药店”，并为该药店办理了《药品经营许可证》和《个体工商户营业执照》，未办理《医疗机构执业许可证》。

2014 年 1 月的一个上午，病人王某来到李某在乙村经营的“中西医药店”就诊。经检查诊断后，李某为王某进行了静脉输液。输液结束后，王某向李某支付了医药费后回家。当天下午，王某病情加重，出现呕吐、全身发抖、出冷汗等症状，他的家人立即拨打了“120”电话，但王某最终因病情危重，经抢救无效死亡。

事发后，王某家属向当地卫生行政部门举报。经当地卫生行政部门调查，认定李某在乙村未取得《医疗机构执业许可证》的“中西医药店”内对病人王某开展诊疗活动，造成王某死亡，其行为违反了《医疗机构管理条例》第二十四条“任何单位或者个人，未取得《医疗机构执业许可证》，不得开展诊疗活动”的规定，已构成违法。

在举行听证会后，当地卫生行政部门向李某下达了《行政处罚决定书》，责令其立即停止执业活动，予以罚款人民币 7000 元整，没收非法所得。但李某对此行政处罚决定不服，向上级卫生行政部门提出了行政复议申请。后经上级卫生行政部门复议，决定维持原处罚决定。李某依然不服，又向当地人民法院提起行政诉讼，最后经法院行政判决，仍认为李某在乙村的诊所为“无证行医”，维持当地卫生行政部门的行政处罚决定。

【问题分析】《医疗机构管理条例》第二十四条规定：“任何单位或者个人，未取得《医疗机构执业许可证》，不得开展诊疗活动。”本案中，李某的“中西医药店”并未取得《医疗机构执业许可证》，李某在该场所行医，并对病人造成了伤害，已经违反了法律规定，构成了非法行医的违法事实。同时，《医疗机构管理条例》第四十四条也规定：“违反本条例第二十四条规定，未取得《医疗机构执业许可证》擅自执业的，由县级以上人民政府卫生行政部门责令其停止执业活动，没收非法所得和药品、器械，并可以根据情节处以 1 万元以下的罚款。”为此，当地卫生行政部门对李某作出的《行政处罚决定书》是符合法律规定的。

知识卡片

有关医疗广告的内容和表现规定

2006 年 11 月 10 日，中华人民共和国国家工商行政管理总局和原中华人民共和国卫生部联合下发了第 26 号令，决定自 2007 年 1 月 1 日起施行《医疗广告管理办法》。

根据《医疗广告管理办法》规定，医疗广告内容仅限于以下项目：①医疗机构第一名称；

②医疗机构地址；③所有制形式；④医疗机构类别；⑤诊疗科目；⑥床位数；⑦接诊时间；⑧联系电话。其中①至⑥项发布的内容必须与卫生行政部门、中医药管理部门核发的《医疗机构执业许可证》或其副本载明的内容一致。

同时，《医疗广告管理办法》还规定医疗广告的表现形式不得含有以下情形：①涉及医疗技术、诊疗方法、疾病名称、药物的；②保证治愈或者隐含保证治愈的；③宣传治愈率、有效率等诊疗效果的；④淫秽、迷信、荒诞的；⑤贬低他人的；⑥利用病人、卫生技术人员、医学教育科研机构及人员以及其他社会社团、组织的名义、形象作证明的；⑦使用解放军和武警部队名义的；⑧法律、行政法规规定及禁止的其他情形。

同步训练

一、名词解释

医疗机构　诊疗活动

二、填空

1. 医疗机构执业，必须进行登记，领取（　　）。

2. 医疗机构停业，必须经（　　）批准。

3. 医疗机构为死因不明者出具的《死亡医学证明书》，只作（　　）的诊断，不作（　　）的诊断。

4. 医疗机构的门诊病历的保存期不得少于（　　）年；住院病历的保存期不得少于（　　）年。

三、选择题

［1—2 题共用题干］

材料：《医疗机构管理条例》及其实施细则规定，对医疗机构的《医疗机构执业许可证》实行校验制度。

1. 对于床位不满 100 张的医疗机构，其《医疗机构执业许可证》应每几年校验 1 次（　　）

A. 1 年　　B. 2 年　　C. 3 年　　D. 4 年

2. 对于床位在 100 张以上的医疗机构，其《医疗机构执业许可证》应每几年校验 1 次（　　）

A. 1 年　　B. 2 年　　C. 3 年　　D. 4 年

［3—5 题共用题干］

材料：《医疗机构管理条例》及其实施细则规定，医疗机构在诊疗活动中，应当尊重病人对自己的病情、诊断、治疗的知情权利，在实施手术、特殊检查、特殊治疗时，应当向病人作必要的解释，因实施保护性医疗措施不宜向病人说明情况的，应当将有关情况通知病人家属。

3. 医疗机构施行手术、特殊检查或者特殊治疗时，必须征得什么人同意（　　）

A. 病人　　B. 家属

C. 医疗机构法人　　D. 主管医师

4. 医疗机构施行手术、特殊检查或者特殊治疗时无法取得病人意见时，应当取得什么人

同意并签字　　　　（　　）

A. 家属或者关系人　　B. 医疗机构法人

C. 主管医师　　D. 卫生行政管理部门

5. 医疗机构施行手术、特殊检查或者特殊治疗时，无法取得病人意见又无家属或者关系人在场，或者遇到其他特殊情况时，经治医师应当提出医疗处置方案，在取得什么人的批准后实施　　　　（　　）

A. 病人单位负责人　　B. 卫生行政部门负责人

C. 医疗机构专家组　　D. 医疗机构负责人或被授权的负责人

四、简答题

1. 有哪些情形不得申请设置医疗机构？
2. 医疗机构使用名称的确定不得有哪些情形？

（阮维修）

第二节　医师执业法律制度

学习目标

1. 知识要求

理解执业医师、医师资格考试和医师执业注册等相关概念；熟悉执业医师法的基本内容；了解执业医师法的立法情况。

2. 能力要求

能够做到在医疗服务活动中守法；能依法保护病人的权利，督促病人履行其义务。

3. 素质要求

具有依法开展医疗诊疗活动的法律意识；能在医疗诊疗活动中关爱病人。

一、概述

(一)相关概念

1.《执业医师法》　《执业医师法》是调整医师执业资格考试、规范医师执业注册、调整医师执业活动中产生的各种社会关系的法律规范的总称。

2. 执业医师　执业医师是依法取得执业医师资格或者执业助理医师资格，经注册取得执业医师证书，在医疗、预防、保健机构中从事相应医疗、预防、保健业务的专业医务人员。《执业医师法》中所称的医师包括执业医师和执业助理医师。医师应当具备良好的职业道德和医疗执业水平，发扬人道主义精神，履行防病治病、救死扶伤、保护人民健康的神圣职责。医师依法履行职责，受法律保护。

3. 医师执业注册　国家实行医师执业注册制度。医师执业注册是指对取得医师资格的人，进行执业活动的管理，这是国家卫生行政部门对医师执业活动监督管理的一项重要制度。

(二)立法情况

医师是我国卫生技术队伍的主体，加强医师队伍的建设，提高医师队伍的职业道德和整体素质，将对保护人民健康起到至关重要的作用。1998 年 6 月 26 日，第九届全国人大常委会第三次会议审议通过了《中华人民共和国执业医师法》(以下称《执业医师法》)，并于 1999 年 5 月 1 日起开始实施。《执业医师法》是中华人民共和国成立以来颁布实施的第一部有关医师执业的法律，对于医师考试与注册、执业规则、考核培训、法律责任等作了明确规定。为了贯彻实施执业医师法，国家卫生计生委成立了国家医师资格考试委员会，发布了《医师资格考试暂行办法》《医师执业注册暂行办法》《关于医师执业注册中执业范围的暂行规定》等配套规章制度，这标志着我国的执业医师管理走向了法制化、规范化的轨道。

二、法律法规精髓

(一)医师资格考试

为了保证医师队伍的数量和质量，杜绝不具有医师水平的人员混进医师队伍，危害公民生命健康，使医师的管理走上科学化、法制化的轨道，同时也为了和国际接轨，《执业医师法》规定国家实行医师资格考试制度。

1. 医师资格考试的种类 我国医师资格考试的种类包括执业医师资格考试和执业助理医师资格考试两种。考试类别分为临床、中医(包括中医、民族医、中西医结合)、口腔、公共卫生四类。考试方式分为实践技能考试和医学综合笔试两部分。实践技能考试主要考查考生的实践能力和技能水平，由省级医师资格考试领导小组组织实施；医学综合笔试考查的是考生专业理论知识和水平，采取标准化考试方式，实行全国统一考卷，由卫计委国家医学考试中心承担考试业务工作。

2. 医师资格考试的条件(见表 2-8)

表 2-8 医师资格考试的条件

类　别	具备条件
参加执业医师资格考试	条件一：具有高等学校医学专业本科以上学历，在执业医师指导下，在医疗、预防、保健机构中试用期满 1 年的 条件二：取得执业助理医师执业证书后，具有高等学校医学专科学历，在医疗、预防、保健机构中工作满 2 年的；具有中等专业学校医学专业学历，在医疗、预防、保健机构中工作满 5 年的
参加执业助理医师资格考试	具有高等学校医学专科学历或者中等专业学校医学专业学历，在执业医师指导下，在医疗、预防、保健机构中试用期满 1 年的，可以参加执业助理医师资格考试
其他人员参加医师资格考试	条件一：以师承方式学习传统医学满 3 年或者经多年实践医术确有专长的，经县级以上卫生行政部门确定的传统医学专业组织或者医疗、预防、保健机构考核合格并推荐 条件二：在乡村医疗卫生机构中向村民提供预防、保健和一般医疗服务的乡村医生，符合《执业医师法》有关规定的

3. 医师资格证书的取得 对参加全国统一的执业医师资格考试或者执业助理医师资格考试成绩合格的，授予执业医师资格或者执业助理医师资格，由省级卫生行政部门颁发卫计委统一印制的《医师资格证书》。

(二)医师执业注册

医师资格仅仅是一种资质证明，证明资格证书持有者具有从事医师执业活动所必需的学识、技术和能力，一经获得就终生具有执业医师资格。而医师执业注册是对取得医师资格的人实际从事医师执业活动这一行为从法律上作出允许的决定。这是国家卫生行政部门对医师执业活动监督管理的一项重要制度。

1. 申请注册

(1)注册程序

①申请　凡取得执业医师资格或者执业助理医师资格的，均可向所在地县级以上卫生行政部门申请注册。申请人应提交注册申请书、医师资格证书、健康体检表、身份证和医疗、预防、保健机构的拟聘用证明等相关材料。

②审核　注册主管部门应当自收到注册申请之日起 30 日内，对申请人提交的申请材料进行审核。

③注册　经审核合格的，卫生行政主管部门予以注册，并发给卫计委统一印制的《医师执业证书》。

(2)重新注册　重新注册是指中止医师执业活动 2 年以上，或法定的不予注册的情形消失的，可以申请重新注册。重新申请注册的人员，应当首先到县级以上卫生行政部门指定的医疗、预防、保健机构或组织，接受 3～6 个月的培训，经考核合格，方可依照法律的规定重新申请执业注册。

(3)《医师执业证书》的法律效力　医师经注册取得《医师执业证书》后，方可按照注册的执业地点、执业类别、执业范围，从事相应的医疗、预防、保健活动，其执业活动受法律保护。

医师的执业地点，是指医师执业的医疗、预防、保健机构及其登记注册的地点。执业类别是指医师从事医疗、预防、保健中具体的执业活动。执业范围是指医师执业的具体诊疗科目，包括内科、外科、妇产科、儿科、牙科、放射科等。

2. 不予注册、注销注册、变更注册　《执业医师法》规定，有下列情形的，将不予注册或注销及变更注册，具体见表 2-9。

表 2-9　不予注册、注销注册、变更注册的情形

情　形	处理方式
1. 不具有完全民事行为能力的 2. 因受刑事处罚，自刑罚执行完毕之日起至申请注册之日止不满 2 年的 3. 受吊销医师执业证书行政处罚，自处罚决定之日起至申请注册之日止不满 2 年的 4. 甲类、乙类传染病传染期、精神病发病期以及身体残疾等健康状况不适宜或者不能胜任医疗、预防、保健业务工作的 5. 重新申请注册，经卫生行政部门指定机构或组织考核不合格的 6. 国家卫生计生委规定不宜从事医疗、预防、保健业务的其他情形的	不予注册

续表

情　形	处理方式
1. 死亡或被宣告失踪的 2. 受刑事处罚的 3. 受吊销《医师执业证书》行政处罚的 4. 因考核不合格，暂停执业活动期满，经培训后再次考核仍不合格的 5. 中止医师执业活动满 2 年的 6. 身体健康状况不适宜继续执业的 7. 有出借、转让、出租、抵押、涂改《医师执业证书》行为的 8. 国家卫生计生委规定不宜从事医疗、预防、保健业务的其他情形的	注销注册
医师改变执业地点、执业类别、执业范围等注册事项的	变更注册

(三)医师执业

医师在执业活动中享有《执业医师法》给予的特定权利，同时也必须严格履行和遵守《执业医师法》规定的执业义务和执业规则。

1. 医师执业权利　医师的执业权利是指取得医师资格，依法注册的医师在执业活动中依法所享有的权利。医师的执业权利包括：①在注册的执业范围内，进行医学诊查、疾病调查、医学处置，出具相应的医学证明文件和选择合理的医疗、预防、保健方案；②按照国务院卫生行政部门规定的标准，获得与本人执业活动相当的医疗设备基本条件；③从事医学研究、学术交流、参加专业学术团体；④参加专业培训、接受继续医学教育；⑤在执业活动中，人格尊严、人身安全不受侵犯；⑥获取工资报酬和津贴，享受国家规定的福利待遇；⑦对所在机构的医疗、预防、保健工作和卫生行政部门的工作提出意见和建议，依法参与所在机构的民主管理。

2. 医师执业义务　医师执业义务是指医师在执业活动中必须履行的责任。医师的执业义务包括：①遵守法律、法规，遵守技术操作规范；②树立敬业精神，遵守职业道德，履行医师职责，尽职尽责为病人服务；③关心、爱护、尊重病人，保护病人的隐私；④努力钻研业务，更新知识，提高专业技术水平；⑤宣传卫生保健知识，对病人进行健康教育。

3. 医师执业规则　在执业活动中，医师除了要履行法定的义务外，还应当遵守医师执业规则，具体见表 2-10。

表 2-10　医师执业规则

规　则	规则内容
规则 1	医师实施医疗、预防、保健措施，签署有关医学证明文件，必须亲自诊查、调查，并按照规定如实填写医学文书，不得隐匿、伪造或者销毁医学文件及有关资料，不得出具与自己执业范围无关或者与执业类别不相符的医学证明文件
规则 2	对急危重症病人，医师应当采取紧急措施进行诊治；不得拒绝急救处置
规则 3	医师应当使用国家有关部门批准使用的药品、消毒药剂和医疗器械。除正当诊断治疗外，不得使用麻醉药品、医疗用毒性药品、精神药品和放射性药品
规则 4	医师应当如实向病人或者其家属介绍病情，但应注意避免对病人产生不利后果。医师进行实验性临床医疗时，应当经医院批准并征得病人本人或者其家属同意

续表

规　则	规则内容
规则 5	医师不得利用职务之便，索取、非法收受病人财物或者牟取其他不正当利益
规则 6	遇有自然灾害、传染病流行、突发重大伤亡事故及其他严重威胁人民生命健康的紧急情况时，医师应当服从县级以上卫生行政部门的调遣
规则 7	医师发生医疗事故或者发现传染病疫情时，应当按照有关规定及时向所在机构或者卫生行政部门报告。医师发现病人涉嫌伤害事件或者非正常死亡时，应当按照有关规定向有关部门报告
规则 8	执业助理医师应当在执业医师的指导下，在医疗、预防、保健机构中按照其执业类别执业。在乡或民族乡、镇的医疗、预防、保健机构中工作的执行助理医师，可以根据医疗诊治的情况和需要，独立从事一般的执业活动

（四）医师的考核

医师考核是指医疗机构或有关组织对医师所进行的考核，其结果将成为卫生主管部门和医疗机构对医师进行奖惩、职务晋升、职称评定等管理的依据，它是对医师进行管理的一个重要环节。

《执业医师法》规定，县级以上卫生行政部门负责、检查和监督医师考核工作。县级以上卫生行政部门委托的医疗、预防、保健机构或者医疗机构评审委员会、医师协会或者其他医学专业组织是医师考核的主体。考核的形式是定期考核。考核的内容包括医师的业务水平、工作成绩和职业道德三个方面，考核标准是医师的执业标准。

考核机构应当将考核结果报告准予注册的卫生行政部门备案。对于考核不合格者，县级以上卫生行政部门可以责令其暂停执业活动 3～6 个月，并接受培训和继续医学教育。暂停执业活动期满再次进行考核，对考核合格的，允许其继续执业；对考核仍不合格的，由县级以上卫生行政部门注销注册，收回《执业医师证书》。

（五）法律责任

医师在执业活动中违反了《执业医师法》的有关规定，则可能承担相应的法律责任，包括行政责任、民事责任和刑事责任。常见情形见表 2-11。

表 2-11　违反《执业医师法》的常见情形及法律责任

情　形	处理方式
情形 1：以不正当手段取得《医师执业证书》的	由发给证书的卫生行政部门予以吊销；对负有直接责任的主管人员和其他直接责任人员，依法给予行政处分
情形 2：违反卫生行政规章制度或者技术操作规范，造成严重后果的 情形 3：违反医师执业规则 1、2、3、4、5、6、7 中任一条的	由县级以上卫生行政部门给予警告或者责令暂停 6 个月以上 1 年以下执业活动；情节严重的，吊销其执业证书
情形 4：未经批准擅自开办医疗机构行医或者非医师行医，给病人造成损害的	依法承担赔偿责任

续表

情　形	处理方式
情形5:医务人员由于严重不负责任,造成就诊人死亡或者严重损害就诊人身体健康的行为	处3年以下有期徒刑或者拘役
情形6:未取得医师执业资格的人非法行医,情节严重的行为 情形7:未取得医师执业资格的人擅自为他人进行节育复通手术、假节育手术、终止妊娠手术或者摘取宫内节育器,情节严重的行为	处3年以下有期徒刑、拘役或者管制,并处或者单处罚金;严重损害就诊人身体健康的,处3年以上10年以下有期徒刑,并处罚金;造成就诊人死亡的,处10年以上有期徒刑,并处罚金

实例分析

【实例资料】张某是广州某医院内科医生。2011年2月20日,张某在家休息,接同乡王某电话,王某称其5岁女儿生病,请张某到家中诊治。张某即自带药物及诊疗器械到王某家中为王某女儿诊治。经查,病人有咳嗽症状,张某即开先锋Ⅳ(头孢氨苄)片剂适量给其服用,收取费用35元后离开。王某女儿服用药物半小时后面色发青,王某遂电话告知张某,张某得知后即赶到王某家中看了一下,说这是正常现象,叮嘱注意休息,让家属继续观察。大约20分钟后,病人出现休克、口吐白沫,张某紧急抢救,终因无效,病人死亡。

【问题分析】

1.医师张某到王某家中为其女儿进行诊疗是违法行为。《执业医师法》明确规定:医师经注册取得《医师执业证书》后,可按照注册的执业地点、执业类别、执业范围,从事相应的医疗、预防、保健活动。本案中医师张某是经过注册的执业医师,其执业地点是所在的医疗机构,显然到王某家中进行诊疗活动是在执业地点以外,违反了医师执业注册管理的规定。

2.张某的行为也不符合医师外出会诊的规定。针对医师外出会诊,国家卫生计生委制定了《医师外出会诊管理暂行规定》,其明确规定医师外出会诊是指经所在的医疗机构批准,为其他医疗机构特定的病人开展执业范围内的诊疗活动,不得擅自外出会诊。显然本案中张某的行为也不符合医师外出会诊的规定。

3.张某的行为构成过失致人死亡罪。医师张某私自到病人家中为病人诊疗造成病人死亡,其主观上是过于自信的过失,客观上造成了病人死亡的后果,根据我国刑法的规定,应认定为过失致人死亡罪。

知识卡片

医师多点执业新政

2009年4月6日,《中共中央国务院关于深化医药卫生体制改革的意见》出台,提出"稳步推动医务人员的合理流动,促进不同医疗机构之间人才的纵向和横向交流,研究探索注册医师多点执业",将医师多点执业提上日程安排,明确了多点执业的概念:医师多点执业是指医师按照规定,定时定期在两个以上医疗机构从事诊疗活动。

2012年,国家卫生计生委又发出通知,将医师多点执业试点地区扩大至全国所有省份,同时，将申请多点执业医师的资格由副高级以上降为中级以上。上述措施的目的在于促进医疗资源合理流通，鼓励医师通过正当渠道获取更多收益，最大限度地发挥自身价值。

2015 年 1 月 13 日，国家卫生计生委等五部委联合印发了《关于推进和规范医师多点执业的若干意见》，希望能够推进医师合理流动，规范医师多点执业，确保医疗质量安全。《意见》明确了多点执业的医师所需具备的主要条件："应当具有中级及以上专业技术职务任职资格，从事同一专业工作满 5 年。"同时还规定："医师多点执业此前实行的是审批制，而备案管理只需要登记，不再需要批准。"这意味着医生将从公立医院中进一步获得"解放"。

同步训练

一、名词解释

执业医师　医师执业注册

二、填空题

1. 医师资格考试分为（　　）和（　　）。
2. 国家实行医师（　　）制度。
3. 中止医师执业活动满（　　）年，卫生行政部门应当注销注册，收回医师执业证书。

三、选择题

1. 医生甲因犯盗窃罪被判处有期徒刑 2 年，缓刑 3 年，2009 年 6 月 27 日缓刑期满。自缓刑期满之日起，医生甲不予执业医师注册的期限是（　　）

A. 6 个月内　B. 12 个月内　C. 2 年内　D. 3 年内

2. 张某注册登记的职业类别是外科医师。张某私下里应某产妇家属请求，为产妇实施了剖宫产手术，造成产妇大失血而死亡。张某的行为属于（　　）

A. 医疗事故　B. 非法行医　C. 医疗不当行为　D. 医疗差错

3. 具有高等学校医学专业本科以上学历，在执业医师指导下，在医疗、预防、保健机构中试用满（　　）的，可以参加执业医师资格考试。（　　）

A. 一年　B. 二年　C. 三年　D. 五年

四、简答题

不予医师注册的情形有哪几种？

（祝美姣）

第三节　护士管理法律制度

学习目标

1. 知识要求

理解护士注册条件和注册要求；熟悉护士权利与义务，熟悉护理活动违反法律责任的情形；了解护士队伍建设中医疗卫生机构的职责。

2. 能力要求

能正确按照护士管理条例要求，开展护理工作。

3. 素质要求

具有严格遵守护士管理条例的意识，正确履行护士权利和义务。

一、概述

自从有了人类，就有了护理工作的萌芽，护理贯穿于人的生老病死。随着经济的发展，人们对健康的要求不断提高，护理越来越成为医疗卫生专业队伍的重要组成部分，护理工作直接关系医疗安全和人体健康，社会对护理工作也提出了更高的要求。为了维护护士的合法权益，规范护理行为，促进护理事业发展，保障医疗安全和人体健康，国家十分重视护士管理法律制度的建设，同时也强调护理人员一定要学法、懂法、用法。1993 年 3 月 26 日，《中华人民共和国护士管理办法》由原中华人民共和国卫生部公布，并于 1994 年 1 月 1 日正式实施，对促进护士队伍建设起了积极的推动作用，但《护士管理办法》属于部门规章，在一定程度上影响了护士队伍建设及护理质量的优化。为更好地适应时代的需要，《中华人民共和国护士条例》于 2008 年由国务院讨论通过，护士管理由部门规章上升至行政法规，标志着我国对护士管理要求的不断提高。

二、法律精髓

（一）护士条例概况

《中华人民共和国护士条例》于 2008 年 1 月 23 日经国务院第 206 次常务会议通过，自 2008 年 5 月 12 日起施行。本法共六章 35 条，主要内容有护士执业注册、权利和义务、医疗卫生机构的职责、法律责任等。与条例相应的配套规章出台，国家卫生计生委于 2008 年 5 月 4 日公布了《护士执业注册管理办法》，并于 2008 年 5 月 12 日起施行，有效地保证了《中华人民共和国护士条例》的有效实施。

（二）《护士条例》的宗旨、适用范围

维护护士的合法权益，规范护理行为，促进护理事业发展，保障医疗安全和人体健康是本法宗旨。凡是经执业注册取得护士执业证书，依照本条例规定从事护理活动，履行保护生命、减轻痛苦、增进健康职责的卫生技术人员均适用于本条例。

(三)护士权利和义务

1. 护士享有的权利

(1)护士的人格尊严、人身安全不受侵犯。护士依法履行职责,受法律保护。全社会应当尊重护士。

(2)有按照国家有关规定获取工资报酬、享受福利待遇、参加社会保险的权利。

(3)有获得卫生防护、医疗保健服务的权利。从事直接接触有毒有害物质、有感染传染病危险工作的护士,有接受职业健康监护的权利;患职业病的,有获得赔偿的权利。

(4)有获得与本人业务能力和学术水平相应的专业技术职务、职称的权利;有参加专业培训、从事学术研究和交流、参加行业协会和专业学术团体的权利。

(5)有获得疾病诊疗、护理相关信息的权利和其他与履行护理职责相关的权利。

(6)有获得表彰及荣誉的权利。国务院有关部门对做出杰出贡献的护士,应当授予全国卫生系统先进工作者荣誉称号或者颁发白求恩奖章,受到表彰、奖励的护士享受省部级劳动模范、先进工作者待遇;对长期从事护理工作的护士,应当为其颁发荣誉证书。

2. 护士应履行的义务

(1)应当遵守法律、法规、规章和诊疗技术规范的规定。

(2)在执业活动中,发现病人病情危急,应当立即通知医师;在紧急情况下为抢救垂危病人生命,应当先行实施必要的紧急救护。

(3)护士发现医嘱违反法律、法规、规章或者诊疗技术规范规定的,应当及时向开具医嘱的医师提出;必要时,可向科室负责人或者医疗卫生机构负责医疗服务管理的人员报告。

(4)应当尊重、关心、爱护病人,保护病人的隐私。

(5)护士有义务参与公共卫生和疾病预防控制工作。发生严重威胁公众生命健康的突发事件时,应当服从县级以上人民政府卫生主管部门或所在医疗卫生机构的安排,参加医疗救护。

(四)护士执业注册条件及有关要求

1. 申请护士执业注册的四项条件　护士执业,应当取得护士执业证书并经执业注册。取得申请护士执业注册的条件见表 2-12。

表 2-12　申请护士执业注册的条件

基本条件	备　注
①具有完全民事行为能力 ②在中专或专科院校接受普通全日制 3 年以上的护理、助产专业课程学习,完成 8 个月以上护理临床实习,并取得相应学历证书 ③通过卫计委的护士执业资格考试 ④身体健康	护士执业资格考试办法由国务院卫生主管部门会同国务院人事部门制定

2. 护士执业注册申请的时限　自通过护士执业资格考试之日起 3 年内提出。逾期提出申请的,还应当在符合国务院卫生主管部门规定条件的医疗卫生机构接受 3 个月临床护理培训并考核合格。

3. 注册受理及注册有效期 各省、自治区、直辖市人民政府卫生主管部门负责受理并自收到申请之日起20个工作日内做出决定，是否对其准予注册；对符合条件者，发给护士执业证书，对不具备注册条件者要出具书面说明阐述理由。护士执业注册有效期为5年。

4. 护士执业记录内容 县级以上地方人民政府卫生主管部门负责护士执业良好记录和不良记录。良好记录包括护士受到的表彰、奖励以及完成政府指令性任务的情况等内容。不良记录包括护士因违反本条例以及其他卫生管理法律、法规、规章或者诊疗技术规范的规定受到行政处罚、处分的情况等内容。

5. 护士执业注册应当提交的材料

(1)护士执业注册申请审核表。

(2)申请人身份证明。

(3)申请人学历证书及专业学习中的临床实习证明。

(4)护士执业资格考试成绩合格证明。

(5)省、自治区、直辖市人民政府卫生行政部门指定的医疗机构出具的申请人6个月内健康体检证明。

(6)医疗卫生机构拟聘用的相关材料。

6. 申请护士执业注册的健康标准 ①无精神病史；②无色盲、色弱、双耳听力障碍；③无影响履行护理职责的疾病、残疾或者功能障碍。

7. 注意事项 ①护士变更执业地点的，应当向拟执业地省、自治区、直辖市人民政府卫生主管部门报告；②护士执业注册有效期届满需要继续执业的，应当在护士执业注册有效期届满前30日向执业地省、自治区、直辖市人民政府卫生主管部门申请延续注册。

(五)护士队伍建设中医疗卫生机构的职责

1. 护士配备。不得低于国务院卫生主管部门规定的护士配备标准。

2. 严格执行护士执业资格。不得允许未取得护士执业证书的人员或执业地点变更但未办理手续的护士或超过执业注册有效期限的护士在护士岗位执业。

3. 加强实习人员管理。护理临床实习的人员应当在护士指导下开展有关工作。

4. 应当为护士提供卫生防护用品，并采取有效的卫生防护措施和医疗保健措施。

5. 应当执行国家有关工资、福利待遇等规定，保障护士的合法权益。

6. 在艰苦边远地区工作，或者从事直接接触有毒有害物质、有感染传染病危险工作的护士，所在医疗卫生机构应当按照国家有关规定给予津贴。

7. 应当制定、实施本机构护士在职培训计划，并保证护士接受培训。

8. 应当按照国务院卫生主管部门的规定，设置专门机构或者配备专(兼)职人员负责护理管理工作。

9. 应当建立护士岗位责任制并进行监督检查。

(六)护理活动法律责任情形及责任方式

护理工作者应严格履行义务，认真遵守规章、规范，杜绝违反护理法律的行为。护理活动法律责任情形及责任方式见表2-13。

表 2-13　违反护士条例的常见情形及法律责任

情　形	处理方式
情形 1:发现病人病情危急未立即通知医师的 情形 2:发现医嘱违反法律、法规、规章或者诊疗技术规范的规定,未依照本条例规定提出或者报告的 情形 3:泄露病人隐私的 情形 4:当发生自然灾害、公共卫生事件等严重威胁公众生命健康的突发事件时,不服从安排参加医疗救护的	责令改正,给予警告;情节严重的,暂停其 6 个月以上 1 年以下执业活动,直至由原发证部门吊销其护士执业证书

(七)有关说明

1. 护士在执业活动中造成医疗事故的,依照医疗事故处理的有关规定承担法律责任。

2. 护士被吊销执业证书的,自执业证书被吊销之日起 2 年内不得申请执业注册。

3. 扰乱医疗秩序,阻碍护士依法开展执业活动,侮辱、威胁、殴打护士,或者有其他侵犯护士合法权益行为的,由公安机关依照治安管理处罚法的规定给予处罚;构成犯罪的,依法追究刑事责任。

实例分析

【案例资料 1】病人,女,70 岁,农民,初步诊断为肝癌晚期,同时合并有肺心病。某日早晨,病人突然感到呼吸困难,向护士求救,该护士立即通知医生。医生根据病情判断,病人需要立即行呼吸机辅助呼吸治疗。在征求病人儿子的意见时,该儿子表示放弃使用,原因为病人已是肝癌晚期,救治的意义不大,再加上经济上无法承担。于是,医护人员按照其儿子的意见没给病人使用呼吸机,结果病人因没有积极治疗而死亡。后来,病人的女儿起诉了这家医院,认为医务人员不应该听儿子的意见,而应该按病人的意见进行治疗,既然病人已经明确表示要求救治,医务人员就应该积极救治。

【问题分析】医务人员侵犯了病人的生命权。生命权是一项独立的人格权,是指自然人的生命安全不受侵犯的权利。公民的生命非经司法程序,任何人不得随意剥夺。病人的生命权是最宝贵的,我们应该不惜一切代价予以保护,特别是对急危病人的救治,当然首先要征得病人本人的治疗意见。该案例中,医务人员没有征求病人本人的治疗意见,显然侵犯了病人的生命权。

【案例资料 2】某厂矿医院的护士在为厂里的职工体检过程中,发现自己厂里的某女同志甲有先天性的阴道闭锁。该护士在下班回家的班车上,就将甲先天性的生殖器官缺陷告知了同志乙和周边的同志,结果很快这个消息就在厂区内播散开了。后来甲了解到这个情况以后一时没想开,就自杀了。

【问题分析】该护士侵犯了病人的隐私权。隐私指的是病人个人内心与身体中存在的不愿让别人知晓的秘密。这些秘密包括:病人身体存在的生理特点、生理缺陷或影响其社会形象、地位、从业的特殊疾病;病人既往的疾病史、生活史、婚姻史;病人的家族疾病史、生活史、情感史;病人的人际关系状况、财产及其他经济能力状况等。保护病人的隐私,实际是尊重病人的人格。医务人员必须为病人保守秘密。这些隐私资料的公开将严重地侵犯病人的名誉权、人格权，给病人的工作、家庭生活、爱情等方面造成经济上和精神上的损害。《护士条例》第十八条规定，护士应当尊重、关心、爱护病人，保护病人的隐私。该护士泄露了病人隐私，侵犯了病人的隐私权。

知识卡片

国际南丁格尔奖

国际南丁格尔奖是红十字国际委员会为表彰在护理事业中做出卓越贡献人员的最高荣誉奖。南丁格尔奖章是国际医学护理界的最高荣誉奖，这一奖励是在1912年举行的第九届国际红十字大会上设立的。每两年颁发一次，每次最多颁发50枚奖章，奖给在护理学和护理工作中作出杰出贡献的人士，包括以身殉职的护士，表彰他们在战时或平时为伤、病、残疾人员忘我服务的献身精神。每年的5月12日是国际护士节，它是为了纪念护士职业的创始人、英国护理学先驱和现代护理教育奠基人弗洛伦斯·南丁格尔而设立的。弗洛伦斯·南丁格尔(Florence Nightingale)于1820年5月12日生于意大利佛罗伦萨的一个富裕家庭，后随父母迁居英国。1850年，她不顾家人反对，前往德国学习护理。1854年至1856年，英、法、土耳其联军与沙皇俄国在克里米亚交战，由于医疗条件恶劣，英军受伤病员死亡率高达50%。南丁格尔率领护理人员奔赴战地医院，在健全医院管理制度、提高护理质量、降低死亡率方面做了大量工作。当地士兵亲切地称她为“提灯女神”。1991年，红十字国际委员会规定，奖章可颁发给男女护士和男女志愿护理工作人员在平时或战时做出如下突出成绩者：具有非凡的勇气和献身精神，致力于救护伤病员、残疾人或在战争灾害中的受害者。如有望获得奖章的人在实际工作中牺牲，可以追授奖章。

中国白求恩奖章

中国白求恩奖章是以著名国际人道主义医生白求恩名字进行命名的，旨在表彰在医疗卫生战线上作出突出贡献的医疗卫生工作者。白求恩奖章是1991年国家卫生计生委第14号部长令发布的《全国卫生系统荣誉称号暂行规定》中设置的荣誉称号，由人事部、国家卫生计生委共同颁发。在我国，该奖章最早获得者是王琇瑛(第29届，1983年)。

同步训练

一、名词解释

护士　护士执业不良记录

二、填空

1.(　　)，(　　)，促进护理事业发展，保障医疗安全和人体健康是《中华人民共和国护士条例》宗旨。

2.护士执业注册有效期为(　　)年。

3.护士执业良好记录包括护士受到的(　　)、奖励以及完成(　　)的情况等内容。

三、选择题

1.《中华人民共和国护士管理办法》由中华人民共和国卫生部公布，并于(　　)正式实施。

A. 1994 年 1 月 1 日　　B. 1994 年 1 月 2 日
C. 1993 年 3 月 25 日　　D. 1995 年 3 月 26 日

2. 根据《护士管理条例》,以下属于护士权利的是　　(　　)
A. 遵守法律、法规、规章和诊疗技术规范的规定
B. 尊重、关心、爱护病人,保护病人的隐私
C. 发现病人病情危急,应当立即通知医师
D. 对医疗卫生机构和卫生主管部门的工作提出意见和建议

3. 患职业病的护士应享受以下权利,但除外　　(　　)
A. 依法享受国家规定的职业病待遇
B. 诊疗、康复费用,按照国家有关工伤社会保险的规定执行
C. 被诊断患有职业病,但用人单位没有依法为其购买工伤社会保险的,其医疗费用则由用人单位承担
D. 用人单位除负责患职业病护士的生活保障外,不负责其他经济损失,护士不得向用人单位提出赔偿要求

4. 护士申请延续注册的时间应为　　(　　)
A. 有效期届满前半年　　B. 有效期届满前 30 日
C. 有效期届满后 30 日　　D. 有效期届满后半年

5. 申请注册的护理专业毕业生,应在教学或综合医院完成临床实习,其时限至少为　　(　　)
A. 6 个月　　B. 8 个月　　C. 10 个月　　D. 12 个月

6. 逾期提出申请的,还应当在符合国务院卫生主管部门规定条件的医疗卫生机构接受(　　)个月临床护理培训并考核合格。　　(　　)
A. 3　　B. 6　　C. 9　　D. 12

7. 以下关于申请护士执业注册的说法,错误的是　　(　　)
A. 护士执业注册证书包含有效期
B. 申请人向拟执业所在地省级人民政府卫生主管部门提出申请
C. 护士执业注册的受理时限为 20 个工作日
D. 护士执业注册证书不包含护士执业地点信息

8. 护士发现医师医嘱可能存在错误,但仍然执行错误医嘱,对病人造成严重后果,该后果的法律责任承担者是　　(　　)
A. 开写医嘱的医师　　B. 执行医嘱的护士
C. 医师和护士共同承担　　D. 医师和护士无须承担责任

9. 申请护士执业注册应当提交的材料除外下面哪项　　(　　)
A. 申请人身份证明　　B. 护士执业注册申请审核表
C. 护士实习合格证明　　D. 医疗卫生机构拟聘用的相关材料

10. 护士被吊销执业证书的,自执业证书被吊销之日起(　　)不得申请执业注册。　　(　　)
A. 1 年　　B. 2 年　　C. 3 年　　D. 4 年

11. 护士执业注册被吊销，是指 （ ）

A. 护士取得执业注册后从事违法活动，行政机关依法予以吊销执业注册

B. 基于特定事实的出现，有卫生行政部门依据法定程序收回护士执业注册证书

C. 不具备取得护士执业注册的条件而取得护士执业注册的，由有关行政机关予以吊销

D. 具备取得护士执业注册的条件，但因执业注册所依据的法律、法规、规章修改或废止，或客观情况发生重大变化，基于公共利益的需要，由有关行政机关予以吊销

12. 申请护士执业注册的健康标准，除哪项外 （ ）

A. 无精神病史

B. 无色盲、色弱、双耳听力障碍

C. 无违法、违规和执业不良记录

D. 无影响履行护理职责的疾病、残疾或者功能障碍

［13—15 题共同题干］

材料：2014 年 1 月 5 日上午 9 点 30 分左右，东海县卫生局、东海县卫生执法监督大队先后接到群众电话投诉，称“柳园镇某诊所输液致人死亡”，要求调查处理。经调查发现：东海县柳园镇某诊所负责人为王某某，其聘用李某在其诊所从事医疗卫生技术工作，李某未取得医师执业资格只能提供某某医学院的毕业证书，李某在该诊所工作 3 个多月共从王某某处领取“工资”5260 元。据死者的丈夫龙某证实当日为死者接诊的人员为李某。

13. 本案例中，违法主体是 （ ）

A. 东海县卫生局　B. 王某某　C. 李某　D. 王某某和李某

14. 本案例中，下列哪项不是违法行为 （ ）

A. 陈某允许未取得医师执业证书的人员上岗执业

B. 李某应聘时提供某某医学院的毕业证书

C. 李某未取得医师执业资格证书而从事医疗工作

D. 医疗活动中造成医疗事故导致病人死亡

15. 护士执业活动中遇到下列情况，除哪项外需追究法律责任 （ ）

A. 发现医嘱违反法律、法规、规章或者诊疗技术规范的规定，停止执行，向医生报告

B. 泄露病人隐私的

C. 发现病人病情危急未立即通知医师的

D. 发生自然灾害、公共卫生事件等严重威胁公众生命健康的突发事件，不服从参加医疗救护安排的

四、简答题

1. 申请护士执业注册应具备什么条件？

2. 护士队伍建设中医疗卫生机构的职责有哪些？

（李胜琴）

第四节　药品管理法律制度

学习目标

1. 知识要求

理解药品、医疗机构制剂、假药和劣药等相关概念；熟悉医疗机构的药剂管理；了解相关法律责任。

2. 能力要求

能从法律角度辨别假药、劣药；能指导公众选择合法药品。

3. 素质要求

具有使用合法药品的法律意识；能在药品使用中关爱病人。

一、概述

(一)相关概念

1. 药品管理法　药品管理法是调整药品研制、生产、经营、监督管理，保证药品质量、保障人的用药安全有效，维护人民身体健康和用药合法权益活动中产生的各种社会关系的法律规范的总称。

2. 药品　药品是指用于预防、治疗、诊断人的疾病，有目的地调节人的生理功能并规定有适应证或功能主治、用法和用量的物质，包括中药材、中药饮片、中成药、化学原料药及其制剂、抗生素、生化药品、放射性药品、血清、疫苗、血液制品和诊断药品等。

3. 药品标准　药品标准是指国家对药品质量规格及检验方法所做的技术性规范，是由一系列反映药品特征的技术参数和技术指标组成，是药品生产、经营、供应、使用、检验和管理部门必须共同遵循的法定依据。

4. 医疗机构制剂　医疗机构制剂是指医疗机构根据本单位临床需要而市场上没有销售，必须根据医生处方使用的药物制剂。

5. 新药　新药是指在我国未曾生产上市销售的药品，对已生产上市的药品改变剂型、改变给药途径的，亦按新药管理。

6. 仿制药品　仿制药品是指由国家批准正式生产，并收载于国家药品标准的品种。

7. 新生物制品　新生物制品系指我国未批准上市的生物制品，是应用普通的或依基因工程、细胞工程、蛋白质工程、发酵工程等生物技术获得的微生物、细胞及各种动物和人源的组织和液体等生物材料制品，用于人类疾病预防、治疗和诊断的药品，包括疫苗、毒素、类毒素、免疫血清、血液制品、免疫球蛋白和抗原、变态反应原以及细胞因子、激素、酶、发酵产品、单克隆抗体、DNA 重组产品、体外免疫试剂等。

8. 处方药　处方药是指必须凭具有处方资格的医师开出的处方才可调配、购买和使用的，并须在医务人员指导和监控下使用的药品。

9. 非处方药 非处方药是指由国务院药品监督管理部门公布的，不需要凭执业医师处方，消费者可以自行判断、购买和使用的药品。

10. 假药 假药是指药品所含成分与国家药品标准规定的成分不符，或者以非药品冒充药品或以他种药品冒充某药品的。

11. 劣药 劣药是指药品成分的含量不符合国家药品标准的。

12. 特殊药品 这类药品具有特殊的药理、生理作用，管理、使用不当将严重危害病人的生命健康乃至社会的利益，包括麻醉药品、精神药品、医疗用毒性药品、放射性药品。

13. 药品不良反应 药品不良反应是指合格药品在正常用法和用量下出现的与用药目的无关的或意外的有害反应。

（二）立法情况

由于药品的特殊性，我国政府特别重视药品的规范管理。早在 1950 年 11 月，经当时政务院批准，国家卫生计生委颁发了《麻醉药品管理暂行条例》，这是我国药品管理的第一个行政法规。1963 年，经国务院批准，国家卫生计生委等部门联合颁布了我国涉及药品管理的第一个综合性法规《关于加强药政管理的若干规定（草案）》，对药品的生产、经营、使用和进出口管理作了明确的规定。

改革开放后，人民生活水平逐步提高，社会主义经济建设日益发展，为了保证药品质量、增进药品疗效、强化药品监督管理、保障公民用药安全、维护人民身体健康，于 1984 年 9 月，六届全国人大常委会第七次会议通过了《中华人民共和国药品管理法》，并于 1985 年 7 月 1 日施行。这是新中国成立后我国第一部药品管理法律。它把国家有关药品监督的方针政策和原则以法律的方式加以确定，将药品质量与安全置于国家和人民群众的严格监督之下，为人体合理有效的用药提供了法律依据。

随着我国经济的持续发展，社会的全面进步，药品管理中需要解决的新情况、新问题也逐渐凸显，并成为社会公众始终关注的焦点。对此，2001 年 2 月 28 日九届全国人大常委会第二十次会议修订并通过了《药品管理法》，于 2001 年 12 月 1 日起正式实施。

为了保证《药品管理法》的贯彻实施，国务院颁布了《药品管理法实施条例》(2002 年 8 月 4 日颁布)、《麻醉药品管理办法》《医疗用毒性药品管理办法》《精神药品管理办法》《放射性药品管理办法》等行政法规；国家卫生计生委也制定了多个配套规章。国家药品监督管理局成立后相继发布《新药审批办法》《新生物制品审批办法》《新药保护和技术转让的规定》《仿制药品审批办法》《药品生产质量管理规范》《戒毒药品管理办法》《药品经营许可证管理办法》《处方药与非处方药分类管理办法》《药品流通监督管理办法》《药品注册管理办法》《药品进口管理办法》《药品非临床研究质量管理办法》《药物临床试验质量管理规范》和《药品监督行政处罚程序》等规章。部分省级人民政府也制定了相应的地方法规，逐步形成了具有中国特色的药品监督管理法律体系。

2013 年 3 月 22 日，“国家食品药品监督管理局”改名为“国家食品药品监督管理总局”，统一行使对全国的中西药品、医疗器械的执法监督和药品检验职能，负责对药品在生产、流通、使用过程中的监督和检验，实行执法监督统一、技术监督集中、社会监督的全过程监督管理。

二、法律法规精髓

(一)药品管理法的调整对象

凡在中华人民共和国境内从事药品的研制、生产、经营、使用和监督的单位和个人，都必须遵守药品管理法。

国家加强药品监督管理，保证药品质量，保障人体用药安全，维护人民身体健康和用药的合法权益；国家发展现代药和传统药，充分发挥其在预防、医疗和保健中的作用；国家保护野生药材资源，鼓励培育中药材；国家鼓励研究和创制新药，保护公民、法人和其他组织研究、开发新药的合法权益。

(二)药品经营企业的管理

1. 开办药品经营企业的条件　药品经营企业是指经营药品的专营企业或者兼营企业。《药品管理法》第十五条规定，开办药品经营企业必须具备的条件是：

(1)具有依法经过资格认定的药学技术人员。

(2)具有与所经营药品相适应的营业场所、设备、仓储设施、卫生环境。

(3)具有与所经营药品相适应的质量管理机构和人员。

(4)具有保证所经营药品质量的规章制度。

(5)合理布局，方便群众购药。

《药品管理法》第十四条还规定：开办药品批发企业，须经企业所在地省级药品监督管理部门审核批准，并发给药品经营许可证；开办药品零售企业，须经企业所在地县级以上药品监督管理部门审核批准并发给药品经营许可证。凭药品经营许可证，到工商行政管理部门登记注册。无药品经营许可证的，不得经营药品。药品经营许可证有效期为 5 年，到期须重新审查发证。

2004 年 2 月，国家食品药品监督管理局发布药品经营许可证管理办法，对药品批发企业和零售企业的条件作了更细、更具体的规定。

2. 药品经营质量管理　药品是特殊商品，它有比一般商品更为严格的经营质量管理规定。《药品管理法》第十六条至十九条明确规定，药品经营企业必须按照《药品经营质量管理规范》经营药品。药品经营企业购进药品，必须建立并执行进货检查验收制度，验明药品合格证明和其他标识，不符合规定要求的，不得购进。购销药品必须有真实完整的购销记录和详细规定的内容。

销售药品必须准确无误，并正确说明用法、用量和注意事项，调配处方必须经过核对，对处方所列药品不得更改或者代用。对有配伍禁忌或者超剂量的处方，应拒绝调配；必要时，经处方医师更正或重新签字，方可调配。销售地道的中药材必须标明产地。同时，药品的入库和出库必须执行检查制度。

(三)医疗机构的药剂管理

1. 医疗机构配制制剂的条件

(1)实行许可证制度　医疗机构制剂是指医疗机构根据本单位临床需要而常规配制、自用的固定处方制剂。《药品管理法》第二十三条规定：医疗机构配制制剂，须经所在地省级人民政府卫生行政部门审核同意，由省级药品监督管理部门批准，发给“医疗机构制剂许可证”,无医疗机构制剂许可证的,不得配制制剂。

医疗机构制剂许可证有效期为5年,有效期届满,需要继续配制制剂的,医疗机构应当在许可证届满前6个月,按照相关规定申请换发医疗机构制剂许可证。医疗机构终止配制制剂或者关闭的,医疗机构制剂许可证由原发政机关缴销。

(2)机构和人员要求　医疗机构制剂配制,应在药剂部门设制剂室、药检室和质量管理组织。机构与岗位人员的职责要明确,并配备具有相应素质和数量的专业技术人员。制剂室和药检室负责人应具有大专以上药学或相关专业学历,具有相应的管理实践经验,对工作中出现的问题能做出正确的判断,有及时处理突发事件的能力。制剂室和药检室的负责人不能互相兼任。

(3)设施仪器的要求　医疗机构要想配制制剂,必须具备保证制剂质量的设施、检验仪器和卫生条件。制剂室要远离各种污染源,必须有与所配制的制剂剂型和规模相适应的房屋、面积。

2. 医疗机构配制制剂的使用　医疗机构配制的制剂,应当是满足本单位的临床需要而市场上没有供应的品种,并须经省级人民政府药品监督管理部门批准后方可配制。配制的制剂必须按照规定进行质量检验,合格的制剂可凭处方在本医疗机构内使用。特殊情况下,经国务院或省级人民政府的药品监督部门批准,医疗机构配制的制剂可以在指定的医疗机构之间调剂使用。

3. 医疗机构的药品管理　医疗机构必须配备依法经过资格认定的药学技术人员。非药学技术人员不得直接从事药剂技术工作。其药剂人员调配处方,必须经过核对,对处方所列药品不得擅自更改或者代用。对有配伍禁忌或者超剂量的处方,应当拒绝调配;必要时,须经处方医师更改或者重新签字,方可调配。

医疗机构购进药品,必须有真实、完整的药品购进记录。必须建立并执行进货检查验收制度,验明药品合格证明和其他标识,不符合规定要求,不得购进和使用。医疗机构必须制定和执行药品保管制度,采取必要的冷藏、防冻、防潮、防虫、防鼠等措施,以保证药品质量。

(四)药品管理

药品,对每一个病人来说,都是不可缺少的物品。使用不符合标准的药物给人造成的危害可能相随一生,有的甚至危及生命。本节将介绍药品标准、新药注册、药品评审、药品进出口、药品分类、特殊药品、药品价格、药品广告管理的有关法律规定。

1. 药品标准　只有符合药品标准的药物,才可销售使用。我国实行药品标准制度。

国家药品监督管理部门颁布的《中华人民共和国药典》和《药品标准》为国家药品标准。国家药品标准包括药品的标准品、对照品,是作为药品检验对照用的标准物质,是国家药品标准的物质基础,是控制药品质量必不可少的工具。它由国务院药品监督管理部门的药品检验机构负责标定国家药品的标准品、对照品。而国家药品监督管理部门组织药典委员会,负责国家药品标准的制定和修订。

2. 新药、仿制药、新生物制品的管理

(1)新药　因新药是社会生产过程中为人类健康服务的科学研究成果之一,它对诊疗疾病有着主要作用,并代表医药工业科研水平,故国家鼓励研究并创制新药,保护公民、法人和其他组织开发研究新药的合法权益。

研究新药必须按照国家规定如实报送研制方法、质量指数、药理及毒理结果等。有关资料和样品，经相关部门批准后方可进行临床试验。完成临床试验并通过审批的新药，经国家食品药品监督管理局批准并发给新药证书。

生产新药或者已有国家标准的药品，必须经国家食品药品监督管理局批准，并发给批准文号，生产没有实施批准文号管理的中药材和中药饮片除外。新药试生产期满，生产单位应提前 3 个月才能提出转为正式生产的申请。对于逾期未提出申请者，或经审查不符合规定者，国家食品药品监督管理局将取消其试生产批准文号。

(2)仿制药品　仿制药品的质量不得低于被仿制药品，使用说明书等应与被仿制药品保持一致。试行标准的药品及受国家行政保护的品种不得仿制。对已有国家标准且不在新药保护期内的化学药品，凡对工艺进行重大改变的，应按仿制药品申报。凡申请生产仿制药品，经审核后由国家食品药品监督管理局对同意仿制的药品编排统一的批准文号。

(3)新生物制品　《新生物制品审批办法》规定，新生物制品实行国家一级审批制度。新生物制品临床试验结果报经国家食品药品监督管理局审查批准后发给新药证书。申报生产新生物制品的企业，报经国家食品药品监督管理局审查批准后发给批准文号。

3. 药品评审规定　随着人类实践的不断深入，医学科学的快速发展，新药日益增加，老药品种繁多，且都有质量参差不一、疗效不实、副作用频发的缺陷，这就需要对老药再进行评价、对新药认真评审的程序。为此，国务院药品监督管理部门组织药学、医学和其他技术人员，对新药进行评审，对已批准生产的药品进行再评价。根据药品评价结果，可以采取责令修改药品说明书、暂停生产、销售和使用的措施；对疗效不明确、不良反应大或者其他原因危害人体健康的药品，应当撤销批准文号或进口药品注册证书。被撤销批准文号或进口药品注册证书的药品，不得生产或进口、销售和使用；对于已经生产或进口的，当地药品监督部门进行监督处理或销毁。

4. 药品分类管理制度　为了加强药品监督管理，减轻国家在医疗方面的负担，方便群众，我国药品监督管理机构进行了重大改革，其中就包括对药品进行处方药、非处方药分类管理。《药品管理法》第三十七条规定：国家对药品实行处方药与非处方药分类管理制度。

(1)处方药的管理

①处方药的生产与批发　处方药的生产与批发业务仍由具有药品生产许可证、药品经营许可证的生产经营企业依法经营。进入流通领域的处方药，要求将“凭医师处方销售、购买和使用”的警示语由生产企业印刷在药品包装或使用说明书醒目的地方，禁止以其他方式直接向病人推荐、销售处方药。

②处方药的零售　处方药只能在有药品经营许可证并配有驻店执业药师或药师以上药学技术人员的社会药店、医疗机构药房凭医师处方进行零售；其他任何单位和个人不得零售处方药。处方药应该分柜单独摆放，不得采用开架自选销售方式，目前，也不允许网上零售。

③医疗机构处方与使用　处方药必须有执业医师或执业助理医师的处方才可发药。医师处方必须遵循科学、合理、经济的原则。

(2)非处方药的管理　非处方药的说明书用语应当科学、易懂，便于消费者理解、判断、选择和使用，并必须经过国务院药品监督管理部门核准。其包装须印有国家规定的非处方专有标识。

非处方药经审批可以在大众传播媒体中进行广告宣传，医疗机构根据医疗需要可以推荐非处方药。具有药品经营许可证并配有驻店执业药师或药师以上技术人员的零售药店、医疗机构药房可不凭医师处方销售甲类非处方药。除了社会药店、医疗机构药房外，经过批准，普通商业企业也可以零售乙类非处方药。

(3)禁止生产和销售假药、劣药　有下列情形之一的药按假药或劣药论处，具体的情形见表 2-14 和表 2-15。

表 2-14　假药的情形

情　形	情形说明
情形 1	国务院药品监督管理部门规定禁止使用的
情形 2	依照药品管理法必须批准而未经批准生产、进口，或者必须检验而未经检验即销售的
情形 3	变质的
情形 4	被污染的
情形 5	必须取得批准文号而未取得批准文号而生产原料药的
情形 6	所标明的适应证或者功能主治超出规定范围的

表 2-15　劣药的情形

情　形	情形说明
情形 1	未标明有效期或更改有效期的
情形 2	不注明或更改生产批号的
情形 3	超过有效期的
情形 4	直接包装药品的包装材料或容器未经批准的
情形 5	擅自添加着色剂、防腐剂、香料、矫味剂及辅料的
情形 6	其他不符合药品标准规定的

5. 特殊药品管理的规定　国家对麻醉药品、精神药品、医疗用毒性药品、放射性药品，实行特殊管理。特殊管理药品的特殊之处在于这类药品具有特殊的药理、生理作用，管理、使用不当将严重危害病人的生命健康乃至社会的利益。麻醉药品、精神药品容易使人产生依赖性、成瘾性，从而危及人体健康和家庭和睦。医疗用毒性药品本身毒性剧烈，放射性药品对环境具有放射性影响，也容易对社会公众带来危害。对此，国务院分别制定发布了《麻醉药品管理办法》《精神药品管理办法》《医疗用毒性药品管理办法》和《放射性药品管理办法》等规章制度。

同时，特殊管理药品在管理上也有其特点：对特殊药品的供应计划、购用、进口、出口等环节设置了事前审查批准或事前审查发放准许证的方式；对特殊管理药品的研究开发、生产、供应、储藏、运输、批发、零售、流通、广告、标识和使用的全过程均实行特殊管理。对特殊药品的管理还包括药品监督、卫生、环保、国防科工、公安等部门依法参与协同管理；对此类违法行为给予更严厉的处罚。

(五)药品价格和广告管理

1. 药品价格管理 我国目前的药品价格实行政府定价、政府指导价或者市场调节价。即列入国家基本医疗保险药品目录的药品以及国家基本医疗保险药品目录以外具有垄断性生产、经营的药品实行政府定价或政府指导价;对其他药品实行市场调节价。药品生产企业应当依法向政府价格主管部门如实提供药品生产经营成本,不得拒报、虚报。药品生产企业、经营单位和医疗机构执行政府定价、政府指导价,不得以任何形式擅自提高药价。依法实行市场调节价的药品,应当遵守国务院价格主管部门关于药价管理的规定,按照公平、合理和诚信、质价相符的原则制定价格,禁止牟取暴利和损害用药者利益的价格欺诈行为。

2. 药品广告管理 药品广告的内容必须真实,以国务院药品监督管理部门批准的说明书为准,不得含有虚假的内容。不得含有不科学的表示功效的断言或者保证。不得利用国家机关、医药科研单位、学术机构或者专家、医师、病人的名义和形象做疗效证明。非药品广告不得涉及药品的宣传。

(六)药品不良反应报告制度

国家对药品不良反应实行逐级、定期报告制度。严重或罕见的药品不良反应须及时报告,必要时可越级报告。

药品生产、经营企业和医疗预防保健机构必须严格监测本单位生产、经营、使用的药品的不良反应发生情况。

药品生产企业对本企业上市 5 年以内的药品安全有效问题进行密切追踪。防疫药品、普查普治用药品、预防用生物制品出现的不良反应群体或个体病例须随时向有关部门报告。当省级药品不良反应监测专业机构收到严重、罕见或新的不良反应病理报告时,须进行调查、分析并提出评价意见,于 72 小时内向国家有关机构报告。

(七)法律责任

在药品生产、经营、销售、使用过程中出现的违法行为都要承担相应的法律责任。《药品管理法》《药品管理法实施条例》《刑法》对这类违法者都做了细致、具体、明确的规定。本节着重介绍违法者须承担的行政责任、民事责任和刑事责任。

1. 行政责任 《药品管理法》第七十三条至八十七条所规定的行政处罚,由县级以上药品监督管理部门按照国家药品监督管理部门规定的职责分工决定;而吊销药品生产许可证、药品经营许可证、医疗机构制剂许可证、医疗机构执业许可证或者撤销药品批准证明文件的,则由原发证、批准的部门决定。

违反药品价格管理规定的,依照《中华人民共和国价格法》的规定处罚。

另外,《药品管理法》规定的应承担行政责任的主要行为有:①生产、销售假药的,生产、销售劣药的;②未取得药品生产许可证、药品经营许可证、医疗机构制剂许可证而私自生产药品、经营药品的;③知道或应当知道属于假劣药品而为其提供运输、保管、仓储等便利条件的;④药品的生产企业、经营企业、药物非临床安全性评价研究机构、药物临床试验机构未按规定实施药品生产质量管理规定、药品经营质量规范、药物非临床研究质量管理规定、药物临床试验质量管理规范的;⑤药品生产企业、药品经营企业、医疗机构违反规定,从未取得药品生产许可证、药品经营许可证的企业购进药品的;⑥进口已获得药品进口注册证书的药品,未按规定向允许药品进口的口岸所在地的药品监督管理部门登记备案的。

2. 民事责任 根据《药品管理法》第八十七条规定：药品检验机构出具的检验结果不实，造成损失的，应承担相应的赔偿责任。《药品管理法》第九十三条规定：药品的生产企业、经营企业、医疗机构违反法律规定，给药品使用者造成损害的，依法承担赔偿责任。

3. 刑事责任 违反《药品管理法》的有关规定构成犯罪的，依法追究刑事责任。

《刑法》第一百四十一条规定：生产、销售假药，足以严重危害人体健康的，处 3 年以下有期徒刑或者拘役，并处或者单处销售金额百分之五十以上 2 倍以下罚金；对人体健康造成严重危害的，处 3 年以上 10 年以下有期徒刑，并处销售金额百分之五十以上 2 倍以下罚金；致人死亡或者对人体健康造成特别严重危害的，处 10 年以上有期徒刑、无期徒刑或者死刑，并处销售金额百分之五十以上 2 倍以下罚金或者没收财产。

《刑法》第一百四十二条规定：生产、销售劣药，对人体健康造成严重危害的，处 3 年以上 10 年以下有期徒刑，并处销售金额百分之五十以上 2 倍以下罚金；后果特别严重的，处 10 年以上有期徒刑或者无期徒刑，并处销售金额百分之五十以上 2 倍以下罚金或者没收财产。

《刑法》第三百五十五条规定：依法从事生产、运输、管理、使用国家管制的麻醉药品、精神药品的人员，违反国家规定，向吸食、注射毒品的人提供国家规定管制的能够使人形成瘾癖的麻醉药品、精神药品的，处 3 年以下有期徒刑或者拘役，并处罚金；情节严重的，处 3 年以上 7 年以下有期徒刑，并处罚金。向走私、贩卖毒品的犯罪分子或者以牟利为目的，向吸食、注射毒品的人提供国家规定管制的能够使人形成瘾癖的麻醉药品、精神药品的，依照本法第三百四十七条的规定定罪处罚。

单位犯前款罪的，对单位判处罚金，并对其直接负责的主管人员和其他直接责任人员，依照前款的规定予以处罚。

实例分析

【实例资料】“欣弗”事件。2006 年 7 月 27 日，国家食品药品监督管理局接到青海省药监局报告，西宁市部分病人在使用安徽华源生物药品有限公司（以下简称安徽华源生物）生产的克林霉素磷酸酯葡萄糖注射液（俗称“欣弗”）后，出现胸闷、腹泻、过敏性休克等各种严重不良症状。随后，广西、浙江、黑龙江、山东等药监部门也分别报告了类似在西宁发生的病例。经国家药监部门调查，安徽华源生物有限公司在生产“欣弗”过程中，未按批准的工艺参数灭菌，降低灭菌温度，缩短灭菌时间，增加灭菌柜装载量，影响了灭菌效果，造成 10 多名病人死亡。请思考：安徽华源生物药品有限公司属于什么行为？相关部门应如何处理？

【问题分析】安徽华源生物药品有限公司生产的“克林霉素磷酸酯葡萄糖注射液”（欣弗）药品因未按批准的工艺参数灭菌，降低灭菌温度，缩短灭菌时间，增加灭菌柜装载量，影响了灭菌效果，达不到药品应有的标准。根据《药品管理法》的规定，该公司属于生产、销售劣药的行为。

根据《药品管理法》第七十五条规定：生产、销售劣药的，没收违法生产、销售的药品和违法所得，并处违法生产、销售药品货值金额 1 倍以上 3 倍以下的罚款；情节严重的，责令停产、停业整顿或者撤销药品批准证明文件、吊销《药品生产许可证》《药品经营许可证》或者

《医疗机构制剂许可证》;构成犯罪的,依法追究刑事责任。

根据《药品管理法》第七十六条规定:从事生产、销售假药及生产、销售劣药情节严重的企业或者其他单位,其直接负责的主管人员和其他直接责任人员 10 年内不得从事药品生产、经营活动。对生产者专门用于生产假药、劣药的原辅材料、包装材料、生产设备,予以没收。

知识卡片

产品生产质量管理规范(GMP)

GMP 是英文 Good Manufacturing Practice 的缩写,中文含义是"产品生产质量管理规范",它是一套适用于制药、食品等行业的强制性标准,要求企业从原料、人员、设施设备、生产过程、包装运输、质量控制等方面按国家有关法规达到卫生质量要求,形成一套可操作的作业规范帮助企业改善企业卫生环境,及时发现生产过程中存在的问题,确保药品质量的安全性、稳定性和均一性。我国新版《药品生产质量管理规范》(2010)自 2011 年 3 月 1 日起施行。新版 GMP 中不仅引入了质量风险管理新理念,强调在实施 GMP 中要以科学和风险为基础,还引入了质量管理体系的新理念,要求制药企业应当建立全面、系统、严密的质量管理体系,并且必须配备足够的资源。

药品经营质量管理规范(GSP)

GSP 是英文 Good Supply Practice 的缩写,意即良好供应规范,我国称为药品经营质量管理规范。它是指在药品流通过程中,针对计划采购、购进验收、储存、销售及售后服务等环节而制定的,以保证药品符合质量标准的一项管理制度。其核心是通过严格的管理制度来约束企业的行为,对药品经营全过程进行质量控制,保证药品经营企业向用户提供优质的药品,现行的《药品经营质量管理规范》(2015)自 2015 年 6 月 25 日起施行。

同步训练

一、名词解释

医疗机构制剂　处方药

二、填空题

1. 国家对药品实行(　　)与(　　)分类管理制度。

2. 不需要凭执业医师或执业助理医师处方即可自行判断、购买和使用的药品是(　　)。

三、选择题

[1—3 题共用题干]

材料:2009 年某天,某市药品监督管理局接到群众举报,某药厂在该市某地进行药品宣传和销售活动,药监局执法人员赶到现场聆听了该药厂关于其产品的宣传讲座,发现该药厂的讲座内容有意扩大其产品(实为保健品)的疗效,称其产品能够治疗各种原发性高血压、心脏病及高脂血症、脑卒中等疾病,并进行了现场卖"药",经查,现场已销售了 2 天,出售 43 盒,获得违法所得 4300 元。

1. 根据《药品管理法》,关于该药厂的行为描述正确的是　(　　)

A. 生产假药的行为　　B. 生产劣药的行为
C. 销售假药的行为　　D. 销售劣药的行为

2. 根据《药品管理法》，以下对该药厂行为描述不正确的是　（　　）

A. 虚假广告的行为　　B. 非法销售药品行为
C. 销售假药的行为　　D. 违反《药品管理法》

3. 下列关于该药厂应受到的处罚描述中，正确的是　（　　）

A. 没收违法所得 4300 元，并处以 4300 元的 2 倍到 5 倍的罚款
B. 处以其生产销售假药价值总额 2 倍到 5 倍的罚款，并承担刑事责任
C. 处以 4300 元的 2 倍到 5 倍的罚款，并承担刑事责任
D. 处以其生产销售假药价值总额 2 倍到 5 倍的罚款

四、简答题

《药品管理法》规定有哪些情形须按假药论处？哪些情形须按劣药论处？

（祝美姣）

第五节　献血法、红十字会法律制度

学习目标

1. 知识要求

理解献血法、血液、血站和血液制品等相关概念；熟悉无偿献血制度及临床用血的管理；了解红十字会法的相关内容。

2. 能力要求

能对无偿献血进行科学宣教与指导；能对红十字会法进行宣教。

3. 素质要求

具有依法采供血液及血液制品的法律意识。

一、献血法

（一）概述

1. 相关概念

（1）献血法　献血法是指为保证临床用血需要和安全，保障献血者和用血者身体健康而产生的各种社会关系的法律规范的总和。

（2）血液　血液是一种以血浆、血细胞和血小板为主要成分的不透明红色液体。它是一种复杂的维持生命的所必需的物质。输血是现代医疗的重要手段，它在临床医学领域中有着拯救生命、治疗疾病的重要作用。

（3）血液制品　血液制品是特指从人血浆中分离制备的有明确临床应用意义的血浆蛋白制品的总称。

(4)无偿献血制度　无偿献血制度是指达到一定年龄的健康公民自愿提供自身的血液或某种血液成分用于临床，而不索取任何报酬的制度。

(5)血站　血站是采集、提供临床用血的机构，是不以营利为目的的公益性组织。

(6)原料血浆　原料血浆是指单采血浆站采集的专用于血液制品生产原料的血浆。

2. 立法情况　《中华人民共和国献血法》是由中华人民共和国第八届全国人民代表大会常务委员会第二十九次会议于1997年12月29日通过的，自1998年10月1日起实施。

我国的无偿献血制度始于20世纪70年代后期，但由于历史原因发展缓慢。为了规范公民献血，1978年11月国务院批准了国家卫生计生委《关于加强输血工作的请示报告》，正式提出实行公民义务献血制度。1979年，《全国血站工作重要任务(试行草案)》提出，确立统一制定献血计划、统一管理血源、统一组织采血的血液管理的"三统一"的初步设想。1984年，国家卫生计生委和中国红十字总会在全国倡导自愿无偿献血，使我国的献血制度又大大地向前迈进了一步。1993年，国家卫生计生委下发了《采供血机构和血液管理办法》《血站基本标准》，进一步细化了对血站和单采血浆站的管理。1996年12月3日，国务院又发布了《血液制品管理条例》，这是我国第一个有关血液制品管理的行政法规。为保证临床用血需要和安全，保障献血者和用血者的身体健康，1997年12月29日，第八届全国人民代表大会常务委员会第二十九次会议通过了《中华人民共和国献血法》，自1998年10月1日起实施。1999年，国家卫生计生委、中国红十字会总会颁布了《全国无偿献血表彰奖励办法》。《献血法》及其配套法规的颁布实施，标志着我国血液工作管理进入到一个崭新的阶段。2002年，国家卫生计生委开始按照世界卫生组织(WHO)安全血液和血液制品四项方针，即：国家血液工作的要点是建立组织完善的、国家协调的输血服务机构；要从来自低风险人群的定期的、自愿无偿的献血者中采集血液；对所有采集的血液均进行输血传播性疾病检测、血液定型和配合性试验；使血液在临床上得以合理使用，深入实施采、供血机构全面质量管理项目，加强实验室建设和临床用血管理，确保血液安全。

为确保血液安全，规范血站执业行为，促进血站的建设与发展，国家卫生计生委发布了修订后的《血站管理办法》和《采供血机构设置规划指导原则》，以及2007年10月31日发布的《单采血浆站管理办法》，自2008年3月1日起施行，这为规范我国的采供血机构规划及管理提供了法律上、制度上及技术上的保证。2008年8月，为加强血站质量管理，规范各项技术操作，国家卫生计生委组织专家对1997年下发的《中国输血技术操作规程(血站部分)》进行了修订，有利于进一步规范血液管理，保证输血安全。

(二)法律法规精髓

1. 无偿献血法律制度

(1)无偿献血的主体　国家实行无偿献血制度。国家提倡18～55周岁的健康公民自愿献血，鼓励国家工作人员、现役军人和高等学校在校学生率先献血，为树立社会新风尚作表率。

(2)无偿献血工作的组织与管理　献血法规定：各级人民政府领导本行政区域内的献血工作，县级以上各级卫生行政部门监督管理献血工作，各级红十字会依法参与、推动献血工作。

各级人民政府采取措施广泛宣传献血的意义，普及献血的科学知识，开展预防和控制经血液途径传播疾病的教育。广播、电视、报刊等大众传播媒体应当积极开展献血的社会公益性宣传，增强公民自愿献血的意识。

献血管理机构根据本行政区域的人口规模和临床用血需求状况，拟定年度献血计划，报经本级人民政府批准后组织实施。

各级人民政府和红十字会对积极参加献血和在献血工作中做出显著成绩的单位和个人，给予表彰、奖励。无偿献血者及其配偶、直系亲属需要临床用血时，可以享受用血费用减免等优惠待遇。

2.采血与供血 血站是采集、提供临床用血的机构，是不以营利为目的的公益性组织。它以省、自治区、直辖市为区域实行统一规划设置，并经卫生行政部门批准、登记注册，领取《血站执业许可证》后，才能开展采供血业务。

(1)采血管理与供血管理

①采血管理 血站采血必须严格遵守各项技术操作规程和制度，必须由具有采血资格的医务人员进行采血，为献血者提供安全、卫生、便利的条件。

血站在采血前，必须按照《献血者健康检查标准》对献血者进行免费健康检查，健康检查不合格的，不得采集其血液。

血站对献血者每次采集的血液量一般为200毫升，最多不得超过400毫升，两次采集间隔期不少于6个月，严禁对献血者超量、频繁地采集血液。

血站采集血液后要建立献血档案，记录献血者的姓名、性别、出生日期、血型、献血日期、献血量、单位或地址，采血者签字，并加盖该血站采血专用章。严禁采集冒名顶替者的血液。

血站采集血液后，向献血者发放国务院卫生行政部门制作的《无偿献血证》，任何单位和个人不得伪造、涂改、出卖、转让和出售《无偿献血证》。

血站对采集的血液，必须严格按照《献血者健康检查标准》的有关规定进行检验，检验项目不合格的，须按照有关规定予以处理。

血站在采集检验标本、采集血液和成分血分离时，必须使用有生产单位名称、生产标准文号和有效期的一次性注射器和采血器材，用后必须按规定及时销毁并作记录，避免交叉感染。

血站应当根据医疗机构的用血计划，积极开展成分血制备，并指导临床医务人员推广应用成分血。血站不得单采原料血浆。

血源、采供血和检测的原始记录必须保存10年。血液检验(复验)的全血标本的保存期应当在全血有效期内，血清标本的保存有效期在全血有效期满后半年。

②供血管理 血站应当保证提供的血液质量、品种、规格、数量无差错。未经检验或检验不合格的血液，不得向医疗机构提供。

血液的包装、储存、运输必须符合《血站基本标准》的要求。血液包装袋上必须注明：1)血站名称及其许可证号；2)献血者姓名(或条形码)；3)血液品种；4)采血日期及时间；5)有效期及时间；6)血袋编号(或条形码)；7)储存条件。

因特殊血型需要须从外省、自治区、直辖市调配血液的，则由供需双方省级人民政府卫生行政部门协商后实施，实施中由需方血站对血液进行再次检验，以保证血液质量。

血站应当制定重大灾害事故的应急采、供血预案，并从血源、管理制度、技术能力和设备条件上保证预案的实施，满足应急用血的需要。

3. 临床用血的管理　临床用血是医疗过程中必不可少的环节。因此，对临床用血的原则作出规定，并对临床用血加强管理是十分必要的，这能合理利用血液和避免血液浪费，最大限度地发挥血液的功效，为用血者的身体健康提供优质安全的服务。

（1）临床用血的原则　无偿献血者的血液必须用于临床，不得买卖。血站、医疗机构不得将无偿献血者的血液出售给单采血浆站或者血液制品生产单位。

医疗机构的临床用血，由县级以上人民政府卫生行政部门指定的血站供给，其包装、储存、运输等必须符合国家规定的卫生标准和要求。

医疗机构对临床用血必须进行核查，不得将不符合国家规定标准的血液用于临床。

国家提倡并指导择期手术的病人自身输血，动员家庭、亲友、所在单位以及社会互助献血，以满足临床急救用血的需要。

（2）临床用血的管理　级别在二甲以上的医院应设置独立的输血科（血库），负责临床用血的指导和技术实施，确保储存、配血和科学、合理用血措施的执行。

医疗机构在临床用血时应当制定用血计划，遵循合理、科学的原则用血，不得浪费和滥用血液。临床医生和输血技术人员要严格掌握临床输血适应证，减少不必要的输血，并积极推行按医疗实际需要的血液成分输血。

医疗机构为保证应急用血需要时，可以临时采集血液，但应确保采血、用血安全。

公民临床用血时须交付用于血液的采集、储存、分离、检验等费用。

（3）临床输血技术规范

①输血申请　由经治医生逐项填写《临床输血申请单》，由主治医师核准签字，连同受血者血样于预定输血日期前送交输血科（血库）做好输血准备。

决定输血治疗前，经治医师应向病人或家属说明输同种异体血的不良反应和经血液传播疾病的可能性，征得病人或家属的同意后，并指导其在《输血治疗同意书》上签字。将《输血治疗同意书》写入病历。对于无家属签字的无自主意识病人的紧急输血，应报医院职能部门或主管领导同意、备案，并记入病历。

②输血流程(见图 2-1)

临床输血流程图

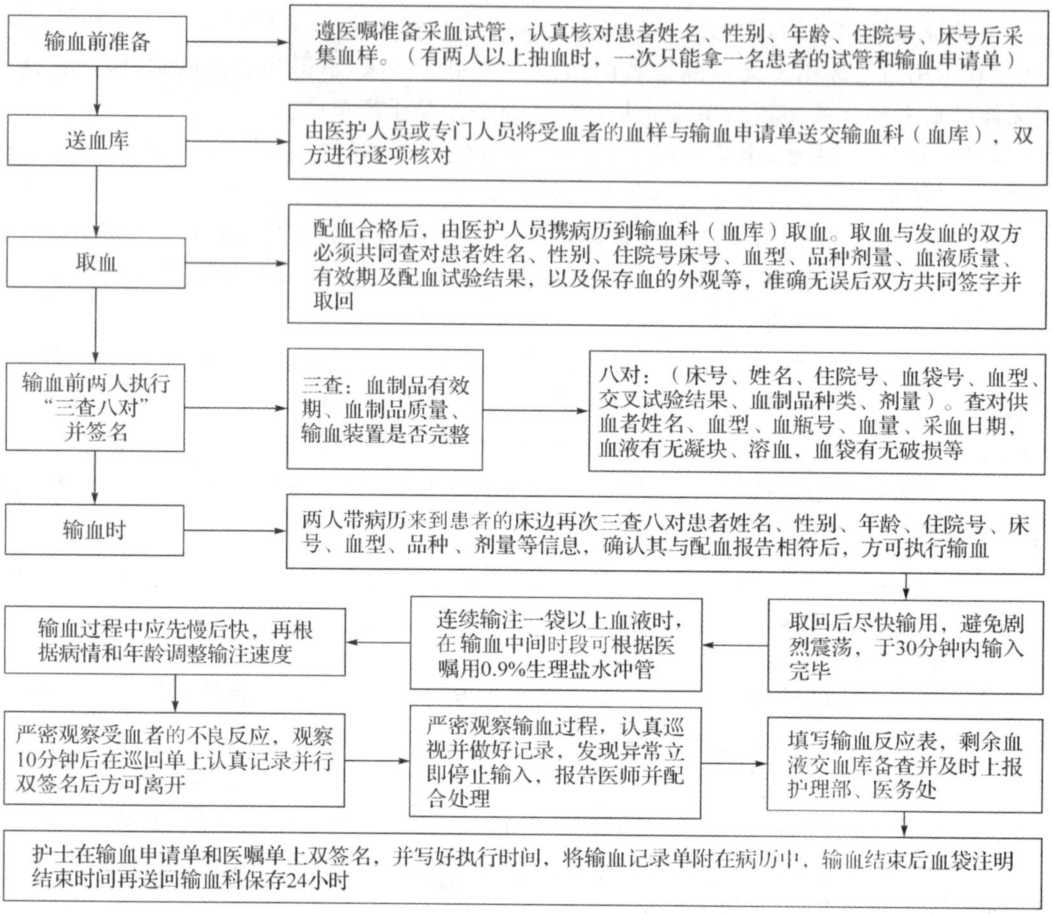

图 2-1 临床输血流程图

4. 原料血浆的管理

(1)单采血浆站的设置　单采血浆站由血液制品生产单位设置或者由县级人民政府卫生行政部门设置，专门从事单采血浆活动，具有独立法人资格。其他任何单位和个人不得从事单采血浆活动。

在一个采血浆区域内，只能设置一个单采血浆站。严禁单采血浆站采集非规定区域内的供血浆者和其他人员的血浆。

设置单采血浆站必须具备国家规定的条件和标准，由县级人民政府卫生行政部门初审，报省、自治区、直辖市人民政府卫生行政部门审核批准，发给《单采血浆许可证》，并报国务院卫生行政部门备案。

(2)原料血浆的采集　单采血浆站必须对供血浆者进行健康检查，对于检查合格的，由县级人民政府卫生行政部门核发《供血浆证》。《供血浆证》不得涂改、伪造、转让。

单采血浆站在采集血浆前，必须对供血浆者进行身份识别并核实其《供血浆证》，确认无误后，方可按规定程序进行健康检查和血液化验；对检查、化验合格的，按有关技术操作标准及程序采集血浆，并建立供血浆者健康检查及供血记录档案；对检查、化验不合格的，由单采血浆站收缴《供血浆证》，并由所在地县级人民政府卫生行政部门监督销毁。严禁采集无《供血浆证》者的血浆。

单采血浆站必须使用单采血浆机采集血浆，严禁手工操作采集血浆。采集的血浆必须按单人份冰冻保存，不得混浆。

单采血浆站必须使用有产品批准文号并经国家药品、生物制品检定机构逐批检定合格的体外诊断试剂以及合格的一次性采血浆器材。

单采血浆站采集的原料血浆的包装、储存、运输，必须符合国家规定的卫生标准和要求，且只能向一个与其签订质量责任书的血液制品生产单位供应原料血浆，严禁向其他任何单位供应原料血浆。

严禁单采血浆站采集血液或者将其所采集的原料血浆用于临床。

5. 法律责任　对于违反《献血法》有关规定的，视其情节轻重，分别承担行政责任、民事责任和刑事责任。

(1)行政责任

①有下列行为之一的，由县级以上地方人民政府卫生行政部门予以取缔，没收违法所得，并处10万元以下罚款：1)非法采集血液的；2)血站、医疗机构出售无偿献血者血液的；3)非法组织他人出卖血液的。

②血站违反有关操作规程和制度采集血液，由县级以上地方人民政府卫生行政部门责令改正；给献血者健康造成损害的，对直接责任的主管人员和其他直接责任人员，依法给予行政处分。

③临床用血的包装、储存、运输，对于不符合国家规定的卫生标准和要求的，由县级以上人民政府卫生行政部门责令改正，给予警告，并处1万元以下的罚款。

④血站向医疗机构提供不合格血液的，由县级以上地方人民政府卫生行政部门责令改正；情节严重，造成经血液途径传播疾病的或者有传播危险隐瞒不报的，限期整顿，对直接责任的主管人员和其他直接责任人员，依法给予行政处分。

⑤医疗机构将不符合国家卫生标准的血液用于病人，给病人造成损害的，对直接责任的主管人员和其他直接责任人员，依法给予行政处分。

⑥卫生行政部门及其工作人员在献血、用血的监督管理工作中玩忽职守，尚未构成犯罪的，依法给予行政处分。

⑦非法从事采集、供应、倒卖原料血浆活动的，应予以取缔，没收违法所得及从事违法活动的器材、设备，并处违法所得5倍以上10倍以下罚款。

⑧单采血浆不依照规定进行检测或违背其他操作规定的，由县级以上地方人民政府卫生行政部门责令限期改正，处5万元以上10万元以下罚款；情节严重的，予以吊销《单采血浆许可证》，没收违法所得，并处10万元以上30万元以下罚款。

(2)民事责任　血站和医疗机构违反操作规程和制度采集血液及供应或使用的血液不符合国家卫生标准，给献血者和病人健康造成损害的，应当依法承担民事责任。有关民事责任赔偿事宜按《民法通则》《医疗事故处理条例》和《侵权责任法》等的有关规定处理。

(3)刑事责任

①非法采集血液的;非法组织他人卖血液的;以暴力和威胁的方法强迫他人出卖血液的;向医疗机构提供不符合国家标准的血液,情节严重,造成经血液途径传播疾病或有传播严重危险的。以上情况构成犯罪的,依照《刑法》有关规定追究刑事责任。

②血站违反操作规程和制度采集血液,给献血者造成损害,情节严重的;医疗机构的医务人员,将不符合国家规定标准的血液用于病人,给病人健康造成损害的。以上情况已构成犯罪,对其主管人员和直接责任人员依照《刑法》有关规定追究刑事责任。

③单采血浆站、血液制品生产单位非法采集、供应血液或者制作、供应血液制品,构成犯罪的,依照《刑法》有关规定追究刑事责任。

④卫生行政部门及工作人员在献血、用血的监督管理中,玩忽职守,造成严重后果,构成犯罪的,依照《刑法》有关规定追究刑事责任。

二、红十字会法律制度

《中华人民共和国红十字会法》是为了保护人的生命和健康,发扬人道主义精神,促进和平进步事业,保障红十字会依法履行职责而制定的法规,由中华人民共和国第八届全国人民代表大会常务委员会第四次会议于 1993 年 10 月 31 日通过,自公布之日起施行。

(一)组织

县级以上按行政区域建立地方各级红十字会,根据实际工作需要配备专职工作人员。全国性行业根据需要可以建立行业红十字会。全国建立中国红十字会总会。

各级红十字会理事会由会员代表大会民主选举产生。理事会民主选举产生会长和副会长。各级红十字会会员代表大会闭会期间,由理事会执行会员代表大会的决议。理事会向会员代表大会负责并报告工作,接受其监督。上级红十字会指导下级红十字会工作。中国红十字会总会设名誉会长和名誉副会长。名誉会长和名誉副会长由中国红十字会总会理事会聘请。

中国红十字会总会具有社会团体法人资格;地方各级红十字会、行业红十字会依法取得社会团体法人资格。

(二)职责

红十字会履行下列职责:①开展救灾的准备工作;在自然灾害和突发事件中,对伤病人员和其他受害者进行救助。②普及卫生救护和防病知识,进行初级卫生救护培训,组织群众参加现场救护;参与输血献血工作,推动无偿献血;开展其他人道主义服务活动。③开展红十字青少年活动。④参加国际人道主义救援工作。⑤宣传国际红十字和红新月运动的基本原则和日内瓦公约及其附加议定书。⑥依照国际红十字和红新月运动的基本原则,完成人民政府委托事宜。⑦依照日内瓦公约及其附加议定书的有关规定开展工作。

红十字会有权处分其接受的救助物资;在处理捐赠款物时,应当尊重捐赠者的意愿。在自然灾害和突发事件中,执行救助任务并标有红十字标志的人员、物资和交通工具有优先通行的权利。任何组织和个人不得拒绝、阻碍红十字会工作人员依法履行职责。

(三)标志

红十字标志具有保护作用和标明作用。红十字标志的保护性使用,是指标示在武装冲突中必须受到尊重和保护的人员和设备。其使用办法，依照日内瓦公约及其附加议定书的有关规定执行。红十字标志的标明性使用，是指标示与红十字活动有关的人或者物。其使用办法由国务院规定。因宗教信仰使用红新月标志的，其使用办法适用红十字标志的使用规定。军队使用红十字标志时，应依照日内瓦公约及其附加议定书的有关规定执行。禁止滥用红十字标志。对于滥用红十字标志的，红十字会有权要求其停止使用；拒绝停止使用的，红十字会可以提请人民政府按照有关法律、法规的规定予以处理。

(四)经费与财产

红十字会经费的主要来源为：①红十字会会员缴纳的会费；②接受国内外组织和个人捐赠的款物；③动产和不动产的收入；④人民政府的拨款。

国家对红十字会兴办的与其宗旨相符的社会福利事业给予扶持。红十字会接受用于救助和公益事业的捐赠物资，按照国家有关规定享受减税、免税的优惠待遇。红十字会建立经费审查监督制度，经费使用应当与其宗旨相一致，对接受的境外捐赠款物，应当建立专项审查监督制度。红十字会应每年向红十字会理事会报告经费的来源和使用情况，并接受人民政府的检查监督。任何组织和个人不得侵占和挪用红十字会的经费和财产。

实例分析

【实例资料】爱心献血不留姓名被婉拒。2012 年 9 月 12 日，广州市血液中心在某广场开展献血宣传活动并现场采血，自愿献血的市民很快就排起了长龙。部分排队献血的市民有意没有携带有效身份证件而被采血的医务人员告知“不能献血”。对此，有些自愿献血的志愿者感到不理解：难道爱心献血者不留姓名也不应该吗？是不是采血的医务人员在刁难献血者？一个年轻人情绪有些激动，向现场的广州市血液中心的领导投诉：我身体健康，排队近一个小时只因没有带身份证而被告知“不能献血”，难道爱心献血不留名有错吗？

【问题分析】我国实行自愿无偿献血制度，自愿无偿献血是公民奉献爱心的高尚行为。事实上，虽然“献血不留名”为传统道德所倡导与褒扬，但对采集血液的质量与献血者的权益却存在相当不利的影响。如在血液检测时发现献血者存在某些疾病而无法告知，同时献血者应当享有的权益也无法实现(如临床输血免费用血)，因此，我国的相关法律明确规定自愿无偿献血实行实名制。《血站管理办法》第二十二条规定：血站采血前应当对献学者身份进行核对并进行登记。第二十三条规定：献血者应当按要求出示真实的身份证明。任何单位和个人不得组织冒名顶替者献血。显然，根据上述规定，血站采血应对献血者进行身份核查，没有有效身份证件的献血者不能采血。

知识卡片

成分输血

成分输血是 1959 年由 Gibson 首先提出，但到了 20 世纪 60 年代末和 70 年代初，成分输血才真正发展起来。

成分输血是根据血液比重不同，应用现代科学方法分离提纯供血者血液的不同成分，依据病人病情的需要，分别输入相关血液成分。成分输血的主要输血种类包括红细胞、粒细胞、单核细胞、血浆及蛋白和自身输血五种。成分输血是目前临床常用的输血类型，其优点在于疗效突出、副作用小、充分利用血液资源以及便于保存和运输等。专家们对成分输血的先进性、科学性和合理性给予了极高的评价，认为成分输血是输血史上的一场革命。成分输血的比例是衡量一个国家或地区医疗技术水平高低的重要标志之一。目前，国际上输成分血的比例已经达到90%以上，输全血不到10%，发达国家输成分血的比例已经超过95%。

同步训练

一、名词解释

无偿献血制度　血站

二、填空题

1. 国家提倡（　　）的健康公民（　　）献血。

2. 无偿献血者的血液必须（　　），不得买卖。

三、选择题

1. 病人李某，患有较大的卵巢囊肿准备行择期手术治疗，病人要求术前自身贮血和手术时自身血回输。

(1)经治医生的职责是（　　）

A. 血液的采集　　B. 血液的贮存

C. 输血过程的医疗监护　　D. 交叉配血

(2)输血科医生的职责是（　　）

A. 输血　　B. 采血和贮血

C. 填写《临床输血申请单》　　D. 填写《输血治疗同意书》

2. 某医院急诊室，医生正在抢救一位车祸伤病人。由于失血过多，该病人急需输血，但医院血库恰巧没有了血浆。向血站求助，血站碰巧也没有了经过检测的血浆。为了不延误抢救伤者，医院只好从血站拿了刚刚采集还没来得及检测的血浆1200ml，并将其全部输给伤者。伤者得救了，但却因此感染了丙肝。

(1)该例伤者感染丙肝，责任人应对伤者承担的法律责任是（　　）

A. 行政处罚　　B. 吊销执业许可证　　C. 民事赔偿　　D. 罚款

(2)应对伤者承担法律责任的是（　　）

A. 血站　　B. 医务人员　　C. 伤者自己　　D. 医院

四、简答题

医疗机构临床用血应遵循什么原则？

（祝美姣）

第六节 医疗事故处理法律制度

学习目标

1. 知识要求

理解医疗事故的法律内涵，熟悉医疗事故技术鉴定的程序，了解医疗事故的赔偿和法律责任。

2. 能力要求

会进行医疗事故的预防与处置，会区别医疗事故和医疗纠纷。

3. 素质要求

具有依法处置医疗事故争议的法律意识，在医疗事故争议处置中能依法保护病人的合法权益。

一、概述

(一)相关概念

1. 医疗事故的概念 医疗事故是指医疗机构及其医务人员在医疗活动中，违反医疗卫生管理法律、行政法规、部门规章和诊疗护理规范、常规，因行为过失而造成病人人身损害的事故。

2. 医疗纠纷的概念 医疗纠纷是指基于医疗行为，在医方(医疗机构)与患方(病人或者病人近亲属)之间产生的因医疗过错、违约而导致的医疗损害赔偿及医疗合同违约，或是医方在医疗活动中并没有任何疏忽和失误，仅仅是由于病人单方面的不满意等引起的纠纷。医疗纠纷通常是由医疗过错和过失引起的，也可以是因病人缺乏基本的医学知识，对正确的医疗处理、疾病的自然转归和难以避免的并发症以及医疗中的意外事故不理解而引起的，甚至是由于病人毫无道理的责难而引起的。医疗事故仅仅是引起医疗纠纷的一个原因。

3. 医疗事故罪 医疗事故罪，是指医务人员由于严重不负责任，造成就诊人死亡或者严重损害就诊人身体健康的行为。根据《中华人民共和国刑法》第三百三十五条规定：医务人员由于严重不负责任，造成就诊人死亡或者严重损害就诊人身体健康的，处3年以下有期徒刑或者拘役。属于严重不负责任的常见情形见表2-16。

表 2-16 医务人员严重不负责任的情形

情 形	情形说明
情形 1	擅离职守
情形 2	无正当理由拒绝对危急就诊人实行必要的医疗救治的
情形 3	未经批准擅自开展试验性医疗的
情形 4	严重违反查对、复核制度的
情形 5	使用未经批准使用的药品、消毒药剂、医疗器械的
情形 6	严重违反国家法律法规及有明确规定的诊疗技术规范、常规的
情形 7	其他严重不负责任的情形

此外，这里规定的“严重损害就诊人身体健康”，是指造成就诊人严重残疾、重伤、感染艾滋病、病毒性肝炎等难以治愈的疾病或者其他严重损害就诊人身体健康的后果。

(二)立法简述

1987 年 6 月 29 日，国务院颁布了我国第一个处理医疗事故的专门法规《医疗事故处理办法》。1997 年 3 月 14 日，第八届全国人大第 5 次会议修订通过的《中华人民共和国刑法》对发生严重医疗责任事故的医务人员作出了刑事处罚规定。1998 年 6 月 29 日，第九届全国人大常委会第 3 次会议通过的《执业医师法》对造成医疗责任事故的医师作出了明确的行政处罚规定。

2002 年 4 月 1 日起，《最高人民法院关于民事诉讼证据的若干规定》明确规定了医疗行为侵权纠纷赔偿适用举证倒置原则，该项规定称：“因医疗行为引起的侵权诉讼，由实施危险行为的人就其行为与损害结果之间不存在因果关系承担举证责任。”2002 年 2 月 20 日，国务院通过了新修订的《医疗事故处理条例》，该条例于 2002 年 4 月 4 日正式公布，并于 2002 年 9 月 1 日生效。

2002 年 8 月，国家卫生计生委又分别颁布了《医疗机构病历管理规定》《医疗事故技术鉴定暂行办法》《医疗事故分级标准(试行)》《医疗事故争议中尸检机构及专业技术人员资格认定办法》《中医、中西医结合病历书写基本规范(试行)》《重大医疗过失和医疗事故报告制度的规定》《医疗事故技术鉴定专家库学科专业组名录(试行)》等配套法规。

二、法律法规精髓

(一)医疗事故分级

根据医疗事故对病人身体健康造成的损害程度，将医疗事故分为四级：

一级医疗事故，是指造成病人死亡、重度残疾的医疗事故。

二级医疗事故，是指造成病人中度残疾、器官组织损伤导致严重功能障碍的医疗事故。

三级医疗事故，是指造成病人轻度残疾、器官组织损伤导致一般功能障碍的医疗事故。

四级医疗事故，是指造成病人明显人身损害的其他后果的医疗事故。

(二)医疗事故的构成要件和不属于医疗事故的情形

1. 医疗事故的构成要件

(1)医疗事故是在医疗活动过程中发生的　诊疗护理是医疗活动的主要内容和形式，没有医疗护理内容的事故，不能称为医疗事故。因此，在日常工作中应严格禁止医务人员在非紧急情况下和不合法的执业场所实施医疗活动，否则将涉嫌非法行医，因此造成的人身伤害，就不能称为医疗事故，而是过失伤害。

(2)医疗事故是由违法违规的过失行为造成的　医疗事故必须是医疗行为违反了医疗管理法律、法规、规章和诊疗护理规范、常规，而且这种行为必须是医疗过失所造成的。所谓过失是指行为人在行为时的主观心理不是故意伤害病人，即行为人在行为时，绝不希望或追求损害结果的发生，但由于自己的行为违法，造成了人身损害的后果，包括疏忽大意的过失和过于自信的过失两种，因此，医疗事故也就排除了因为故意行为所造成的医疗损害情形。当然，意外事件和不可抗力所造成的医疗损害情形也可排除在外。

(3)医疗事故是由医疗机构及其医务人员直接造成的　国家对有权开展医疗活动的医疗机构和有权从事医疗活动的医务人员规定了严格的许可制度。医疗事故的主体必须是依法取得执业许可或执业资格的医疗机构及其工作人员。对于未取得《医疗机构执业许可证》的单位和组织、未取得执业医师或护士资格的人，他们只能是非法行医的主体。非法行医造成了病人人身损害的或是由于病人自身过错造成的人身损害后果的，均不属于医疗事故。

(4)医疗事故造成了病人人身损害的严重后果　在医疗活动中，由于各种原因难免会出现一些不良后果，有些不良后果在不同程度上给病人的健康带来了影响，甚至是痛苦，有的甚至造成了人身损害。所以，为了保护病人利益，只有造成病人死亡、残疾、组织器官损伤导致功能障碍以及明显的人身损害的其他后果的，才可能被定为医疗事故。

(5)医疗过失行为和病人的人身损害后果之间必须有直接的因果关系　医疗过失所致的违法行为和病人人身损害后果之间存在的因果关联是判定医疗事故成立的关键因素。在某些时候，虽然医务人员存在过失行为，甚至也的确对病人存在损害结果，但该损害结果与过失行为之间并不存在因果关联，就不能成立医疗事故。

2. 不属于医疗事故的情形(见表 2-17)

表 2-17　不属于医疗事故的情形

情　形	情形说明
情形 1	在紧急情况下为抢救垂危病人生命而无法按照常规采取的急救措施造成不良后果的
情形 2	在诊疗过程中由于病情异常或者病人体质特殊而发生医疗意外的
情形 3	在现有医学科学条件下，发生无法预料或者不能防范的不良后果的
情形 4	无过错输血感染造成的不良后果的
情形 5	因患方原因延误诊疗导致不良后果的
情形 6	因不可抗力造成不良后果的

(三)医疗事故的预防与处置

1. 医疗事故的预防　医疗机构及其医务人员在医疗活动中，必须严格遵守医疗卫生管理法律、行政法规、部门规章和诊疗护理规范、常规，恪守医疗服务职业道德。医疗机构应当对其医务人员进行医疗卫生管理法律、行政法规、部门规章和诊疗护理规范、常规的培训和医疗服务职业道德的教育。医疗机构应当设置医疗服务质量监控部门或者配备专(兼)职人员，具体负责监督本医疗机构的医务人员的医疗服务工作，检查医务人员执业情况，接受病人对医疗服务的投诉，向其提供咨询服务。医疗机构应当制定防范、处理医疗事故的预案，预防医疗事故的发生，减轻医疗事故的损害。

2. 医疗事故的报告

(1)内部报告　医务人员在医疗活动中发生或者发现医疗事故、可能引起医疗事故的医疗过失行为或者发生医疗事故争议的，应当立即向所在科室负责人报告，科室负责人应当及时向本医疗机构负责医疗服务质量监控的部门或者专(兼)职人员报告；负责医疗服务质量监控的部门或者专(兼)职人员接到报告后，应当立即进行调查、核实，将有关情况如实向本医疗机构的负责人报告，并向病人通报、解释。

(2)向卫生行政部门报告　发生医疗事故后，医疗机构应当按照规定向所在地的卫生行政部门报告。发生下列重大医疗过失行为的，医疗机构应当在 12 小时内向所在地卫生行政部门报告：①导致病人死亡或者可能为二级以上的医疗事故；②导致 3 人以上人身损害后果；③国务院卫生行政部门和省、自治区、直辖市人民政府卫生行政部门规定的其他情形。

(四)医疗事故的处理方式

根据相关法律法规规定，医疗事故争议的处理途径包括：医患协商解决、卫生行政调解、司法诉讼解决和人民调解。

1. 医疗事故争议的协商解决　医疗事故争议可以协商解决，是医患双方以互解互谅精神，通过平等协商自主解决医疗事故争议的过程。协商解决既可以缓解矛盾，减少误会，消除分歧，又能寻找到解决问题的方法。需要解决的问题主要包括两个方面：一是事实，即是否造成了不良后果，不良后果是否是由医疗行为所致；所致不良后果的医疗行为是否违反了医疗管理法律、法规、规章和诊疗护理规范、常规。二是承担责任的方式，即医疗机构对其过错造成的医疗不良后果应当以何种形式承担责任以及责任大小。一般以经济赔偿形式为主，由医患双方共同协商确定一个赔偿数额，但有的也可以采用赔礼道歉的形式。协商不成的，当事人可以向卫生行政部门提出调解申请，也可以直接向人民法院提起民事诉讼。

2. 医疗事故争议的行政解决　医疗事故争议发生后，医患双方不愿协商解决，或者自主协商解决不成时，可以向卫生行政部门申请行政调解。卫生行政部门收到申请后，应当及时进行审查，对符合规定的申请应当及时处理；对不符合规定的，则不予受理，并书面告知申请人。已确定为医疗事故的，卫生行政部门应医疗事故争议的双方当事人请求，可以进行医疗事故赔偿调解。调解时，应当遵循当事人双方自愿原则，并依法确定赔偿数额。经调解，双方当事人就赔偿数额达成协议的，制作调解书，双方当事人应当履行协议；调解不成或协议后一方反悔的，卫生行政部门不再调解。当事人可以在规定的期限内，向人民法院提起民事诉讼。

3. 医疗事故争议的诉讼解决　医疗事故争议发生后，当事人可以直接选择诉讼途径解决，也可以在自主协商解决不成后，或者对卫生行政部门处理不服后，再选择诉讼解决。

4. 医疗事故争议的人民调解　根据国家卫生计生委公布的《关于公立医院改革试点的

指导意见》提出建立医患纠纷的人民调解机制。各地先后成立医疗纠纷人民调解委员会作为完全独立的第三方参与医疗纠纷处理，调解作为其他三种医疗纠纷处理途径（医患协商、行政调解和司法诉讼）的补充（具体程序见图 2-2）。

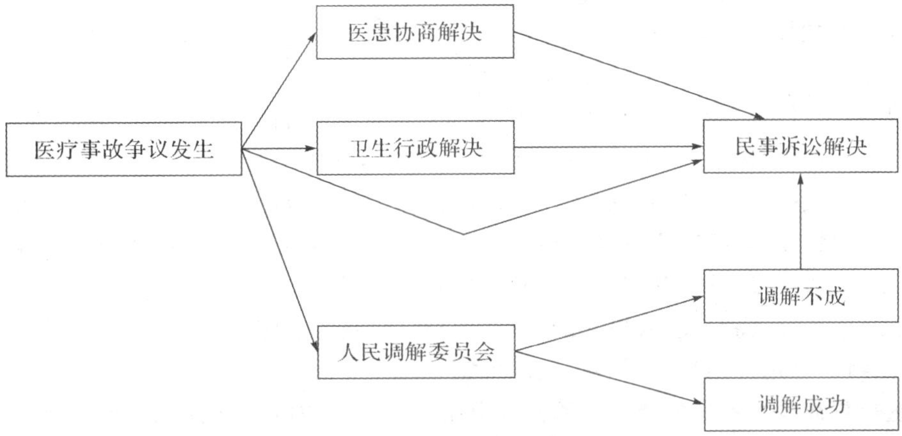

图 2-2　医疗纠纷处理流程图

（五）医疗事故技术鉴定

1. 医疗事故的技术鉴定机构与鉴定的提起　医疗事故的技术鉴定工作规定由医学会负责。设区的市级地方医学会和省、自治区、直辖市直接管理的县（市）地方医学会负责组织首次医疗事故技术鉴定工作。省、自治区、直辖市地方医学会负责组织再次鉴定工作。中华医学会仅负责组织在全国有重大影响的、复杂和疑难的医疗事故的鉴定。

启动医疗事故技术鉴定程序的方式有三种：一是卫生行政部门接到医疗机构发生重大医疗过失行为的报告或医疗事故争议当事人要求处理争议的申请后，对需要进行医疗事故技术鉴定的，由卫生行政部门移交医学会组织专家鉴定组鉴定；二是医患双方协商解决医疗事故争议，需要进行医疗事故技术鉴定的，由双方当事人共同委托医学会组织专家鉴定组鉴定；三是人民法院受理医患纠纷相关案件后，应当事人的请求或自行决定将涉案医疗行为委托医学会进行医疗事故的技术鉴定。

2. 专家鉴定组的产生和回避　医疗事故技术鉴定由专家组成的专家鉴定组负责进行。医学会应依法建立由高级的医学及相关学科的专家聚集而成的鉴定专家库。组成鉴定专家组的专家，由双方当事人在医学会的主持下，从医学会建立的专家库中随机编号、等量抽取，最后一名专家由医学会抽取（保证单数），组长由组员推举或由最高专业技术职务者担任。入选鉴定专家库的专家必须是依法取得相应执业资格的医疗卫生专业技术人员，应具备良好的业务素质和执业品德，必须具有一定的资历和工作经验。医疗事故技术鉴定专家库，不受行政区域限制。

医疗事故技术鉴定过程中专家回避的三种情形有：是医疗事故争议当事人或者当事人近亲属；与医疗事故争议有利害关系；与医疗事故争议当事人有其他关系，可能影响公正鉴定的。

3. 医疗事故技术鉴定的内容

(1)医疗行为是否违反了医疗技术标准和规范。

(2)医疗过失行为与医疗事故争议的事实之间是否存在因果关系。

(3)医疗过失行为在医疗事故中的责任程度。

4. 医疗事故技术鉴定的材料 医患双方在收到医学会接受鉴定申请通知之日起 10 日内向医学会提交下列材料:①对医疗事故争议的书面陈述、申辩;②病程记录、死亡病历讨论记录、疑难病历讨论记录、会诊意见、上级医师查房记录等病历资料原件、复印件;③门诊病历、住院志、体温单、医嘱单、化验单(检验报告)、医学影像检查报告、特殊检查同意书、手术同意书、手术及麻醉记录单、病理报告单等病历资料原件、复印件;④抢救结束后补记的病历资料原件;⑤封存保留的输液、血液、注射剂、药物、医疗器械等实物,或者技术检验部门的检验报告;⑥与医疗事故技术鉴定有关的其他材料。

医学会应当自接到当事人提交的、有关医疗事故技术鉴定的材料、书面陈述及答辩之日起 45 日内组织鉴定并出具医疗事故技术鉴定书。

5. 医疗事故技术鉴定的结论 医疗事故技术鉴定书内容一般包括:双方当事人一般情况、当事人提交的材料和医学会的调查材料、对鉴定过程的说明、双方争议的主要事项、主要分析意见、鉴定结论、对医疗事故当事人的诊疗护理医学建议、鉴定时间等。

医疗事故技术鉴定专家组应当在医疗事故技术鉴定结论中体现以下几个方面:

(1)医疗行为是否违反医疗管理法律、法规、规章和诊疗护理规范、常规。

(2)医疗过失行为与医疗事故争议的事实之间是否存在因果关系。

(3)医疗过失行为在医疗事故中的责任程度。

(4)医疗事故的等级。

对于医疗事故鉴定结果及相应材料,医学会至少存档 20 年。

6. 医疗事故鉴定专家组可以不受理的情形(见表 2-18)

表 2-18 医学会可以不受理鉴定委托或申请的情形

情　形	情形说明
情形 1	当事人一方直接向医学会提出鉴定申请
情形 2	医疗事故争议涉及多个医疗机构,其中一所医疗机构所在地的医学会已经受理
情形 3	医疗事故争议已经由人民法院调解达成协议或判决
情形 4	当事人已经向人民法院提起民事诉讼(司法机关委托的除外)
情形 5	非法行医造成病人身体健康损害

(六)医疗事故争议发生后有关证据的收集

1. 有关病历资料等的规定

(1)病历资料的书写与保管 医疗机构应当按照国务院卫生行政部门规定的要求,书写并妥善保管病历资料。因抢救急危病人,未能及时书写病历的,有关医务人员应当在抢救结束后 6 小时内据实补记,并加以注明。严禁涂改、伪造、隐匿、销毁或者抢夺病历资料。

(2)病历资料的复制 病人有权复印或者复制其门诊病历、住院志、体温单、医嘱单、化验单(检验报告)、医学影像检查资料、特殊检查同意书、手术同意书、手术及麻醉记录单、病理资料、护理记录以及国务院卫生行政部门规定的其他病历资料。病人按规定复印或者复制病历资料的，医疗机构应当提供复印或者复制服务并在复印或者复制的病历资料上加盖证明印记。复印或者复制病历资料时，应当有病人在场。

(3)病历资料和现场实物的封存　发生医疗事故争议时，死亡病例讨论记录、疑难病例讨论记录、上级医师查房记录、会诊意见、病程记录应当在医患双方在场的情况下封存和启封。封存的病历资料可以是复印件，由医疗机构保管。

疑似输液、输血、注射、药物等引起不良后果的，医患双方应当共同对现场实物进行封存和启封，封存的现场实物由医疗机构保管；需要检验的，应当由双方共同指定的、依法具有检验资格的检验机构进行检验；双方无法共同指定时，由卫生行政部门指定。疑似输血引起不良后果，需要对血液进行封存保留的，医疗机构应当通知提供该血液的采供血机构派员到场。

2. 尸检及尸体的处理

(1)尸检　病人死亡，医患双方当事人不能确定死因或者对死因有异议的，应当在病人死亡后48小时内进行尸检；具备尸体冻存条件的，可以延长至7日。尸检应当经死者近亲属同意并签字。尸检应当由按照国家有关规定取得相应资格的机构和病理解剖专业技术人员进行。承担尸检任务的机构和病理解剖专业技术人员有进行尸检的义务。医疗事故争议双方当事人可以请法医病理学人员参加尸检，也可以委派代表观察尸检过程。拒绝或者拖延尸检，超过规定时间，影响对死因判定的，由拒绝或者拖延的一方承担责任。

(2)尸体的处理　在医疗机构内死亡的病人的尸体应当立即移放太平间。死者尸体存放时间一般不得超过2周。逾期不处理的尸体，经医疗机构所在地卫生行政部门批准，并报经同级公安部门备案后，由医疗机构按照规定进行处理。

(七)医疗机构及其医务人员的法律责任

医疗机构发生医疗事故的，由卫生行政部门根据医疗事故等级和情节，给予警告；情节严重的，责令限期停业整顿直至由原发证部门吊销执业许可证，对负有责任的医务人员依照刑法关于医疗事故罪的规定，依法追究刑事责任；尚不够刑事处罚的，依法给予行政处分或者纪律处分。对发生医疗事故的有关医务人员，卫生行政部门可以责令暂停6个月以上1年以下执业活动；情节严重的，吊销其执业证书。

医疗机构有下列情形之一的，由卫生行政部门责令改正；情节严重的，对负有责任的主管人员和其他直接责任人员依法给予行政处分或者纪律处分(见表2-19)。

表2-19　卫生行政部门处理医疗机构的相关情形

情　形	情形说明
情形1	未如实告知病人病情、医疗措施和医疗风险的
情形2	没有正当理由，拒绝为病人提供复印或者复制病历资料服务的
情形3	未按照国务院卫生行政部门规定的要求书写和妥善保管病历资料的
情形4	未在规定时间内补记抢救工作病历内容的

续表

情　形	情形说明
情形 5	未按照规定封存、保管和启封病历资料和实物的
情形 6	未设置医疗服务质量监控部门或者配备专(兼)职人员的
情形 7	未制定有关医疗事故防范和处理预案的
情形 8	未在规定时间内向卫生行政部门报告重大医疗过失行为的
情形 9	未按照规定向卫生行政部门报告医疗事故的
情形 10	未按照规定进行尸检和保存、处理尸体的

医疗机构或者其他有关机构违反规定，有下列情形之一的，由卫生行政部门责令改正，给予警告；对负有责任的主管人员和其他直接责任人员依法给予行政处分或者纪律处分；情节严重的，由原发证部门吊销其执业证书或者资格证书：

(1)承担尸检任务的机构没有正当理由，拒绝进行尸检的。

(2)涂改、伪造、隐匿、销毁病历资料的。

(八)医疗事故赔偿

1. 医疗事故的赔偿范围　医疗事故的赔偿属于民事法律责任。赔偿项目一般分为医疗费、误工费、住院伙食补助费、陪护费、残疾生活补助费、残疾用具费、丧葬费、被扶养人生活费、交通费、住宿费和精神损害抚慰金等。

2. 医疗事故赔偿标准　医疗事故赔偿费标准，应考虑医疗事故的等级、医疗过失行为在医疗事故损害后果中的责任程度、医疗事故损害后果与病人原有疾病状况之间的关系等因素确定具体赔偿数额。不属于医疗事故的，医疗机构不承担赔偿责任，但也应考虑病人的实际损失、一般医疗机构的赔付能力和其他类似损害赔偿的状况等因素。

3. 医疗事故赔偿方式　我国对医疗事故受害者实行一次性结算经济赔偿原则。经确定为医疗事故的，由医疗机构按照医疗事故等级、造成医疗事故的情节和病人的情况等给予受害者一次性经济赔偿。由于部分医疗事故的受害者存在后续治疗及其费用问题，法院不能为尚未发生的损失作出赔偿判决，因此，在处理这部分病人的相关费用时，应综合、客观地予以考虑。

实例分析

【实例资料】林女士到南京市某区人民医院治疗胆结石，医生开了一种冲剂。一个多星期后，林女士拿了药品包装盒到药房买药，准备继续服用。但药房药师却告诉她，这种名为“排石颗粒”的冲剂是用来治疗尿路结石的，不能治胆结石。当林女士找到当时看病的医生时，医生表示他没开这个药。而医院药房当天的电脑记录发出的药是“排石颗粒”冲剂。药房人员找出了当天的处方仔细核对，发现处方上开的药名是“排石利胆”，药师发药时把“排石利胆”发成了“排石颗粒”冲剂。林女士认为，这家医院应该为员工在工作中的失误承担赔偿责任。院方却认为，一般情况下，只有出了医疗事故才谈得上赔偿，何况目前林女士并没有身体不适。

【问题分析】本案例的核心问题在对于对医疗事故概念的界定。根据《医疗事故处理条例》的规定，要构成医疗事故必须是存在过错的医疗行为给病人造成了比较明显的人身伤害，即医疗过错行为和病人的人身损害结果之间应存在直接必然的因果关系。在本案中，医疗机构的工作人员给病人发错药物，造成病人错误服用药物，是存在明显的医疗过错行为，但是，病人并没有因服错药物造成明显的人身损害，也就是说并没有符合医疗事故的构成要件。因此，本案林女士不能按照医疗事故的缘由要求医院进行赔偿，但是医院仍需要对自己发错药的医疗过错行为承担责任。

知识卡片

医疗事故纠纷引起的诉讼中的举证责任

举证责任，是指法律预先规定，在案件的真实情况难以确定的情况下，由一方当事人提供证据予以证明，如果其提供不出证明相应事实情况的证据，则承担败诉及不利后果的制度。2001 年 12 月 6 日，最高人民法院审判委员会第 1201 次会议通过了《最高人民法院关于民事诉讼证据的若干规定》，并于同月 21 日公布，自 2002 年 4 月 1 日起施行。该规定第 4 条的第八点规定，因医疗行为引起的侵权诉讼，由医疗机构就医疗行为与损害结果之间不存在因果关系及不存在医疗过错承担举证责任。

根据医疗事故纠纷引起的诉讼中的举证原则，医疗机构方面进行举证的目的在于证明自己的行为与原告方的损害结果没有因果关系以及不存在过错等，因此，医疗机构方面在证明医疗行为与后果关系——医疗行为无过错的时候适用举证责任倒置。对医疗事故案件实行举证责任倒置，一方面发挥了医疗机构方面的技术优势，相对病人方面，医疗机构掌握了丰富的医学科学知识，让医疗机构方面承担技术上的举证责任，可以更好地保护弱势病人群体的权益，维护法律的公正、公平。另一方面，对医疗机构而言，可以促使他们增强其责任心，遵守诊疗护理规范，培养良好的职业道德以及守法意识，培养在工作中自觉地去规范职业性的主动性。

在有关医疗事故纠纷引起的诉讼中，实行举证责任倒置对于弱势的病人方面无疑提供了有力的法律救济，减轻了举证责任，体现了公正、公平的司法原则。但根据该规则，并不意味着病人方面不需要承担任何举证责任，病人方面仍然需要对诉讼成立要件的部分事实负举证责任。病人方面需要对自己的主张做一些事实上的举证，仍有举证的责任和义务。如病人方面起诉时要有诉讼证据，提出主张时也要有相对人、机构损害等证据和要求赔偿的证据，等等(见表 2-20)。

表 2-20 医疗侵权诉讼中主要问题的举证责任分配

争议问题	举证责任分配	适用原则
当事人身份	各自自行举证	谁主张，谁举证
存在医疗行为	原告	谁主张，谁举证
不存在医疗行为	被告	谁主张，谁举证
医疗行为和后果关系	被告	举证责任倒置

续表

争议问题	举证责任分配	适用原则
损害结果存在	原告	谁主张,谁举证
损害结果不存在	被告	谁主张,谁举证
损害结果的程度	原告	谁主张,谁举证
医疗行为无过错	被告	举证责任倒置
病人存在过错	被告	谁主张,谁举证

根据2010年7月1日起实施的《中华人民共和国侵权责任法》的规定,病人在诊疗活动中受到损害,医疗机构及其医务人员有过错的,由医疗机构承担赔偿责任。即医疗损害责任采取的是过错责任原则;但是,因医疗机构或其医务人员,违反法律、行政法规、规章以及其他有关诊疗规范规定的,隐匿或者拒绝提供与纠纷有关病历资料的,伪造、篡改或者销毁病历资料的,采取推定原则,推定医疗机构有过错,即采取的是过错推定原则。

同步训练

一、名词解释

医疗事故　医疗纠纷

二、填空题

1. 医疗事故争议的处理途径包括(　　)、(　　)、(　　)和(　　)。

2. 发生导致(　　)人以上人身损害后果,医院应当在(　　)小时内向所在地卫生行政部门报告。

三、选择题

[1—2题共用题干]

材料:刘某因宫外孕手术在某镇卫生院进行手术治疗,其后因其刀口久久难以愈合,出现严重的感染,被送至某市三甲医院治疗,术中发现病人腹腔内有一块医用纱布。

1. 如果刘某申请做医疗事故技术鉴定,请问应向(　　)申请。

A. 医学会　　B. 卫生局
C. 人民法院　　D. 公安局

2. 如果医患双方就医疗事故争议要进行处理,可以通过(　　)予以解决。

A. 医患双方协商　　B. 卫生行政调解
C. 诉讼解决　　D. 以上均是

[3—4题共用题干]

材料:某医院在为病人陈某做心脏手术期间,该地区突然发生地震,导致手术室部分塌陷,手术无法进行,陈某因而死亡,随后医患之间产生纠纷。

3. 陈某家属要求复印或者复制病历资料时,应当有(　　)在场。

A. 涂改　　B. 医务人员　　C. 律师　　D. 病人

4. 对于陈某的死亡,下列说法正确的是　　(　　)

A. 医院应当承担全部责任
B. 医院不应当承担责任
C. 医院应当承担部分责任
D. 医院与陈某的家属应当协商由谁来承担责任

四、简答题

1. 简述不属于医疗事故的情形。
2. 简述医疗事故的构成要件。

（朱晓卓　顾　艳　韩翠芳）

第七节　传染病、艾滋病法律制度

学习目标

1. 知识要求

理解《中华人民共和国传染病防治法》和《艾滋病防治条例》，熟悉相关报告程序和保密要求，了解相关法律责任。

2. 能力要求

能正面运用传染病相关法律法规开展医疗卫生工作，具有正确宣教能力。

3. 素质要求

自觉遵守《中华人民共和国传染病防治法》和《艾滋病防治条例》。

一、概述

传染病(communicable diseases)是由病原微生物和寄生虫感染人体后产生的有传染性的疾病。根据《中华人民共和国传染病防治法》(2004 年修订)，将法定传染病分为甲、乙、丙三类共 37 种。我国在坚持“预防为主”的卫生方针指引下，使得许多传染病得到控制，但有的传染病如病毒性肝炎、艾滋病等仍然广泛存在。传染病的预防是医务人员的一项重要任务，特别是正确依照传染病相关法律法规中的规章要求开展临床医疗护理，对控制和消灭传染病有重要的意义，也能减少医疗纠纷。我国十分重视传染病管理的法律、法规建设，制定了一系列法律法规文件，如《中华人民共和国传染病防治法》《血吸虫病防治条例》《艾滋病防治条例》《疫苗流通和预防接种管理条例》《医院感染管理办法》《医疗机构传染病预检分诊管理办法》《传染性非典型肺炎防治管理办法》等十多部相关法律法规和规范，需要医务人员认真执行。本节主要介绍《中华人民共和国传染病防治法》和《艾滋病防治条例》。

二、《中华人民共和国传染病防治法》的法律精髓

(一)法律概况

我国重视传染病防治的立法工作。早在 1978 年 9 月 20 日，国家卫生计生委就颁发了

《中华人民共和国急性传染病管理条例》。1989年2月21日,第七届全国人民代表大会常务委员会第六次会议通过了《中华人民共和国传染病防治法》,自1989年9月1日起施行。1991年,经国务院批准,国家卫生计生委发布了《中华人民共和国传染病防治法实施办法》。2004年8月28日,第十届全国人民代表大会常务委员会第十一次会议修订了《中华人民共和国传染病防治法》,该法自2004年12月1日起施行。本法共9章80条,主要内容涉及传染病预防、疫情报告通报和公布、疫情控制、医疗救治、监督管理、保障措施、法律责任等。

(二)法律宗旨、方针和法定管理的传染病

本法宗旨是预防、控制和消除传染病的发生与流行,保障人体健康和公共卫生。传染病防治实行预防为主的方针,防治结合、分类管理、依靠科学、依靠群众。本法规定的传染病分为甲类、乙类和丙类(见表2-21)。

表2-21 法定管理的传染病

类别	种类	具体病种
甲类	2	鼠疫、霍乱
乙类	25	传染性非典型肺炎、艾滋病、病毒性肝炎、脊髓灰质炎、人感染高致病性禽流感、麻疹、流行性出血热、狂犬病、流行性乙型脑炎、登革热、炭疽、细菌性和阿米巴性痢疾、肺结核、伤寒和副伤寒、流行性脑脊髓膜炎、百日咳、白喉、新生儿破伤风、猩红热、布鲁氏菌病、淋病、梅毒、钩端螺旋体病、血吸虫病、疟疾
丙类	10	流行性感冒、流行性腮腺炎、风疹、急性出血性结膜炎、麻风病、流行性和地方性斑疹伤寒、黑热病、包虫病、丝虫病,除霍乱、细菌性和阿米巴性痢疾、伤寒和副伤寒以外的感染性腹泻病

注:①乙类传染病中传染性非典型肺炎、炭疽中的肺炭疽和人感染高致病性禽流感,采取本法所称的甲类传染病的预防、控制措施;②根据传染病暴发、流行情况和危害程度,其他传染病可由国务院卫生行政部门决定列入法定管理,如2008年5月2日,国家卫生计生委决定将手足口病纳入丙类传染病进行管理。2009年4月30日,国家卫生计生委决定将甲型H1N1流感列入乙类传染病进行管理。

(三)传染病预防

1.国家实行有计划的预防接种制度 用于预防接种的疫苗必须符合国家质量标准。国家对儿童实行预防接种证制度。国家免疫规划项目的预防接种实行免费政策。

2.不得歧视传染病者 任何单位和个人不得歧视传染病病人、病原携带者和疑似传染病病人。

3.控制好传染源 传染病病人、病原携带者和疑似传染病病人,在治愈前或者在排除传染病嫌疑前,不得从事法律、行政法规和国务院卫生行政部门规定禁止从事的易使该传染病扩散的工作。

4.疾病预防控制机构职责 对传染病的发生、流行以及影响其发生、流行的因素,进行监测。指定专门人员负责对医疗机构内传染病预防工作进行指导、考核,开展流行病学调查。

5.医疗机构职责 严格执行国务院卫生行政部门规定的管理制度、操作规范,防止传染病的医源性感染和医院感染。确定专门的部门或者人员,承担传染病疫情报告、本单位的传染病预防、控制以及责任区域内的传染病预防工作;承担医疗活动中与医院感染有关的危险因素监测、安全防护、消毒、隔离和医疗废物处置工作。

6. 个体职责　在中华人民共和国领域内的一切单位和个人，必须接受疾病预防控制机构、医疗机构有关传染病的调查、检验、采集样本、隔离治疗等预防、控制措施，如实提供有关情况。

7. 保护隐私　疾病预防控制机构、医疗机构不得泄露涉及个人隐私的有关信息、资料。

(四)疫情报告、通报和公布

1. 应当遵循疫情报告属地管理原则，按照国务院规定的或者国务院卫生行政部门规定的内容、程序、方式和时限向疾病预防控制机构报告。个人可向医疗机构报告，再由医疗机构向疾病预防控制机构及所在地县级以上地方人民政府卫生行政部门报告。

2. 县级以上地方人民政府卫生行政部门应当及时向本行政区域内的疾病预防控制机构和医疗机构通报传染病疫情以及监测、预警的相关信息。接到通报的疾病预防控制机构和医疗机构应当及时告知本单位的有关人员。

3. 国务院卫生行政部门应当及时向国务院其他有关部门和各省、自治区、直辖市人民政府卫生行政部门通报全国传染病疫情以及监测、预警的相关信息。

4. 负有传染病疫情报告职责的人民政府有关部门、疾病预防控制机构、医疗机构、采供血机构及其工作人员，不得隐瞒、谎报、缓报传染病疫情。

(五)疫情控制

1. 医疗机构发现传染病人或疑似病人采取的措施(见表2-22)

表2-22　发现不同类型传染病人或疑似病人采取的措施

情　形	措　施
发现甲类或疑似甲类传染病病人	①病人隔离治疗，隔离期限根据医学检查结果确定；②对疑似病人，确诊前在指定场所单独隔离治疗；③对密切接触者，在指定场所进行医学观察和采取其他必要的预防措施；④对本单位内被传染病病原体污染的场所、物品以及医疗废物，实施消毒和无害化处置
发现乙类或者丙类传染病病人	①根据病情采取必要的治疗和控制传播措施；②对本单位内被传染病病原体污染的场所、物品以及医疗废物，实施消毒和无害化处置

2. 传染病暴发、流行时可采取的紧急措施　传染病暴发、流行时，县级以上地方人民政府应当立即组织力量，按照预防、控制预案进行防治，切断传染病的传播途径，必要时，报经上一级人民政府决定，可以采取下列紧急措施并予以公告(见表2-23)。

表2-23　控制传染病流行的紧急措施

方　法	具体措施
方法1	限制或者停止集市、影剧院演出或者其他人群聚集的活动
方法2	停工、停业、停课
方法3	封闭或者封存被传染病病原体污染的公共饮用水源、食品以及相关物品
方法4	控制或者扑杀染疫野生动物、家畜家禽
方法5	封闭可能造成传染病扩散的场所

（六）保障措施

1. 国家将传染病防治工作纳入国民经济和社会发展计划，县级以上地方人民政府将传染病防治工作纳入本行政区域的国民经济和社会发展计划。

2. 县级以上地方人民政府按照本级政府职责负责本行政区域内传染病预防、控制、监督工作的日常经费。负责储备防治传染病的药品、医疗器械和其他物资，以备调用。

3. 国家对患有特定传染病的困难人群实行医疗救助，减免其医疗费用。

4. 对从事传染病预防、医疗、科研、教学、现场处理疫情的人员，以及在生产、工作中接触传染病病原体的其他人员，有关单位应当按照国家规定，采取有效的卫生防护措施和医疗保健措施，并给予适当的津贴。

（七）与医疗机构及医务人员有关的法律责任

1. 疾病预防控制机构违反本法规定的常见情形及处理方式 有下列情形（见表 2-24）之一的，由县级以上人民政府卫生行政部门责令限期改正，通报批评，给予警告；对负有责任的主管人员和其他直接责任人员，依法给予降级、撤职、开除的处分，并可以依法吊销有关责任人员的执业证书；构成犯罪的，依法追究刑事责任。

表 2-24　疾病预防控制机构违反传染病防治法的情形

情　形	具体内容
情形 1	未依法履行传染病监测职责的
情形 2	未依法履行传染病疫情报告、通报职责，或者隐瞒、谎报、缓报传染病疫情的
情形 3	未主动收集传染病疫情信息，或者对传染病疫情信息和疫情报告未及时进行分析、调查、核实的
情形 4	发现传染病疫情时，未依据职责及时采取本法规定的措施的
情形 5	故意泄露传染病病人、病原携带者、疑似传染病病人、密切接触者涉及个人隐私的有关信息、资料的

2. 医疗机构违反本法规定的常见情形及处理方式 有下列情形（见表 2-25）之一的，由县级以上人民政府卫生行政部门责令改正，通报批评，给予警告；造成传染病传播、流行或者其他严重后果的，对负有责任的主管人员和其他直接责任人员，依法给予降级、撤职、开除的处分，并可以依法吊销有关责任人员的执业证书；构成犯罪的，依法追究刑事责任。

表 2-25　医疗机构违反传染病防治法的情形

情　形	具体内容
情形 1	未按照规定承担本单位的传染病预防、控制工作、医院感染控制任务和责任区域内的传染病预防工作的
情形 2	未按照规定报告传染病疫情，或者隐瞒、谎报、缓报传染病疫情的
情形 3	发现传染病疫情时，未按照规定对传染病病人、疑似传染病病人提供医疗救护、现场救援、接诊、转诊的，或者拒绝接受转诊的
情形 4	未按照规定对本单位内被传染病病原体污染的场所、物品以及医疗废物实施消毒或者无害化处置的

续表

情 形	具体内容
情形 5	未按照规定对医疗器械进行消毒，或者对按照规定一次使用的医疗器具未予销毁，再次使用的
情形 6	在医疗救治过程中未按照规定保管医学记录资料的
情形 7	故意泄露传染病病人、病原携带者、疑似传染病病人、密切接触者涉及个人隐私的有关信息、资料的

3. 采供血机构违反本法规定的常见情形及处理方式 对于未按照规定报告传染病疫情，或者隐瞒、谎报、缓报传染病疫情，或者未执行国家有关规定，导致因输入血液引起经血液传播疾病发生的，由县级以上人民政府卫生行政部门责令改正，通报批评，给予警告；造成传染病传播、流行或者其他严重后果的，对负有责任的主管人员和其他直接责任人员，依法给予降级、撤职、开除的处分，并可以依法吊销采供血机构的执业许可证；对于构成犯罪的，依法追究刑事责任。

4. 民事责任 单位和个人违反本法规定，导致传染病传播、流行，给他人人身、财产造成损害的，应当依法承担民事责任。

三、《艾病病防治条例》的法律精髓

(一)法律概况

我国的《艾滋病防治条例》在 2006 年 1 月 18 日经国务院第 122 次常务会议通过，自 2006 年 3 月 1 日起施行。本法共 7 章 64 条，主要内容涉及宣传教育、预防与控制、治疗与救助、保障措施、法律责任等。我国十分重视艾滋病防治工作，早在 1988 年 1 月 14 日就由国家卫生计生委、外交部、公安部、原国家教育委员会、国家旅游局、原中国民用航空局、国家外国专家局联合制定了《艾滋病监测管理的若干规定》。各省市也十分重视艾滋病防治工作，根据以上条例，结合实际情况制定了本省市艾滋病防治条例，如浙江省根据《中华人民共和国传染病防治法》和国务院《艾滋病防治条例》等有关法律法规，制定了《浙江省艾滋病防治条例》，自 2007 年 3 月 1 日起施行，在 2014 年 11 月 28 日浙江省对本条例进行了修订，并经浙江省第十二届人民代表大会常务委员会第十四次会议通过。

(二)法律宗旨、方针

本法宗旨是为了预防、控制艾滋病的发生与流行，保障人体健康和公共卫生。坚持预防为主、防治结合的方针，建立政府组织领导、部门各司其职、全社会共同参与的机制，加强宣传教育，采取行为干预和关怀救助等措施，实行综合防治。

(三)国家鼓励与支持的内容

1. 国家鼓励和支持工会、共青团、妇联、红十字会等团体协助各级人民政府开展艾滋病防治工作。

2. 鼓励和支持有关组织和个人依照本条例规定，参与艾滋病防治工作，对艾滋病防治工作提供捐赠，对有易感染艾滋病病毒危险行为的人群进行行为干预，对艾滋病病毒感染者、艾滋病病人及其家属提供关怀和救助。

3. 鼓励和支持有关组织和个人对有易感染艾滋病病毒危险行为的人群开展艾滋病防治

的咨询、指导和宣传教育。

4. 国家鼓励和支持开展与艾滋病预防、诊断、治疗等有关的科学研究，提高艾滋病防治的科学技术水平；鼓励和支持开展传统医药以及传统医药与现代医药相结合防治艾滋病的临床治疗与研究。

5. 国家鼓励和支持开展艾滋病防治工作的国际合作与交流。

(四)有关医疗卫生机构、学校和媒体等单位的宣传教育职责

1. 应当组织工作人员学习有关艾滋病防治的法律、法规、政策和知识；医务人员在开展艾滋病、性病等相关疾病咨询、诊断和治疗过程中，应当对就诊者进行艾滋病防治的宣传教育。

2. 高等院校、中等职业学校和普通中学应当组织学生学习艾滋病防治知识。

3. 计划生育技术服务机构向育龄人群提供计划生育技术服务和生殖健康服务时，应当开展艾滋病防治的宣传教育。

4. 广播、电视、报刊、互联网等新闻媒体应当开展艾滋病防治的公益宣传。

5. 机关、团体、企业事业单位、个体经济组织应当组织本单位从业人员学习有关艾滋病防治的法律、法规、政策和知识，支持本单位从业人员参与艾滋病防治的宣传教育活动。

(五)预防与控制

1. 控制吸毒 县级以上人民政府应当建立艾滋病防治工作与禁毒工作的协调机制，组织有关部门落实针对吸毒人群的艾滋病防治措施。省、自治区、直辖市人民政府卫生、公安和药品监督管理部门应当互相配合，根据本行政区域艾滋病流行和吸毒者的情况，积极、稳妥地开展对吸毒成瘾者的药物维持治疗工作，并有计划地实施其他干预措施。

2. 推广使用安全套 县级以上人民政府卫生、人口和计划生育、工商、药品监督管理、质量监督检验检疫、广播电影电视等部门应当组织推广使用安全套，建立和完善安全套供应网络。省、自治区、直辖市人民政府确定的公共场所的经营者应当在公共场所内放置安全套或者设置安全套发售设施。

3. 加强公共场所的健康管理 公共场所的服务人员应当依照《公共场所卫生管理条例》的规定，定期进行相关健康检查，取得健康合格证明；经营者应当查验其健康合格证明，不得允许未取得健康合格证明的人员从事服务工作。

4. 医疗机构及个人的预防与控制(见表 2-26)

表 2-26 各种医疗卫生机构及个人的预防与控制要求

机 构	要 求
医疗卫生机构和出入境检验检疫机构	遵守标准防护原则，严格执行操作规程和消毒管理制度，防止发生艾滋病医院感染和医源性感染
疾病预防控制机构	按照属地管理的原则，对艾滋病病毒感染者和艾滋病病人进行医学随访
血站、单采血浆站	对采集的人体血液、血浆进行艾滋病检测；不得向医疗机构和血液制品生产单位供应未经艾滋病检测或者艾滋病检测阳性的人体血液、血浆
血液制品生产单位	应当在原料血浆投料生产前对每一份血浆进行艾滋病检测；对于未经艾滋病检测或者艾滋病检测阳性的血浆，不得作为原料血浆投料生产

续表

机　构	要　求
采集或者使用人体组织、器官、细胞、骨髓	应当进行艾滋病检测；对于未经艾滋病检测或者艾滋病检测阳性的，不得采集或者使用。但是，用于艾滋病防治科研、教学的除外
进口人体血液、血浆、组织、器官、细胞、骨髓	应当经国务院卫生主管部门批准；进口人体血液制品，应当依照药品管理法的规定，经国务院药品监督管理部门批准，取得进口药品注册证书。经国务院卫生主管部门批准进口的人体血液、血浆、组织、器官、细胞、骨髓等，应当依照国境卫生检疫法律、行政法规的有关规定，接受出入境检验检疫机构的检疫。对于未经检疫或者检疫不合格的，不得进口

注：医疗机构应当对因应急用血而临时采集的血液进行艾滋病检测，对临床用血艾滋病检测结果进行核查；对未经艾滋病检测、核查或者艾滋病检测阳性的血液，不得采集或者使用。

(六)治疗与救助

1. 艾滋病防治咨询、诊断和治疗服务　医疗机构应当为艾滋病病毒感染者和艾滋病病人提供艾滋病防治咨询、诊断和治疗服务，不得因就诊的病人是艾滋病病毒感染者或者艾滋病病人，而推诿或者拒绝对其其他疾病进行治疗。

2. 告知服务　对确诊的艾滋病病毒感染者和艾滋病病人，医疗卫生机构的工作人员应当将其感染或者发病的事实告知本人；本人为无行为能力人或者限制行为能力人的，应当告知其监护人。

3. 母婴保护　医疗卫生机构应当按照国务院卫生主管部门制定的预防艾滋病母婴传播技术指导方案的规定，对孕产妇提供艾滋病防治咨询和检测，对感染艾滋病病毒的孕产妇及其婴儿，提供预防艾滋病母婴传播的咨询、产前指导、阻断、治疗、产后访视、婴儿随访和检测等服务。

4. 艾滋病防治关怀、救助措施(见表 2-27)

表 2-27　政府对艾滋病防治关怀、救助的各种措施

措　施	具体措施
措施 1	向农村艾滋病病人和城镇经济困难的艾滋病病人免费提供抗艾滋病病毒治疗药品
措施 2	对农村和城镇经济困难的艾滋病病毒感染者、艾滋病病人适当减免抗机会性感染治疗药品的费用
措施 3	向接受艾滋病咨询、检测的人员免费提供咨询和初筛检测
措施 4	向感染艾滋病病毒的孕产妇免费提供预防艾滋病母婴传播的治疗和咨询
措施 5	对于生活困难的艾滋病病人遗留的孤儿和感染艾滋病病毒的未成年人接受义务教育的，应当免收杂费、书本费；对于接受学前教育和高中阶段教育的，应当减免学费等相关费用
措施 6	对生活困难并符合社会救助条件的艾滋病病毒感染者、艾滋病病人及其家属给予生活救助
措施 7	创造条件，扶持有劳动能力的艾滋病病毒感染者和艾滋病病人，从事力所能及的生产和工作

(七)注意事项

1. 任何单位和个人不得歧视艾滋病病毒感染者、艾滋病病人及其家属。

2. 艾滋病病毒感染者、艾滋病病人及其家属享有的婚姻、就业、就医、入学等合法权益受法律保护。

3. 居民委员会和村民委员会应当协助地方各级人民政府和政府有关部门开展有关艾滋病防治的法律、法规、政策和知识的宣传教育，发展有关艾滋病防治的公益事业，做好艾滋病防治工作。鼓励和支持居民委员会、村民委员会以及其他有关组织和个人推广预防艾滋病的行为干预措施，帮助有易感染艾滋病病毒危险行为的人群改变行为。

4. 国家实行艾滋病自愿咨询和自愿检测制度。县级以上地方人民政府卫生主管部门指定的医疗卫生机构，应当按照国务院卫生主管部门会同国务院其他有关部门制定的艾滋病自愿咨询和检测办法，为自愿接受艾滋病咨询、检测的人员免费提供咨询和初筛检测。

5. 未经本人或者其监护人同意，任何单位或者个人不得公开艾滋病病毒感染者、艾滋病病人及其家属的姓名、住址、工作单位、肖像、病史资料以及其他可能推断出其具体身份的信息。

6. 艾滋病病毒感染者和艾滋病病人应当履行的义务　①接受疾病预防控制机构或者出入境检验检疫机构的流行病学调查和指导；②将感染或者发病的事实及时告知与其有性关系者；③就医时，将感染或者发病的事实如实告知接诊医生；④采取必要的防护措施，防止感染他人。艾滋病病毒感染者和艾滋病病人不得以任何方式故意传播艾滋病。

7. 各级人民政府应当根据艾滋病防治工作需要，将艾滋病防治经费列入本级财政预算。地方各级人民政府应当制定扶持措施，对有关组织和个人开展艾滋病防治活动提供必要的资金支持和便利条件。有关组织和个人参与艾滋病防治公益事业，依法享受税收优惠。

(八)与医疗机构及医务人员相关的法律责任

1. 医疗机构未履行职责的情形及处理方式　医疗卫生机构未依照本条例规定履行职责，有下列情形(见表2-28)之一的，由县级以上人民政府卫生主管部门责令限期改正，通报批评，给予警告；造成艾滋病传播、流行或者其他严重后果的，对负有责任的主管人员和其他直接责任人员依法给予降级、撤职、开除的处分，并可以依法吊销有关机构或者责任人员的执业许可证件；构成犯罪的，依法追究刑事责任。

表2-28　医疗机构违犯艾滋病条例的常见情形及处理方式

情　形	具体内容
情形1	未履行艾滋病监测职责的
情形2	未按照规定免费提供咨询和初筛检测的
情形3	对临时应急采集的血液未进行艾滋病检测，对临床用血艾滋病检测结果未进行核查，或者将艾滋病检测阳性的血液用于临床的
情形4	未遵守标准防护原则，或者未执行操作规程和消毒管理制度，发生艾滋病医院感染或者医源性感染的
情形5	未采取有效的卫生防护措施和医疗保健措施的
情形6	推诿、拒绝治疗艾滋病病毒感染者或者艾滋病病人的其他疾病，或者对艾滋病病毒感染者、艾滋病病人未提供咨询、诊断和治疗服务的

续表

情　形	具体内容
情形 7	未对艾滋病病毒感染者或者艾滋病病人进行医学随访的
情形 8	未按照规定对感染艾滋病病毒的孕产妇及其婴儿提供预防艾滋病母婴传播技术指导的

注:医疗卫生机构违反本条例规定,公开艾滋病病毒感染者、艾滋病病人或者其家属的信息的,依照传染病防治法的规定予以处罚。

2. 血站、单采血浆站、医疗卫生机构和血液制品生产单位违反法律、行政法规的规定,造成他人感染艾滋病病毒的,应当依法承担民事赔偿责任。

3. 对于艾滋病病毒感染者或者艾滋病病人故意传播艾滋病的,依法承担民事赔偿责任;对于构成犯罪的,依法追究刑事责任。

实例分析

【实例资料】余某,女,41 岁,浙江临海人,多年在忻州经商,2000 年 2 月住进忻州地区的人民医院。作为非艾滋病确认单位的该院,在对余某进行血常规化验中初筛抗 HIV 阳性,未及时送有确认权的单位确认,便将初筛检验报告单明示余某的亲属,忻州市防疫站在接到疫情防疫卡后未上报,而组织人员到购物中心对余某进行随访调查。之后,余某多次去太原、北京等地的权威单位化验,均证明她没有感染艾滋病。为此,她将被告起诉到忻州市人民法院。该院维权法庭经公开审理认为,被告方的行为违反了《关于艾滋病病毒感染者和艾滋病人管理意见》规定的严格保密制度,主观上有过失,客观上造成了初筛结果泄密,给原告名誉造成了损害,应承担侵权责任。2000 年 11 月,山西省忻州市人民法院作出一审判决,判令被告忻州地区人民医院赔偿原告——余某精神损失费 20000 元、经济损失 905 元;被告忻州市卫生防疫站赔偿余某精神损失费 6000 元。

【问题分析】此案关键是违反了艾滋病保密原则,首先院方在初筛试验阳性时,不该轻易下诊断,更不该把报告单明示病人家属,只能告知病人。其次,防疫站不应随访调查,应该私下对病人本人进行,不该去其单位进行。

知识卡片

中国 CDC

CDC 是疾病预防控制中心的简称,中国疾病预防控制中心(Chinese center for disease control and prevention,简称中国疾控中心,中国 CDC),是由政府举办的实施国家级疾病预防控制与公共卫生技术管理和服务的公益事业单位。其使命是通过对疾病、残疾和伤害的预防控制,创造健康环境,维护社会稳定,保障国家安全,促进人民健康;其宗旨是以科研为依托、以人才为根本、以疾控为中心。在国家卫生计生委领导下,发挥技术管理及技术服务职能,围绕国家疾病预防控制重点任务,加强对疾病预防控制策略与措施的研究,做好各类疾病预防控制工作规划的组织实施;开展食品安全、职业安全、健康相关产品安全、放射卫生、环境卫生、妇女儿童保健等各项公共卫生业务管理工作,大力开展应用性科学研究,加强对全国疾病预防控制和公共卫生服务的技术指导、培训和质量控制，在防病、应急、公共卫生信息能力的建设等方面发挥国家的作用。

标准防护原则

标准防护原则是指医务人员将所有病人的血液、其他体液以及被血液、其他体液污染的物品均视为具有传染性的病原物质，医务人员在接触这些物质时，必须采取防护措施。

艾滋病监测与检测

艾滋病监测是指连续、系统地收集各类人群中艾滋病（或者艾滋病病毒感染）及其相关因素的分布资料，对这些资料进行综合分析，为有关部门制定疾病预防控制策略和措施提供及时可靠的信息和依据，并对预防控制措施进行效果评价。艾滋病检测，是指采用实验室方法对人体血液、其他体液、组织器官、血液衍生物等进行艾滋病病毒、艾滋病病毒抗体及相关免疫指标检测，包括监测、检验检疫、自愿咨询检测、临床诊断、血液及血液制品筛查工作中的艾滋病检测。

同步训练

一、名词解释

疫情报告　艾滋病检测

二、填空题

1. 甲类传染病是指：（　　）和（　　）。

2.《传染病防治法》规定对乙类传染病中（　　）、（　　）和（　　）三种传染病，必须采取甲类传染病的报告、控制措施。

三、选择题

1. 当发现甲类型传染病病人或疑似甲类传染病病人，所应采取的措施有哪些　（　　）
①病人隔离治疗，隔离期限根据医学检查结果确定；②对疑似病人，确诊前在指定场所行单独隔离治疗；③对密切接触者，在指定场所进行医学观察和采取其他必要的预防措施；④对本单位内被传染病病原体污染的场所、物品以及医疗废物，应实施消毒和无害化处置。
A. ①②③④　　B. ①②③
C. ①②④　　D. ①③④

2. 下列有关控制传染病流行的紧急措施中，错误的是　（　　）
A. 限制或者停止集市、影剧院演出或者其他人群聚集的活动
B. 封闭式上课
C. 封闭或者封存被传染病病原体污染的公共饮用水源、食品以及相关物品
D. 控制或者扑杀染疫野生动物、家畜家禽

3. 下列哪项不是 CDC 的宗旨　（　　）
A. 以科研为依托　　B. 以人才为根本
C. 以疾控为中心　　D. 疾病预防控制

4. 下列有关疾病预防控制机构违反传染病防治法的情形描述中，哪项应除外　（　　）

A. 未按照规定承担本单位的传染病预防、控制工作、医院感染控制任务和责任区域内的传染病预防工作的

B. 发现传染病疫情时，未依据职责及时采取本法规定的措施的

C. 在医疗救治过程中未按照规定保管医学记录资料的

D. 按照规定对医疗器械进行消毒，或者对按照规定一次使用的医疗器具未予以销毁，而再次使用的

5. 各种医疗卫生机构及个人的预防与控制要求措施哪些是正确的 ( )

①遵守标准防护原则 ②按照属地管理的原则 ③应当进行艾滋病检测 ④对采集的人体血液、血浆进行艾滋病检测

A. ①②③④ B. ①②③

C. ①②④ D. ②③④

6. 艾滋病的治疗与救助措施正确的有哪些 ( )

①艾滋病防治咨询、诊断和治疗服务 ②告知服务 ③母婴保护 ④艾滋病防治关怀、救助措施

A. ①②③ B. ①②④

C. ②③④ D. ①②③④

［7—8 题共同题干］

材料：某单位组织职工在本地中心医院进行年度体检，其中王某的艾滋病初筛试验为阳性，请问

7. 院方应该把结果告知 ( )

A. 某单位领导 B. 职工王某本人

C. 王某家属 D. 疾控中心

8. 接下来院方该如何处理 ( )

A. 送检王某标本以做确认试验 B. 放任王某，由其本人决定

C. 告知疾控中心，由疾控中心处理 D. 收住入院

［9—10 题共同题干］

材料：今年年初，金华某地暴发禽流感，并有一人死亡，请问

9. 根据《传染病防治法》的规定，该由谁来主导防疫工作

A. 当地政府 B. 当地疾控中心

C. 当地医院 D. 病人家属

10. 关于防疫，下述哪条是错误的 ( )

A. 隔离病人及家属 B. 扑杀当地家禽

C. 该村人只进不出 D. 对当地环境进行消毒处理

四、简答题

1.《中华人民共和国传染病防治法》与《艾滋病防治条例》的法律宗旨是什么？

2. 艾滋病病毒感染者和艾滋病病人应当履行的义务有哪些？

（金祥宁 饶和平）

第八节　母婴保健法律制度

学习目标

1. 知识要求

理解母婴保健、产前诊断、非法进行节育手术罪等概念，熟悉母婴保健的内容，了解母婴保健的立法情况。

2. 能力要求

会进行母婴保健的指导工作，会进行母婴保健的宣教。

3. 素质要求

具有依法开展母婴保健活动的法律意识，能在母婴保健活动中关爱孕产妇、新生儿和婴儿。

一、概述

(一)相关概念

1. 母婴保健的概念　母婴保健是为母亲和婴儿提供医疗保健服务，以保障母亲和婴儿健康、提高出生人口素质的一种活动。

2. 母婴保健法的概念　母婴保健法是调整母亲和婴儿健康，提高出生人口素质活动中产生的各种社会关系规范的总和。

3. 医疗保健机构　医疗保健机构，是指依法开展母婴保健业务的各级妇幼保健机构以及其他开展母婴保健技术服务的机构。

4. 母婴保健医学技术鉴定　接受母婴保健服务的公民或者提供母婴保健服务的医疗保健机构，对婚前医学检查、遗传病诊断、产前诊断的结果或医学技术鉴定结论持有异议所进行的医学技术鉴定。

5. 产前诊断　产前诊断，是指对胎儿进行先天性缺陷和遗传性疾病的诊断，包括相应筛查。产前诊断技术项目包括遗传咨询、医学影像、生化免疫、细胞遗传和分子遗传等。

6. 新生儿疾病筛查　新生儿疾病筛查，是指在新生儿期对严重危害新生儿健康的先天性、遗传性疾病施行专项检查，提供早期诊断和治疗的母婴保健技术。

7. 儿童保健　儿童保健，是指以 0～6 岁儿童为对象的保健服务。儿童保健管理包括散居儿童保健管理和学龄前集体儿童卫生保健管理。

8. 非法进行节育手术罪　非法进行节育手术罪是指未取得医生执业资格的人擅自为他人进行节育复通手术、假节育手术、终止妊娠手术或者摘取宫内节育器，情节严重的行为。

(二)立法情况

《世界人权宣言》提出了“母亲和儿童有权享受特别照顾和协助”的原则。1989 年，联合国通过了《儿童权利公约》，目前已有 191 个国家批准了该公约。中国是参与起草并较早批准公约的国家。1991 年 3 月，我国政府签署了《儿童生存、保护和发展世界宣言》和执行 90 年代《儿童生存、保护和发展世界宣言行动计划》，并向国际社会做出了“对儿童的权利，对他们的生存及他们的保护和发展给予高度优生”的庄严承诺。1993 年，东亚及太平洋地区各国通过《马尼拉共同声明》，规定了 90 年代儿童发展目标，我国政府对此也做出承诺。2002 年 5 月，儿童问题特别联合国大会召开，并通过了《适合儿童生长的世界》的决议，明确了在保健、教育、保护和艾滋病防治 4 个领域保护儿童权益、改善儿童生存条件的原则和目标。

我国宪法规定，婚姻、家庭、母亲和儿童受国家保护。为了保障母亲和婴儿的健康，提高出生人口素质，自从 20 世纪 80 年代以来，我国已制定了一系列有关优生保健的法律、法规。例如 1994 年制定的《妇女权益保障法》；2001 年通过的《中华人民共和国人口与计划生育法》以及同年新修订的《中华人民共和国婚姻法》；1986 年国家卫生计生委颁发的《妇幼卫生工作条例》；2003 年开始施行的民政部新的《婚姻登记条例》；国家卫生计生委、民政部颁发的《关于婚前健康检查问题的通知》；国家卫生计生委颁发的《婚姻保健工作常规》《异常情况的分类指导标准(试行)》；1987 年国家卫生计生委颁发的《全国城市围产保健管理办法》等，许多省、市还颁布了地方性法规，为全国性的统一立法打下了基础。作为政府承诺后的后续行动，1992 年 5 月，国务院颁发了《90 年代中国儿童发展规划纲要》，对儿童保健工作提出了 10 项具体指标。1992 年 6 月 29 日，国家卫生计生委公布了《实施〈90 年代中国儿童发展规划纲要〉方案》，提出了 10 项对策与措施，推动了我国母婴保健的立法工作。1994 年 10 月 27 日，第八届全国人民代表大会常务委员会第十次会议通过了《中华人民共和国母婴保健法》(以下简称《母婴保健法》)，自 1995 年 6 月 1 日起施行，这是新中国成立以来我国第一部保护妇女儿童健康的法律。《母婴保健法》的颁布，对于发展我国妇幼卫生事业，保障妇女儿童健康，提高人口素质，促进家庭幸福、民族兴旺和社会进步，实现我国政府对国际社会的承诺，都具有十分重要的意义。

为保障母婴健康，提高出生人口素质，保证产前诊断技术的安全、有效，规范产前诊断技术的监督管理，依据《中华人民共和国母婴保健法》以及《中华人民共和国母婴保健法实施办法》，国家卫生计生委制定《产前诊断技术管理办法》，并自 2003 年 5 月 1 日起正式施行。该办法规定了由原国家卫生部负责全国产前诊断技术应用的监督管理工作，确定了产前诊断技术的应用应当以医疗为目的，符合国家有关法律规定和伦理原则，由经资格认定的医务人员在经许可的医疗保健机构中进行，医疗保健机构和医务人员不得实施任何非医疗目的的产前诊断技术。

二、法律法规精髓

(一)母婴保健法的调整对象和工作方针

1. 母婴保健法的调整对象　母婴保健法的调整对象既包括从事母婴保健服务活动和机构及其人员，也包括母婴保健服务的对象和当事人。从事计划生育技术服务的机构开展计划生育技术服务活动，依照《计划生育技术服务管理条例》的规定执行。

2. 母婴保健法的工作方针　母婴保健工作以保障为中心，以保障生殖健康为目的，实行保健和临床相结合，面向群体、面向基层和预防为主的工作方针。

(二)婚前保健服务内容

婚前保健服务，是指对准备结婚的男女双方，在结婚登记前所进行的婚前医学检查、婚前卫生指导和婚前卫生咨询服务。

1. 婚前卫生指导 婚前卫生指导是指对准备结婚的男女双方进行的以生殖健康为核心，与结婚和生育有关的保健知识的宣传教育，具体指导内容如下(见表 2-29)。

表 2-29 婚前卫生指导的内容

指导内容	情形说明
指导内容 1	有关性卫生的保健和教育
指导内容 2	新婚避孕知识及计划生育指导
指导内容 3	受孕前的准备、环境和疾病对后代影响等孕前保健知识
指导内容 4	遗传病的基本知识
指导内容 5	影响婚育的有关疾病的基本知识
指导内容 6	其他生殖健康知识

2. 婚前卫生咨询 婚前卫生咨询包括婚配、生育保健等问题的咨询。医师应当为服务对象提供科学的信息，对可能产生的后果进行指导，并提出适当的建议。

3. 婚前医学检查 医疗保健机构对准备结婚的男女双方可能患有的影响结婚和生育的疾病进行医学检查。婚前医学检查项目包括病史询问，体格检查，常规辅助检查和其他特殊检查。经婚前医学检查，医疗保健机构应当向接受婚前检查的当事人出具婚前医学检查证明，并应列明是否发现下列疾病：在传染期内的特定传染病；在发病期内的有关精神病；不宜生育的严重遗传性疾病；医学上认为不宜结婚的其他疾病。

经婚前医学检查，发现患有指定传染病在传染期内或者有关精神病在发病期内的，医师应当提出医学意见。准备结婚的男女双方应当暂缓结婚，医疗保健机构应当为其治疗并提供医疗服务。对诊断患医学上认为不宜生育的严重遗传疾病的，医师应当向男女双方说明情况，提出医学意见，经男女双方同意，采取长效避孕措施或者施行结扎手术后不生育的，其可以结婚，但《婚姻法》规定禁止结婚的除外。

婚前医学检查由县级以上妇幼保健院或经设区的市级以上卫生行政部门指定的医疗机构承担，不宜生育的严重遗传性疾病的诊断由省级卫生行政部门指定的医疗保健机构负责。医疗保健机构对婚前医学检查不能确诊的，应当转诊，当事人也可以到卫生行政部门许可的医疗保健机构进行确诊。接受婚前医学检查的人员对检查结果持有异议的，可以申请医学技术鉴定，取得医学鉴定证明。

2003 年，国务院颁布的《婚姻登记条例》对婚前检查未作规定，结婚登记时不再要求婚前医学检查证明，婚检与否，只是个人的自由选择，这是充分尊重个人隐私权的表现。

(三)孕产期保健服务内容

医疗保健机构应当开展母婴保健指导、孕产妇保健、胎儿保健和新生儿保健，为孕龄妇女和孕产妇提供有关避孕、节孕、生育、不育和生殖健康的咨询和医疗保健服务。通过系列保健服务，为产妇提供科学育儿、合理营养和母乳喂养的指导，同时提供对婴儿进行体格检查和预防接种的服务，并逐步开展新生儿疾病筛查、婴儿多发病和常见病等医疗保健服务。

1. 母婴保健指导 母婴保健指导是指对孕育健康后代以及严重遗传性疾病和碘缺乏病

的发病原因、治疗和预防方法提供医学意见。

（1）孕产妇保健　孕产妇保健主要包括如下几方面的内容（见表 2-30）。

表 2-30　孕产妇保健的内容

内　容	内容说明
内容 1	为孕产妇建立保健手册（卡），定期进行产前检查
内容 2	为孕产妇提供卫生、营养、心理等方面的医学指导和咨询
内容 3	对高危孕妇进行重点监护、随访和医疗保健服务
内容 4	为孕产妇提供安全分娩技术服务
内容 5	定期进行产后访视，直到产妇科学喂养婴儿
内容 6	提供避孕咨询指导和技术服务
内容 7	对产妇及其家属进行生殖健康教育和科学育儿知识教育
内容 8	其他孕产期保健服务

（2）胎儿保健　胎儿保健是指为胎儿生长发育提供监护、提供咨询和医学指导。

（3）新生儿保健　新生儿保健主要内容有：按照国家有关规定开展新生儿先天性、遗传性代谢病筛查、诊断和检测；对新生儿进行访视，建立儿童保健手册（卡），定期对其进行健康检查，提供有关预防疾病、合理用膳、促进智力发育等科学知识，做好婴儿多发病、常见病防治等医疗保健服务；按照规定的程序和项目对婴儿进行预防接种；推行母乳喂养。

2. 医学指导和医学意见　医疗保健机构发现孕产妇有下列严重疾病或者接触过物理、化学、生物等有毒、有害因素，可能危及孕妇生命安全或者可能严重影响孕妇健康和胎儿正常发育的，应当对孕妇进行医学指导：①严重的妊娠期并发症；②严重精神性疾病；③国务院卫生行政部门规定的严重影响生育的其他疾病。医生发现或者怀疑患严重遗传性疾病的育龄夫妻，应当提出医学意见，对限于医疗技术条件难以确诊的，应当向当事人说明情况并向上级转诊；育龄夫妇根据医师的医学意见可以自愿采取避孕、节育、不孕等相应的医学措施。

3. 产前诊断

（1）从事产前诊断的卫生专业技术人员和机构应符合的条件

从事产前诊断的卫生专业技术人员应符合的条件有：①从事临床工作的，应取得执业医师资格；②从事医技和辅助工作的，应取得相应卫生专业技术职称；③符合《从事产前诊断卫生专业技术人员的基本条件》；④经省级卫生行政部门批准，取得从事产前诊断的《母婴保健技术考核合格证书》。从事产前诊断的人员不得在未许可开展产前诊断技术的医疗保健机构中从事相关工作。

申请开展产前诊断技术的医疗保健机构应符合的条件有：①设有妇产科诊疗科目；②具有与所开展技术相适应的卫生专业技术人员；③具有与所开展技术相适应的技术条件和设备；④设有医学伦理委员会；⑤符合《开展产前诊断技术医疗保健机构的基本条件》及相关技术规范。开展产前诊断技术的《母婴保健技术服务执业许可证》每 3 年校验一次，校验由原审批机关办理。经校验合格的，可继续开展产前诊断技术；经校验不合格的，撤销其许可证书。

(2)产前诊断的实施　孕妇有下列情形之一的，经治医师应当建议其进行产前诊断(见表 2-31)。

表 2-31　医师应当建议进行产前诊断的情形

情　形	情形说明
情形 1	羊水过多或者过少的
情形 2	胎儿发育异常或者胎儿有可疑畸形的
情形 3	孕早期时接触过可能导致胎儿先天缺陷的物质的
情形 4	有遗传病家族史或者曾经分娩过先天性严重缺陷婴儿的
情形 5	年龄超过 35 周岁的

确定产前诊断的重点疾病，应当符合下列条件：①疾病发生率较高；②疾病危害严重，社会、家庭和个人疾病负担大；③疾病缺乏有效的临床治疗方法；④诊断技术成熟、可靠、安全和有效。

对一般孕妇实施产前筛查以及应用产前诊断技术应坚持知情选择的原则。孕妇自行提出进行产前诊断的，经治医师可根据其情况提供医学咨询，由孕妇决定是否实施产前诊断技术。对于产前诊断技术及诊断结果，经治医师应本着科学、负责的态度，向孕妇或家属告知技术的安全性、有效性和风险性，使孕妇或家属理解技术可能存在的风险和结果的不确定性。在发现胎儿异常的情况下，经治医师必须将继续妊娠和终止妊娠可能出现的结果以及进一步处理意见，以书面形式明确告知孕妇，由孕妇夫妻双方自行选择处理方案，并签署知情同意书。若孕妇缺乏认知能力，则由其近亲属代为选择。涉及伦理问题的，应当交医学伦理委员会讨论。

育过严重遗传性疾病或严重缺陷患儿的，再次妊娠前，夫妇双方应当按照国家有关规定到医疗保健机构进行医学检查。医疗保健机构应当向当事人介绍有关遗传性疾病的知识，并给予咨询指导。对确诊患有医学上认为不宜生育的严重遗传性疾病的，医师应当向当事人说明情况，并提出医学意见。

开展产前诊断技术的医疗保健机构对经产前诊断后须终止妊娠娩出的胎儿，在征得其家属同意后，进行尸体病理学解剖及相关的遗传学检查。

开展产前诊断技术的医疗保健机构不得擅自进行胎儿的性别鉴定。对怀疑胎儿可能为伴性遗传病，需要进行性别鉴定的，由省、自治区、直辖市人民政府卫生行政部门指定的医疗保健机构按照有关规定进行鉴定。

当事人对产前诊断结果如有异议的，可以申请技术鉴定。

开展产前诊断技术的医疗保健机构应当建立健全技术档案管理和追踪观察制度。

(3)处罚　未经批准擅自开展产前诊断技术的非医疗保健机构，按照《医疗机构管理条例》有关规定进行处罚。开展产前诊断技术的医疗保健机构擅自进行胎儿的性别鉴定，按照《中华人民共和国母婴保健法实施办法》的规定予以处罚。

对未取得产前诊断类母婴保健技术考核合格证书的个人，擅自从事产前诊断或超越许可范围的，由县级以上人民政府卫生行政部门给予警告或者责令暂停六个月以上一年以下执业活动;情节严重的,按照《中华人民共和国执业医师法》吊销其医师执业证书。构成犯罪的,依法追究刑事责任。

4. 终止妊娠 经产前检查和产前诊断,医师发现胎儿有下列严重缺陷或者孕妇患有严重疾病和严重遗传性疾病的,应当向夫妻双方说明情况,并提出采取终止妊娠措施的医学意见:(1)无脑畸形、脑积水、脊柱裂、脑脊膜膨出等;(2)内脏膨出或内脏外翻;(3)四肢短小畸形;(4)其他严重的胎儿畸形。需施行终止妊娠的,应当经本人同意,并签署意见;本人无行为能力的,应当经其他监护人同意,并签署意见。根据法律规定,监护人包括:配偶、父母、成年子女、其他近亲属;村民委员会同意的也可以担任监护人。没有上述人可以担任监护人的,由所在单位或者住所地的居民委员会、村民委员会或者民政部门担任监护人。依法实行终止妊娠或者结扎手术的,接受免费服务。

5. 新生儿出生医学证明 医疗保健机构和从事家庭接生的人员应当按照国务院卫生行政部门的规定,出具统一制发的新生儿出生医学证明。有产妇和婴儿死亡及新生儿出生缺陷的,应当向卫生行政部门报告。

6. 严禁采用技术手段对胎儿进行性别鉴定 严禁采用技术手段对胎儿进行性别鉴定。对怀疑胎儿可能有遗传病,需要进行性别鉴定的,由省级卫生行政部门制定的医疗保健机构按照国家卫生计生委的规定进行鉴定。

(四)新生儿疾病筛查

1. 新生儿疾病筛查的病种 全国新生儿疾病筛查病种包括先天性甲状腺功能减低症、苯丙酮尿症等新生儿遗传代谢病和听力障碍。

2. 新生儿疾病筛查的原则和程序

(1)原则 新生儿疾病筛查遵循自愿和知情选择的原则。

医疗机构在实施新生儿疾病筛查前,应当将新生儿疾病筛查的项目、条件、方式、灵敏度和费用等情况如实告知新生儿的监护人,并取得其签字同意。

(2)程序 新生儿遗传代谢病筛查程序包括血片采集、送检、实验室检测、阳性病例确诊和治疗。新生儿听力筛查程序包括初筛、复筛、阳性病例确诊和治疗。

3. 新生儿疾病筛查医疗机构

(1)新生儿疾病筛查中心 省、自治区、直辖市人民政府卫生行政部门应当根据本行政区域的实际情况,制定本地区新生儿遗传代谢病筛查中心和新生儿听力筛查中心(即新生儿疾病筛查中心)的设置规划,指定具备能力的医疗机构为本行政区域新生儿进行疾病筛查。

(2)医疗机构 诊疗科目中设有产科或者儿科的医疗机构,应当按照《新生儿疾病筛查技术规范》的要求,开展新生儿遗传代谢病血片采集及送检、新生儿听力初筛及复筛工作。

(五)儿童保健

1. 儿童保健职责

(1)卫生行政部门 制定儿童保健工作方针政策、发展规划、技术规范与标准,并组织实施;建立健全儿童保健服务机构和服务网络,提供专业人员、经费、房屋和设备等必要的服务条件;建立完善的质量控制和绩效评估制度,对辖区内儿童保健工作进行监督管理。

(2)妇幼保健机构 妇幼保健机构是辖区内专业公共卫生机构和妇幼保健的技术指导中心,在卫生行政部门领导下,制定并实施辖区儿童保健工作计划。

(3)乡(镇)卫生院、社区卫生服务中心　开展与机构职责、功能相适应的儿童保健健康教育和技术服务；掌握辖区内儿童健康基本情况；接受妇幼保健机构的技术指导、培训和工作评估。

(4)村卫生室和社区卫生服务站　在乡(镇)卫生院或社区卫生服务中心的指导下，开展或协助开展儿童保健健康教育和服务，收集和上报儿童保健服务与健康状况数据。

(5)其他医疗卫生机构　开展儿童保健服务，应遵循《全国儿童保健工作规范(试行)》；开展儿童保健服务应接受妇幼保健机构的技术指导、服务管理与工作评估；参与辖区儿童工作技术指导、业务培训、考核评估。

2. 儿童保健内容

(1)胎儿保健　动态监测胎儿发育状况，为孕妇提供合理膳食、良好生活环境和心理状态的指导，避免或减少孕期有害因素对胎儿的影响，开展产前筛查和诊断。

(2)新生儿保健　新生儿出院前，由助产单位的医务人员进行预防接种和健康评估，根据结果提出相应的指导意见；开展新生儿访视，访视次数不少于2次。

(3)婴幼儿及学龄前期儿童保健的具体内容如下(见表2-32)。

表2-32　婴幼儿及学龄前期儿童保健的内容

保健内容	内容说明
内容1	建立儿童保健册，提供定期健康体检或生长监测服务
内容2	为儿童提供健康检查，开展体格发育及健康状况评价，提供婴幼儿喂养咨询和口腔卫生行为指导
内容3	对早产儿、低出生体重儿、中重度营养不良、单纯性肥胖、中重度贫血、活动期佝偻病、先心病等高危儿童进行专案管理
内容4	根据不同年龄儿童的心理发育特点，提供心理行为发育咨询指导
内容5	开展高危儿童筛查、监测、干预及转诊工作，对残障儿童进行康复训练与指导
内容6	开展儿童五官保健服务，重点对龋齿、听力障碍、弱视、屈光不正等疾病进行筛查和防治
内容7	采取综合措施预防儿童意外伤害的发生

(六)母婴保健机构和母婴保健工作人员

1. 医疗保健机构　医疗保健机构依法开展婚前医学检查、遗传病诊断、产前诊断以及施行结扎手术和终止妊娠手术的，必须符合国务院卫生行政部门规定的条件和技术标准，并经县级以上地方人民政府卫生行政部门许可。

(1)医疗保健机构开展婚前医学检查，应当具备以下条件：分别设置专用的男、女婚前医学检查室，配备常规检查和专科检查设备；设置婚前生殖健康宣传教育室；具有符合条件的进行男、女婚前医学检查的医师，并经设区的市级以上卫生行政部门许可，取得《母婴保健技术服务执业许可证》。

(2)医疗保健机构和其他开展母婴保健技术服务的机构开展助产技术服务、结扎手术和终止妊娠手术，必须经县级卫生行政部门许可，并取得相应的合格证书。

(3)医疗保健机构开展遗传病诊断和产前诊断，必须经省级卫生行政部门许可，取得相应的合格证书。《母婴保健技术服务执业许可证》的有效期为3年,期满后继续开展母婴保健技术服务的,由原发证机关重新审核认可。

2. 母婴保健工作人员 从事母婴保健工作的执业医师应当依法取得相应的资格。在医疗保健机构从事母婴保健技术服务的人员以及从事家庭接生的人员,应当参加卫生行政部门组织的母婴保健法知识培训和业务培训,凡符合卫生行政部门规定的技术人员标准,经考核并取得卫生行政部门颁发的《母婴保健技术考核合格证》和《家庭接生技术合格证书》后方可从事母婴保健技术工作:

(1)从事遗传病诊断和产前诊断的人员,须经省级人民政府卫生行政部门许可;

(2)从事婚前医学检查的人员,须经设区的市级人民政府卫生行政部门许可;

(3)从事助产技术服务、结扎手术和终止妊娠手术的人员以及从事家庭接生的人员,须经县级人民政府卫生行政部门许可。以上各许可证的有效期为3年,期满后继续开展母婴保健技术服务的,由原发证机关重新审核认可。

(七)母婴保健医学技术鉴定

1. 医学技术鉴定组织 县级以上地方人民政府可以设立母婴保健医学技术鉴定委员会,负责对本行政区域内有异议的婚前医学检查、遗传病诊断、产前诊断结果和有异议的下一级医学技术鉴定结论进行医学技术鉴定。母婴保健医学技术鉴定委员会分为省、市、县三级。

2. 医学技术鉴定的程序 公民可在接到诊断结果证明之日起15日内,向当地医学技术鉴定委员会办事机构提出书面申请,同时填写《母婴保健医学技术鉴定申请表》,提供与鉴定有关的材料。医学技术鉴定委员会应当在接到《母婴保健医学技术鉴定申请表》之日起30日内作出医学技术鉴定结论。

(八)法律责任

1. 行政责任

(1)医疗保健机构或者人员未取得母婴保健技术许可,擅自从事婚前医学检查、遗传病诊断、产前诊断、终止妊娠手术和医学技术鉴定或者出具有关医学证明的,卫生行政部门给予警告、责令停止违法行为,没收违法所得;违法所得5000元以上的,并处违法所得3倍以上5倍以下的罚款;没收违法所得或者违法所得不足5000元的,并处5000元以上2万元以下的罚款。

(2)对于从事母婴保健技术服务的人员出具有关虚假医学证明文件的,依法给予行政处分;有下列情形之一的,由原发证部门撤销相应的母婴保健技术执业资格或者医师执业证书:①因延误诊治,造成严重后果的;②给当事人身心健康造成严重后果的;③造成其他严重后果的。

(3)违反《母婴保健法》规定进行胎儿性别鉴定的,由卫生行政部门给予警告、责令停止违法行为;对医疗保健机构直接负责的主管人员和其他直接责任人员,应依法给予行政处罚。进行胎儿性别鉴定两次以上的或者以营利为目的进行胎儿性别鉴定的,由原发证机关撤销相应的母婴保健技术执业资格或者医师执业证书。

2. 民事责任 母婴保健工作人员在诊疗护理过程中,因诊疗护理过失,造成病员死亡、残废、组织器官损伤导致功能障碍的,应根据有关法律规定,承担相应的民事责任。

3. 刑事责任 取得相应合格证书的从事母婴保健工作人员由于严重不负责任，造成就诊人死亡或者严重损害就诊人身体健康的，依照《刑法》第三百三十五条医疗事故罪追究刑事责任；未取得国家颁发的有关合格证书，包括取得合法行医资质而未取得《母婴保健法》规定的合格证书者和非法行医者，实施终止妊娠手术或者采取其他办法终止妊娠，致人死亡、残疾、丧失或者基本丧失劳动能力的，依照《刑法》第三百三十六条非法节育手术罪的有关规定追究刑事责任。

实例分析

【实例资料】李某，女，1982 年出生，安徽阜阳人。2012 年，她花了几个月时间跟着一位老医生学了一点妇科方面的知识，来到浙江省某市，在朋友暂住房里给人看妇科病。因生意惨淡，听说帮孕妇鉴定胎儿性别很赚钱，就动起了这个歪脑筋，2013 年 7 月，她从别人手中花 3000 元购买了一台二手的 B 超机，藏匿于小区的地下车库。李某说，经过摸索，她照着书本做了几次，稀里糊涂地就把 B 超机用了起来。没有专业技术，也没有从业资格，李某就这样开始非法鉴定胎儿性别。她也知道这样做肯定是违法的，但为了赚钱她决定铤而走险。通过打小广告，熟人介绍，李某陆陆续续积累了数十名顾客，每次收费 1000 元。其实，受操作、卫生条件等因素的影响，李某在很多时候看不出胎儿性别，她就告诉孕妇怀的是女孩。得知是女孩后，受重男轻女的封建思想影响，一些孕妇很有可能选择流产。2013 年 9 月，李某案发，被某区卫生局处以没收 B 型超声诊断仪一台、没收违法所得 10010 元及罚款 5100 元的行政处罚。

【问题分析】性别选择技术是指能够实现性别选择的技术或方法，从目前来看，主要有两种途径，一是胎儿性别鉴定医学技术和终止妊娠医学技术的联合使用；二是选择性别的受孕技术，胎儿性别鉴定技术有超声检查(B 超)、染色体分析(羊水、妊娠尿分析)、阴道细胞学技术等。

后两项涉及难度较大的临床和实验室技术，因而目前尚不普及，选择性别的受孕技术因技术条件高、难获取且不易控制，故很少被使用。而 B 超检查则是一项比较成熟的技术，大约在妊娠中期(怀孕 4～6 个月)，就可以辨别胎儿性别。而且 B 超技术比较简单、设备成本不高，对就诊环境要求较低；且检测的费用较低，一般家庭都能承受。此外，在我国计划生育的“查环查孕”中，普遍地使用 B 超机，在社会家庭中普及了 B 超的知识。这些因素共同造成了较为普遍地利用 B 超技术进行性别鉴定的情况。仅有性别鉴定技术的运用，性别选择无法实现。另一关键是终止妊娠技术的易获性。在我国，终止中期妊娠的人工流产是合法的，可以轻易获得，这就使得性别选择成为可能。

非法利用 B 超技术进行胎儿性别鉴定对出生人口性别比失衡具有很大的正向作用，尤其是我国在实行计划生育政策后，对于胎儿性别鉴定的社会需求更加强烈。从目前来看，虽然各地都曾作出禁止使用 B 超等非法手段进行胎儿性别鉴定和终止妊娠的规定，但随着科学技术的普及，一些大型私人诊所都有 B 超，它们一般都在“地下交易”，故法律对此鞭长莫及。此外，随着举家外出农民工的逐年增多，流动孕妇的隐蔽性强使孕情难以捉摸。流动人口所在城市存在着许多管理死角，对“两非”(非法鉴定胎儿性别和非法选择性终止妊娠)案件的查处难度大是性别比失衡的重要因素。

出生人口性别比失衡对社会人口发展和社会发展都有着深远的影响。根据《浙江省人口与计划生育条例》规定：严禁非医学需要的胎儿性别鉴定或选择别的人工终止妊娠。

知识卡片

唐代对妇科医生的准入要求

从宁波天一阁发现的唐代书目《医疾令》可以得知，当时的临床分科已有大小方脉科、疮肿科、伤折科、产科、眼科、口齿科、针科、灸科等13科之多。还有更"细枝末节"的，如《医疾令》中还规定，妇女生产有专门经过培训的女医，即妇科医生，并规定要求年龄在20至30岁之间的女性担任。这在现存的其他唐代史料中是未见记载的。

同步训练

一、名词解释

非法进行节育手术罪　产前诊断

二、填空题

1. 新生儿疾病的筛查应遵循(　　)和(　　)的原则。
2.《母婴保健技术服务执业许可证》的有效期为(　　)年。
3. 开展新生儿访视时，其访视次数不少于(　　)次。

三、选择题

[1—2题共用题干]

材料：2006年4月6日上午，林某带着已超过预产期的妻子赵某来某诊所要求接生。接诊的医师单某在赵某是高龄产妇、超过预产期的情况下坚持将赵某留在诊所内观察、准备接生。当日下午2时许，赵某出现昏迷等病危症状，被送到附近大医院进行抢救，经抢救无效于当天下午4时许死亡，经鉴定系羊水栓塞猝死。

1. 如林某妻子为初产妇，年龄超过35周岁，应进行　(　　)

A. 产前诊断　B. 婚前检查　C. 急诊治疗　D. 胎儿性别鉴定

2. 医师单某可能构成　(　　)

A. 非法进行节育手术罪　B. 医疗事故罪

C. 非法行医罪　D. 故意杀人罪

[3—4题共用题干]

材料：2003年10月13日，四川姑娘周小燕(化名)与香港人梁永浩(化名)在四川省民政厅婚姻登记处办理手续，随后他们去了某医院进行了婚前医学检查。

3. 下列不属于婚前医学检查的内容是　(　　)

A. 在传染期内的特定传染病　B. 在发病期内的有关精神病

C. 不宜生育的严重遗传性疾病　D. 糖尿病

4. 经婚前医学检查，发现患有指定传染病在传染期内或者有关精神病在发病期内的，医师应当提出医学意见。准备结婚的男女双方应当　(　　)

A. 暂缓结婚　　　　B. 采取长效避孕措施
C. 施行结扎手术后不生育的　　　　D. 不能结婚

四、简答题

简述母婴保健医学技术鉴定的组织和程序。

（朱晓卓）

第九节　人口与计划生育法律制度

学习目标

1. 知识要求

理解生育调节、两孩政策、流动人口等概念；熟悉生育的权利和义务；了解计划生育技术服务、流动人口计划生育工作管理和法律责任。

2. 能力要求

会进行计划生育技术服务；会开展流动人口计划生育工作。

3. 素质要求

具有依法开展计划生育服务的意识。

一、概述

（一）相关概念

1. 人口与计划生育法　人口与计划生育法是调整实现人口与经济、社会、资源、环境的协调发展，推行计划生育，维护公民的合法权益，促进家庭幸福、民族繁荣与社会进步活动中产生的各种社会关系的法律规范的总称。

2. 生育调节　生育调节是指人们利用经济、行政、法律、医学等手段对生育行为的干预和调节。

3. 两孩政策　两孩政策是指一对夫妇可以生育两个孩子的政策。这是 2015 年 10 月在党的十八届全会第五次会议上作出的决策。

4. 流动人口　流动人口是指离开户籍所在地的县、市或者市辖区，以工作、生活为目的异地居住的成年育龄人员。

5. 婚育证明　婚育证明是指在出具证明时要写清姓名、性别、年龄、婚姻状况、居民身份证号码、生育情况、落实避孕节育措施状况、计划生育奖罚情况等。

（二）立法情况

1978 年，我国《宪法》中规定，国家提倡和推行计划生育，确立了计划生育工作在中国经济和社会发展全局中的重要地位。1982 年，第五届全国人大五次会议通过的《宪法》，进一步增加了有关计划生育的条款和内容。《宪法》第二十五条规定：夫妻双方有实行计划生育的义务。至此，我国将实行计划生育，控制人口数量，提高人口素质，将计划生育确立为国家的基本国策，并逐步形成了一系列开展计划生育工作的方针、政策，主要是在通过制定有关婚姻、收养、妇女权益保障、未成年人保护、母婴保健等相关法律时，增加有关计划生育方面的条款，作出若干具体规定。

2001 年 12 月 29 日，中华人民共和国第九届全国人民代表大会常务委员会第二十五次会议审议通过《人口与计划生育法》，自 2002 年 9 月 1 日起施行。这是我国立法史上的重要法律，它首次将我国推行二十多年之久的基本国策以法律的形式予以确认。

在《人口与计划生育法》颁布前，国家计生委于 1998 年 9 月 22 日发布了修订后的经国务院批准的《流动人口计划生育工作管理办法》；2001 年 6 月 13 日，国务院发布了《计划生育技术服务管理条例》，并于 2004 年 12 月进行了修订；2002 年 8 月 2 日，国务院发布了《社会抚养费征收管理办法》。全国各省区市和军队先后完成了地方人口和计划生育条例的修订或制定工作。同时，国家计生委根据实际工作的需要，先后制定了《计划生育技术服务管理条例实施细则》《计划生育技术服务机构执业管理办法》《流动人口计划生育管理和服务工作若干规定》《关于禁止非医学需要的胎儿性别鉴定和选择性别的人工终止妊娠的规定》等规章；国家卫生计生委制定了《女性节育手术并发症诊断标准》《男性节育手术并发症诊断标准》等规章。上述法律、法规和规章的制定实施，使我国人口与计划生育工作逐步进入依法管理、依法行政的阶段。

近年来，我国人口结构性问题日渐突出。据统计，2012 年，我国劳动年龄人口开始减少，比上年减少 345 万人；2023 年以后，预计年均减少约 800 万人。劳动年龄人口增加，人口老龄化速度加快。2013 年 12 月 28 日，第十二届全国人大常委会第六次会议表决通过了《关于调整完善生育政策的决议》，一方是独生子女的夫妇可生育两个孩子的单独两孩政策依法启动实施，明确要求“坚持计划生育的基本国策，启动实施一方是独生子女的夫妇可生育两个孩子的政策，逐步调整完善生育政策，促进人口长期均衡发展。”2015 年 10 月 29 日，在党的十八届全会第五次会议上作出了“全面实施一对夫妇可生育两个孩子”的政策。

二、法律法规精髓

(一)生育的权利和义务

1. 公民有生育的权利　公民有生育的权利主要包括如下几方面(见表 2-33)。

表 2-33　生育权利的内容

权利类型	权利内容
依法生育	公民有权利选择生育与不生育，不生育不应当受到歧视。《人口与计划生育法》规定，禁止歧视、虐待生育女婴的妇女和不育的妇女，禁止歧视、虐待、遗弃女婴
实行计划生育，男女平等的权利	应当促进和鼓励妇女和男子平等参与家庭责任的所有方面，包括计划生育、育儿等
获得计划生育、生殖健康信息的教育权利	计划生育技术服务机构和从事计划生育技术服务的医疗、保健机构应当在各自的职责范围内，针对育龄人群开展人口与计划生育基础知识宣传教育，对已婚育龄妇女开展孕情检查、随访服务工作，承担计划生育、生殖保健的咨询、指导和技术服务

续表

权利类型	权利内容
获得避孕节育技术和生殖保健服务的权利	实行计划生育的育龄夫妻免费享受国家规定的基本项目的计划生育技术服务。计划生育技术服务人员指导实行计划生育的公民选择安全、有效、适宜的避孕措施
获得知情选择安全、有效、适宜避孕节育措施服务的权利	国家创造条件，保障公民知情选择安全、有效、适宜的避孕节育措施。实施避孕节育手术，应当保证受术者的安全
获得法律法规规章规定的奖励优待、社会福利、社会保障、社会救助和平等发展的权利	国家对实行计划生育的夫妻，按照规定给予奖励。公民晚婚晚育，可以获得延长婚假、生育假的奖励或者其他福利待遇。妇女怀孕、生育和哺乳期间，按照国家有关规定享受特殊劳动保护并可以获得帮助和补偿。公民实行计划生育手术，享受国家规定的休假；地方人民政府可以给予奖励。自愿终身只生育一个子女的夫妻，国家发给《独生子女父母光荣证》。获得《独生子女父母光荣证》的夫妻，按照国家和省、自治区、直辖市有关规定享受独生子女父母奖励
获得法律救助的权利	独生子女发生意外伤残、死亡，对于其父母不再生育和收养子女的，地方人民政府应当给予必要的帮助。地方各级人民政府对农村实行计划生育的家庭发展经济，给予资金、技术、培训等方面的支持、优惠；对实行计划生育的贫困家庭，在扶贫贷款、以工代赈、扶贫项目和社会救济等方面给予优先照顾

2. 公民生育的义务 公民有生育的义务主要包括如下几方面(见表 2-34)。

表 2-34 生育义务内容

义务类型	义务内容
公民有依法实行计划生育的义务	我国《宪法》规定，夫妻双方有实行计划生育的义务。《人口与计划生育法》规定，国家稳定现行生育政策，鼓励公民晚婚晚育，提倡一对夫妻生育一个子女；符合法律、法规规定条件的，可以要求安排生育第二个子女
夫妻双方在实行计划生育中负有共同的责任	《人口与计划生育法》规定，夫妻双方在实行计划生育中负有共同的责任。这说明在是否生育、何时生育、采取何种避孕方式等问题上，夫妻双方有相同的参与权、决定权，也有共同的责任
公民有自觉落实避孕节育措施，接受计划生育技术服务指导的义务	《人口与计划生育法》规定，育龄夫妻应当自觉落实计划生育避孕节育措施，接受计划生育技术服务指导，预防和减少非意愿妊娠
公民有协助政府开展人口与计划生育工作的义务	《人口与计划生育法》规定，工会、共产主义青年团、妇女联合会及计划生育协会等社会团体、企业事业组织和公民应当协助人民政府开展人口与计划生育工作
违反法律法规规定条件生育子女的公民，有依法缴纳社会抚养费的义务	《人口与计划生育法》规定，违反现行计划生育政策的生育子女的公民，应当依法缴纳社会抚养费

(二)计划生育技术服务

1. 计划生育技术服务原则 《计划生育技术管理条例》规定，计划生育技术服务实行国家指导和个人自愿相结合的原则。主要包括以下内容：

(1)公民享有避孕方法的知情选择权。国家保障公民获得适宜的计划生育技术服务的权利。

(2)国家向农村实行计划生育的育龄夫妻免费提供避孕、节育技术服务，所需经费由地方财政予以保障，中央财政对西部困难地区给予适当补助。

(3)计划生育技术服务网络由计划生育技术服务机构和从事计划生育技术服务的医疗、保健机构所组成，并纳入区域卫生规划。

(4)国家依靠科技进步提高计划生育技术服务质量，鼓励研究、开发、引进和推广计划生育新技术、新药具。

2.计划生育技术服务内容　计划生育技术服务包括计划生育技术指导、咨询以及与计划生育有关的临床医疗服务。

(1)计划生育技术指导、咨询　包括：①生殖健康科普宣传、教育、咨询；②提供避孕药具及相关的指导、咨询、随访；③对已经施行避孕、节育手术和输卵(精)管复通手术的，提供相关的咨询、随访。

(2)临床医疗服务　县级以上城市从事计划生育技术服务的机构可以在批准的范围内开展与计划生育有关的临床医疗服务有：①避孕和节育的医学检查；②计划生育手术并发症和计划生育药具不良反应的诊断、治疗；③施行避孕、节育手术和输卵(精)管复通手术；④开展围绕生育、节育、不育的其他生殖保健项目。具体项目由国务院计划生育行政部门、卫生行政部门共同规定。

乡级计划生育技术服务机构可以在批准的范围内开展的计划生育技术服务项目有：①放置宫内节育器；②取出宫内节育器；③输卵(精)管结扎术；④早期人工终止妊娠术。

乡级计划生育技术服务机构开展上述全部或者部分项目的，应当依照《计划生育技术服务管理条例》的规定，向所在地设区的市级人民政府计划生育行政部门提出申请。设区的市级人民政府计划生育行政部门应当根据其申请的项目，进行逐项审查。对符合本条例规定条件的，应当予以批准，并在其执业许可证上注明获准开展的项目名称。

(3)计划生育技术服务的质量控制　计划生育技术服务的质量控制主要包括：①向公民提供的计划生育技术服务和药具应当安全、有效，符合国家规定的质量技术标准；②从事计划生育技术服务的机构施行避孕、节育手术、特殊检查或者特殊治疗时，应当征得受术者本人同意，并保证受术者的安全；③任何机构和个人不得进行非医学需要的胎儿性别鉴定或者选择性别的人工终止妊娠；④个体医疗机构不得从事计划生育手术。

3.计划生育技术服务机构及其人员

(1)计划生育技术服务机构　从事计划生育技术服务机构包括计划生育技术服务机构和从事计划生育技术服务的医疗、保健机构。从事计划生育技术服务的机构应当按照批准的业务范围和服务项目执业，并遵守有关法律、行政法规和国务院卫生行政部门制定的医疗技术常规和抢救与转诊制度。从事计划生育技术服务的机构的执业许可证明文件每3年由原批准机关校验一次。该执业许可证明文件不得买卖、出借、出租，不得涂改、伪造。

(2)计划生育技术服务人员　计划生育技术服务人员必须按照批准的服务范围、服务项目、手术术种从事计划生育技术服务，遵守与执业有关的法律、法规、规章、技术常规、职业道德规范和管理制度。计划生育技术服务人员中依据《计划生育技术服务管理条例》的规定从事与计划生育有关的临床服务人员，应当依照《执业医师法》和《护士条例》等规定，分别取得执业医师、执业助理医师、乡村医生或者护士的资格，并在依照《计划生育技术管理条例》设立的机构中执业。在计划生育技术服务机构执业的执业医师和执业助理医师应当依照《执业医师法》的规定向所在地县级以上地方人民政府卫生行政部门申请注册。

（三）流动人口计划生育工作管理

为了加强流动人口计划生育管理工作，维护流动人口的合法权益，有效地控制人口增长，经国务院批准，并授权国家计划生育委员会发布了《流动人口计划生育管理办法》，自1999年1月1日起施行。

1. 管理对象 流动人口管理对象为现居住地不是户籍所在地，异地从事务工、经商等活动或者以生育为目的异地居住，可能生育子女的已婚育龄人员。但是，有两种情形须除外：

(1)因出差、就医、上学、旅游、探亲、访友等事由异地居住、预期将返回户籍所在地居住的人员。

(2)在直辖市、设区的市行政区域内区与区之间异地居住的人员。

2. 管理机构 流动人口的计划生育工作由其户籍所在地和现居住地的人民政府共同负责管理，以现居住地为主。根据《流动人口计划生育工作管理办法》规定，流动人口现居住地的地方人民政府负责对流动人口计划生育工作的日常管理，并将流动人口计划生育工作纳入当地计划生育管理。

3. 婚育证明的办理 成年流动人口在离开户籍所在地前，应当凭合法的婚姻、身份证件，到当地县级人民政府计划生育行政管理部门或者乡(镇)人民政府、街道办事处办理婚育证明。成年流动人口到现居住地后，应当向现居住地的乡(镇)人民政府或者街道办事处交验婚育证明。现居住地的乡(镇)人民政府或者街道办事处查验婚育证明后，应当依照《流动人口计划生育工作管理办法》的规定，对已婚育龄流动人口予以登记，并告知其接受当地乡(镇)人民政府或者街道办事处的管理；婚育证明不完备的，应当要求补办。

4. 避孕节育措施 国家创造条件，保障公民知情选择安全、有效、适宜的避孕节育措施。育龄夫妻应当自觉落实计划生育避孕节育措施，接受计划生育技术服务指导。流动人口现居住地的乡(镇)人民政府或者街道办事处应当向其中的已婚育龄流动人口进行人口与计划生育宣传，并组织有关单位向育龄夫妻提供避孕节育措施服务。已婚育龄流动人口户籍所在地的乡(镇)人民政府或者街道办事处在了解已婚育龄流动人口避孕节育情况后，不得再要求其回户籍所在地接受避孕节育情况检查。

5. 获得的计划生育服务和奖励、优待 流动人口在现居住地享受的计划生育服务和奖励、优待有：免费参加有关人口与计划生育法律知识和生殖健康知识普及活动；依法免费获得避孕药具，免费享受国家规定的其他基本项目的计划生育技术服务；晚婚晚育或者在现居住地施行计划生育手术的，按照现居住地省、自治区、直辖市或者较大的市的规定，享受休假等；实行计划生育的，按照流动人口现居住地省、自治区、直辖市或者较大的市的规定，在生产经营等方面获得支持、优惠，在社会救济等方面享受优先照顾。

6. 综合管理原则 地方各级人民政府统一领导本行政区域内流动人口计划生育管理工作，组织、协调有关部门对流动人口计划生育工作实行综合管理并提供必要的保障。国务院计划生育行政管理部门负责全国的流动人口计划生育管理工作。县级以上地方各级人民政府计划生育行政管理部门负责本行政区域内流动人口计划生育管理工作。县级以上人民政府公安、工商行政管理、劳动就业、卫生、房产管理等行政部门应当配合同级计划生育行政管理部门，在各自的职责范围内做好流动人口计划生育管理和服务工作。

(四)法律责任

1. 行政责任

(1)违反计划生育技术服务规定的行政责任　《人口与计划生育法》规定，在计划生育技术服务方面违反人口与计划生育法律法规，有下列情形之一的，由计划生育行政部门或者卫生行政部门责令改正、给予警告、没收违法所得、罚款；情节严重的，吊销执业资格或者执业许可证书：①非法为他人施行计划生育手术的；②利用超声技术和其他技术手段为他人进行非医学需要的胎儿性别鉴定或者选择性别的人工终止妊娠的；③实施假节育手术、进行假医学鉴定、出具假计划生育证明的。

(2)违反计划生育证明规定的行政责任　①《人口与计划生育法》规定，伪造、变造、买卖计划生育证明，由计划生育行政部门没收违法所得，违法所得 5000 元以上的，处违法所得 2 倍以上 10 倍以下的罚款；没有违法所得或者违法所得不足 5000 元的，处 5000 元以上 2 万元以下的罚款；以不正当手段取得计划生育证明的，由计划生育行政部门取消其计划生育证明；出具证明的单位有过错的，对直接负责的主管人员和其他直接责任人员依法给予行政处分。②《计划生育技术服务管理条例》规定，买卖、出借、出租或者涂改、伪造计划生育技术服务执业许可证明文件的，由原发证部门责令改正，没收违法所得；违法所得 3000 元以上的，并处违法所得 2 倍以上 5 倍以下的罚款；没有违法所得或者违法所得不足 3000 元的，并处 3000 元以上 5000 元以下的罚款；情节严重的，并由原发证部门吊销相关的执业资格。③《流动人口计划生育工作管理办法》规定，不按照规定办理婚育证明，经其现居住地的计划生育行政管理部门通知后，逾期仍拒不补办或者拒不交验婚育证明的，由其现居住地的县级以上地方人民政府计划生育行政管理部门给予警告，可以并处 500 元以下的罚款。伪造、出卖或者骗取婚育证明的，由县级以上地方人民政府计划生育行政管理部门给予警告，可以并处 1000 元以下罚款；有违法所得的，没收违法所得，可以并处违法所得 3 倍以下的罚款。

(3)国家工作人员违法失职行为的行政责任　《人口与计划生育法》规定，国家机关工作人员在计划生育工作中，有下列行为之一，尚不构成犯罪的，依法给予行政处分；有违法所得的，没收违法所得：①侵犯公民人身权、财产权和其他合法权益的；②滥用职权、玩忽职守、徇私舞弊的；③索取、收受贿赂的；④截留、克扣、挪用、贪污计划生育经费或者社会抚养费的；⑤虚报、瞒报、伪造、篡改或者拒报人口与计划生育统计数据的。

(4)违反生育政策的行政责任　《人口与计划生育法》规定，违反生育政策生育子女的公民，应当依法缴纳社会抚养费；未在规定的期限内足额缴纳应当缴纳的社会抚养费的，自欠缴之日起，按照国家有关规定加收滞纳金；仍不缴纳的，由作出征收决定的计划生育行政部门依法向人民法院申请强制执行。按照规定缴纳社会抚养费的人员，是国家工作人员的，还应当依法给予行政处分；其他人员还应当由其所在单位或者组织给予纪律处分。

(5)拒绝、阻碍依法执行公务的行政责任　《人口与计划生育法》规定，拒绝、阻碍计划生育行政部门及其工作人员依法执行公务的，由计划生育行政部门给予批评教育并予以制止；构成违反治安管理行为的，依法给予治安管理处罚。

2. 民事责任 计划生育技术服务人员违章操作或者延误抢救、诊治，造成严重后果的，依照《执业医师法》《母婴保健法》《计划生育技术服务管理条例》《医疗事故处理条例》等有关法律、行政法规的规定承担相应的法律责任。

3. 刑事责任 违反《人口与计划生育法》《计划生育技术服务管理条例》和《流动人口计划生育工作管理办法》相关规定，构成犯罪的，将依法追究刑事责任（见表 2-35）。

表 2-35 主要追究刑事责任的情形

情 形	具体情形
情形 1	《人口与计划生育法》规定，违反人口与计划生育法律法规，有下列行为之一：①非法为他人施行计划生育手术的；②利用超声技术和其他技术手段为他人进行非医学需要的胎儿性别鉴定或者选择性别的人工终止妊娠的；③实施假节育手术、进行假医学鉴定、出具假计划生育证明的
情形 2	《计划生育技术服务管理条例》规定，计划生育技术服务机构或者医疗、保健机构以外的机构或者人员违反本条例的规定，擅自从事计划生育技术服务的，造成严重后果，构成犯罪的
情形 3	《人口与计划生育法》规定，伪造、变造、买卖计划生育证明，情节严重，构成犯罪的
情形 4	《计划生育技术服务管理条例》规定，从事计划生育技术服务的机构出具虚假证明文件，构成犯罪的
情形 5	《流动人口计划生育工作管理办法》规定，伪造、出卖或者骗取婚育证明的，构成犯罪的
情形 6	《人口与计划生育法》规定，国家机关工作人员在计划生育工作中，有下列行为之一，构成犯罪的：①侵犯公民人身权、财产权和其他合法权益的；②滥用职权、玩忽职守、徇私舞弊的；③索取、收受贿赂的；④截留、克扣、挪用、贪污计划生育经费或者社会抚养费的；⑤虚报、瞒报、伪造、篡改或者拒报人口与计划生育统计数据的
情形 7	《人口与计划生育法》规定，拒绝、阻碍计划生育行政部门及其工作人员依法执行公务的，构成犯罪的

实例分析

【实例资料】刘某和李某为夫妻，李某怀孕后，因不想生育，又担心丈夫李某反对，偷偷将胎儿打掉，李某知道后以侵犯自己生育权为由将李某告上法院，经法院审理后认为丈夫的生育权是基于妻子的生命健康权，且考虑到双方尚有再次生育的可能，驳回李某的诉求。

【问题分析】生育权是指公民享有生育子女及获得与此相关的信息和服务的权利，是公民的基本权利，法律从来没有剥夺或否认过男性的生育权。尽管《中华人民共和国妇女权益保障法》规定妇女“有生育子女的权利，也有不生育的自由”，但这并非表明法律剥夺了“男人的生育权”，而是因为女性在怀孕、生产和抚养子女的过程中承担比男性更多的风险和艰难困苦，所以更多地赋予女性生育自由，体现了对妇女群体的人文关怀和特殊保护。

男女双方特别是夫妻双方在要不要生育或何时生育的问题上难以达成一致时，理应更多地保护弱势方女性的人身权益。这主要基于以下原因：第一，男子的性权利和生育意愿要通过女性主体才能实现。任何违背女性意志的男性强权都是违反妇女人权的违法行为。比如在男方坚持要孩子而女方不愿生育的情况下，如果由男方做主，就意味着丈夫享有对妻子身体和意志的强制权，这将以女性人身自由的丧失和身心被摧残为代价。第二，将生育决定权赋予女方，在某种程度上可能委屈了男方，可能会导致双方离婚，但男方可以重新选择其他愿意生育子女的异性再婚，也就意味着男性可以通过其他途径以实现生育权。

知识卡片

出生人口性别比和计划生育工作

出生人口性别比是指一段时期（通常为一年）内出生的活产男婴总数与女婴总数的比值，通常用每100名女婴相对应的男婴数表示，是统筹解决人口问题的一项极为重要的指标。1955年，联合国在其出版的《用于总体估计的基本数据质量鉴定办法》中，曾认定出生人口性别比的通常值域为102—107，这一值域是在观察与分析全世界多数国家和地区的大量历史数据的基础上归纳得出的，在不同的人群中具有高度的稳定性，超过或者低于出生人口性别比的界定值域就被视为异常，尤其是对男孩的偏好在无人为干扰的状态下，不会导致总体出生人口性别比产生异常变动。自20世纪80年代中期以来，随着B超设备的普及，我国出生人口性别比开始持续偏高，并呈蔓延之势。1982年，第三次全国人口普查为108；1990年，第四次全国人口普查为111；2000年，第五次全国人口普查已达到117；2009年，国家统计局发布的出生人口性别比为119.45，远高于国际警戒线。出生地人口性别比持续升高将产生严重的社会后果，已由人口问题逐渐演化成了严峻的社会问题。

我国从1980年起实行“提倡一对夫妇生育一个孩子”的人口政策，与此同时，80年代初我国大陆的出生人口性别比开始呈现偏高，二者自然而然地被联系起来——人口政策导致了出生人口性别比偏高。有专家研究表明：出生人口性别比与生育政策之间存在某种关联，实行“第1个孩子为女孩时，间隔几年可以生育第2个孩子”政策的人群性别比失常最严重；实行较为宽松政策的地区，出生人口性别比趋弱。因此，他们认为实行较为宽松的生育政策有利于缓解目前出生人口性别比居高不下的局面。

同步训练

一、名词解释

人口与计划生育法　生育调节　流动人口　婚育证明

二、填空题

1.成年流动人口到现居住地后，应当向现（　　）或（　　）交验婚育证明。

2.计划生育技术服务实行（　　）和（　　）相结合的原则。

三、选择题

［1—4题共用题干］

材料：刘某和李某是一对夫妻，刘某为家中独子，李某还有个哥哥，他们已经生育了一个儿子，现在想再生一个孩子。

1.根据政策，刘某和李某（　　）再生一个孩子。

A. 可以　　B. 不可以
C. 由他们儿子决定　　D. 由长辈决定

2. 如果他们夫妻第一胎已经生育了双胞胎,(　　)再生一个孩子。

A. 可以　　B. 不可以
C. 由他们儿子决定　　D. 由长辈决定

3. 如果他们违反夫妻法律法规所规定的条件而生育子女,有依法缴纳(　　)的义务。

A. 工资收入　　B. 违法所得　　C. 行政罚款　　D. 社会抚养费

4. 如果他们夫妻属于流动人口,他们的计划生育工作　　(　　)

A. 由其户籍所在地和现居住地的人民政府共同负责管理,以现居住地为主
B. 由其户籍所在地负责管理
C. 由现居住地的人民政府共同负责管理
D. 由其户籍所在地和现居住地的人民政府共同负责管理,以户籍所在地为主

四、简答题

简述单独两孩政策。

(朱晓卓)

第十节　食品安全法律制度

学习目标

1. 知识要求
理解食品和食品安全的概念;熟悉食品安全的标准;了解食品安全监督及法律责任。
2. 能力要求
能依法指导公众合理选择食品,促进膳食营养平衡。
3. 素质要求
具有合理选择安全食品的法律意识。

一、概述

(一)相关概念

1. 食品　食品是指各种供人食用或者饮用的成品和原料以及按照传统既是食品又是药品的物品,但是不包括以治疗为目的的物品。

2. 食品安全　食品安全指食品无毒、无害,符合应当有的营养要求,对人体健康不造成任何急性、亚急性或者慢性危害。

3. 食品添加剂　食品添加剂是指为改善食品品质和色、香、味以及为防腐、保鲜和加工工艺的需要而加入食品中的人工合成或者天然物质。

4. 食品安全事故　食品安全事故是指食物中毒、食源性疾病、食品污染等源于食品,对

人体健康有危害或者可能有危害的事故。

5. 食品安全标准　食品安全标准是指为了保证食品安全，对食品生产经营过程中影响食品安全的各种要素以及各关键环节所规定的统一技术要求。

(二)立法情况

食品是人类维持生命活动不可缺少的物质基础，人体所必需的各种营养素和能量大都通过摄取各种食品而获得。国家高度重视食品安全。1965 年，国家卫生计生委、商务部联合颁发了《食品卫生管理试行办法》；1979 年，国务院正式颁布了《食品卫生管理条例》。1982 年，全国人大常委会批准通过了《食品卫生法(试行)》，标志着我国食品卫生管理工作走上了法制化轨道。1995 年，第八届全国人大常委会颁布并实施了《中华人民共和国食品卫生法》，在此基础上，2009 年 2 月 28 日，十一届全国人大常委会第七次会议通过了《中华人民共和国食品安全法》。

2013 年，国务院机构改革后，食品安全监管机制有了重大调整，从多部门各管一段，到生产、流通、餐饮环节的监管权责整合。因此，修订《食品安全法》变得非常紧迫。2014 年 5 月 14 日，国务院常务会议原则通过《食品安全法(修订草案)》。2014 年 12 月 25 日，《食品安全法(修订草案)》的二审稿提请全国人大常委会审议。2015 年 4 月 24 日，新修订的《中华人民共和国食品安全法》经第十二届全国人大常委会第十四次会议审议通过。新版《食品安全法》共 10 章 154 条，于 2015 年 10 月 1 日起正式施行。

这部经全国人大常委会第九次会议、第十二次会议两次审议，三易其稿，被称为“史上最严”的食品安全法，主要修改如下：

1. 禁止剧毒、高毒农药用于果蔬茶叶　在农药管理上，新版食品安全法规定：国家对农药的使用实行严格的管理制度，加快淘汰剧毒、高毒农药，高残留农药，推动替代产品的研发和运用，鼓励使用高效、低毒、低残留农药。增加了：“禁止将剧毒、高毒农药用于蔬菜、瓜果、茶叶和中草药材等国家规定的农作物”的规定。这体现了我国对剧毒、高毒农药严厉监管的决心。

2. 保健食品标签不得涉及防病、治疗功能　针对保健食品生产、经营、宣传中所存在的问题，新版食品安全法明确要求：保健食品声称具有保健功能，应当具有科学依据，不得对人体产生急性、亚急性或者慢性危害。保健食品的标签、说明书不得涉及疾病预防、治疗功能，内容应当真实，与注册或者备案的内容相一致，载明适宜人群、不适宜人群、功效成分或者标志性成分及其含量等，并声明“本品不能代替药物”。

3. 婴幼儿配方食品生产全程质量控制　2008 年的“三聚氰胺”事件后，婴幼儿食品安全问题成为食品安全领域的焦点。新修订的《食品安全法》明确规定，婴幼儿配方食品生产企业应当建立实施从原料进厂到成品出厂的全过程的质量控制，对出厂的婴幼儿配方食品应实施逐批检验，以保证食品安全。法律特别强调：婴幼儿配方乳粉的产品配方应当经国务院食品药品监督管理部门注册。注册时，应当提交配方研发报告和其他表明配方科学性、安全性的材料；不得以分装方式生产婴幼儿配方乳粉，同一企业不得用同一配方生产不同品牌的婴幼儿配方乳粉。

4. 网购食品纳入监管范围　如今，网购已成为我国居民日常消费的主要方式之一。新版《食品安全法》将网购食品纳入监管范围，并明确规定，网络食品交易第三方应当对入网食品经营者进行实名登记，明确其食品安全管理责任；对于依法应当取得许可证的，还应当审查其许可证。消费者通过网络食品交易第三方平台购买食品，其合法权益受到损害的，可以向入网食品经营者或者食品生产者要求赔偿。网络食品交易第三方平台提供者不能提供入网食品经营者的真实名称、地址和有效联系方式的，由网络食品交易第三方平台提供者向消费者给以赔偿。网络食品交易第三方平台提供者赔偿后，有权向入网食品经营者或者食品生产者追偿。

5.生产经营转基因食品应按规定标示 对于同样广受关注的转基因食品，新版《食品安全法》增加规定：生产经营转基因食品应当按照规定进行标示。同时规定，未按规定进行标示的，没收违法所得和生产工具、设备、原料等，最高可处货值金额5倍以上10倍以下罚款，对于情节严重的，责令停产停业，直至吊销许可证。

二、法律法规精髓

（一）调整对象

根据《食品安全法》规定，该法的调整对象包括：

1.食品生产和加工，食品流通和餐饮服务。

2.食品添加剂的生产经营。

3.用于食品的包装材料、容器、洗涤剂、消毒剂和用于食品生产经营的工具、设备（以下称食品相关产品）的生产经营。

4.食品生产经营者使用食品添加剂、食品相关产品。

5.对食品、食品添加剂和食品相关产品的安全管理。

（二）食品安全风险监测和评估

食品安全风险监测是指通过系统和持续地收集食物性疾病、食品污染以及食品中有害因素的监测数据及相关信息，并进行综合分析和及时通报的活动。国务院卫生行政部门会同国务院有关部门制定、实施国家食品安全风险监测计划。省、自治区、直辖市人民政府卫生行政部门根据国家食品安全风险监测计划，结合本行政区域的具体情况，组织制定、实施本行政区域的食品安全风险监测方案。食品安全风险监测是政府有关部门进行食品安全监督管理不可或缺的技术手段。

食品安全风险评估是指食品、食品添加剂中生物性、化学性和物理性危害对人体健康可能造成的不良影响所进行的科学评估，包括危害识别、危害特征描述、暴露评估、风险特征描述等。国务院卫生行政部门应当会同国务院有关部门，根据食品安全风险评估结果、食品安全监督管理信息，对食品安全状况进行综合分析。对经综合分析表明可能具有较高程度安全风险的食品，国务院卫生行政部门应当及时提出食品安全风险警示，并予以公布。

食品安全风险监测的目的是为食品安全风险评估提供客观数据；而食品安全风险评估意见会指导下一步的食品安全风险监测计划的制订和调整。两者是相辅相成的，为食品安全增加了可靠的法律保障。

（三）食品安全标准

食品安全标准具有强制性。制定食品安全标准时，应当以保障公众身体健康为宗旨做到科学合理、安全可靠。

1. 食品安全标准内容　根据《食品安全法》规定，食品安全标准应当包括下列内容(见表 2-36)。

表 2-36　食品安全标准内容

内　容	具体内容
内容 1	食品、食品相关产品中的致病性微生物、农药残留、兽药残留、重金属、污染物质以及其他危害人体健康物质的限量规定
内容 2	食品添加剂的品种、使用范围、用量
内容 3	专供婴幼儿和其他特定人群的主辅食品的营养成分要求
内容 4	对与食品安全、营养有关的标签、标识、说明书的要求
内容 5	食品生产经营过程的卫生要求
内容 6	与食品安全有关的质量要求
内容 7	食品检验方法与规程
内容 8	其他需要制定为食品安全标准的内容

2. 食品安全国家标准、食品安全地方标准和食品安全企业标准　根据《食品安全法》规定，食品安全国家标准由国务院卫生主管部门组织制定、公布，国务院标准化行政部门提供国家标准编号。制定食品安全国家标准时，有关部门应当依据食品安全风险评估结果并充分考虑食用农产品质量安全风险评估结果，参照相关的国际标准和国家食品安全风险评估结果，广泛听取食品生产经营者和消费者的意见。食品安全国家标准在全国范围内统一适用。

对一些地方特色食品，由于其生产、流通、食用限制在一定区域范围内，尚不需要制定国家标准。对于这些食品，可以制定食品安全地方标准，在该区域内统一公布、适用，并报国务院卫生行政部门备案。

对于企业生产的食品没有食品安全国家标准或者地方标准的，应当制定食品安全企业标准，以作为企业生产的依据。国家鼓励食品生产企业制定严于食品安全国家标准或者地方标准的企业标准。企业标准应当报省级卫生行政部门备案，在本企业内部适用。

3. 食品召回制度　食品生产者发现其生产的食品不符合食品安全标准时，应当立即停止生产，召回已经上市销售的食品，通知相关生产经营者和消费者，并记录召回和通知情况。食品经营者发现其经营的食品不符合食品安全标准时，应当立即停止经营，通知相关生产经营者和消费者，并记录停止经营和通知情况。接到食品经营者通知，得知生产的食品不符合食品安全标准的，对于食品生产企业认为应当召回的，应当立即召回。食品生产者应当对召回的食品采取补救、无害化处理、销毁等措施，并将食品召回和处理情况向县级以上质量监督部门报告。

对于食品生产经营者未依照规定召回或者停止经营不符合食品安全标准的食品的，县级以上质量监督、工商行政管理、食品药品监督管理部门可以责令其召回或者停止经营。

(四)食品的生产经营

食品生产经营是指生产、采集、收购、加工、储存、供应、销售食品等活动。食品生产经营者是指一切从事食品生产经营的单位或者个人,包括职工食堂、食品摊贩等。

1. 食品生产经营许可制度 国家对食品生产经营实行许可制度。从事食品生产、食品流通、餐饮服务的,应当依法取得食品生产许可、食品流通许可及餐饮服务许可。食品生产加工小作坊和食品摊贩从事食品生产经营活动,应当符合本法规定的与其生产经营规模、条件相适应的食品安全要求,保证所生产经营的食品卫生、无毒、无害。有关部门应当对其加强监督管理。

2. 食品生产经营的要求 食品生产经营应当符合食品安全标准,并符合下列要求(见表 2-37)。

表 2-37 食品生产经营要求

要　求	具体内容
要求 1	具有与所生产经营的食品品种、数量相适应的食品原料处理和食品加工、包装、贮存等场所,保持该场所环境整洁,并与有毒、有害场所以及其他污染源保持规定的距离
要求 2	具有与生产经营的食品品种、数量相适应的生产经营设备或者设施,有相应的消毒、更衣、盥洗、采光、照明、通风、防腐、防尘、防蝇、防鼠、防虫、洗涤以及处理废水、存放垃圾和废弃物的设备或者设施
要求 3	有食品安全专业技术人员、管理人员和保证食品安全的规章制度
要求 4	具有合理的设备布局和工艺流程,防止待加工食品与直接入口食品、原料与成品交叉污染,避免食品接触有毒物、不洁物
要求 5	餐具、饮具和盛放直接入口食品的容器,使用前应当洗净、消毒,炊具、用具用后应当洗净,保持清洁
要求 6	贮存、运输和装卸食品的容器、工具和设备应当安全、无害,保持清洁,防止食品污染,并符合保证食品安全所需的温度等特殊要求,不得将食品与有毒、有害物品一同运输
要求 7	直接入口的食品应当有小包装或者使用无毒、清洁的包装材料、餐具
要求 8	食品生产经营人员应当保持个人卫生,生产经营食品时,应当将手洗净,穿戴清洁的工作衣、帽;销售无包装的直接入口食品时,应当使用无毒、清洁的售货工具
要求 9	用水应当符合国家规定的生活饮用水卫生标准
要求 10	使用的洗涤剂、消毒剂应当对人体安全、无害
要求 11	法律、法规规定的其他要求

3. 禁止生产经营的食品 食品生产经营企业和个人禁止生产经营下列食品:①用非食品原料生产的食品或者添加食品添加剂以外的化学物质和其他可能危害人体健康物质的食品,或者用回收食品作为原料生产的食品;②致病性微生物、农药残留、兽药残留、重金属、污染物质以及其他危害人体健康的物质含量超过食品安全标准限量的食品;③营养成分不符合食品安全标准的专供婴幼儿和其他特定人群的主辅食品;④腐败变质、油脂酸败、霉变生虫、污秽不洁、混有异物、掺假掺杂或者感官性状异常的食品;⑤病死、毒死或者死因不明的禽、畜、兽、水产动物肉类及其制品;⑥未经动物卫生监督机构检疫或者检疫不合格的肉类,或者未经检验或者检验不合格的肉类制品;⑦被包装材料、容器、运输工具等污染的食品;

⑧超过保质期的食品；⑨无标签的预包装食品；⑩国家为防病等特殊需要明令禁止生产经营的食品；⑪其他不符合食品安全标准或者要求的食品。

4. 从业人员卫生要求　食品生产经营者应当建立并执行从业人员健康管理制度。患有痢疾、伤寒、病毒性肝炎等消化道传染病的人员，以及患有活动性肺结核、化脓性或者渗出性皮肤病等有碍食品安全的疾病的人员，不得从事接触直接入口食品的工作。

食品生产经营人员每年应当进行健康检查，取得健康证明后方可参加工作。

（五）食品安全事故处置

《食品安全法》规定，发生食品安全事故，事故单位负责人应当立即按照食品安全事故处置方案予以处置，防止事故扩大，并立即向事故发生地县级负责食品安全事故调查和处理的部门和食品生产、流通、餐饮服务监督管理部门以及疾病预防控制机构报告，不得隐瞒、谎报、缓报，不得故意破坏事故现场、毁灭有关证据。

疾病预防控制机构接到发生食品安全事故的报告后，应当立即会同有关部门进行调查处理，并采取下列措施，防止或减轻社会危害：

1. 开展应急救援工作，对因食品安全事故导致人身伤害的人员，卫生行政部门应当立即组织救治，并对食品生产经营活动中与食品安全事故有关的因素开展流行病学调查，将调查结果通报农业主管部门。

2. 查封、扣押有证据证明不安全的食品，违法使用的食品原料、食品添加剂、食品相关产品以及用于违法生产经营或者被污染的工具、设备；责令食品生产经营者对不安全食品予以召回、停止经营并销毁。

3. 做好信息发布工作，依法对食品安全事故及其处理情况进行发布，并对可能产生的危害加以解释、说明。

4. 对于发生重大食品安全事故的，县级以上人民政府应当立即成立食品安全事故处理指挥机构，启动应急预案，依照前款规定进行处理。

（六）法律责任

根据《食品安全法》的规定，食品生产经营者如有违法行为，应承担行政责任、民事责任或刑事责任。

1. 行政责任　《食品安全法》规定了不同市场主体违反本法时应该承担行政责任的情形。未经许可从事食品生产经营活动或者未经许可生产食品添加剂的，由有关部门按照各自职责分工，没收违法所得及违法生产经营的食品、食品添加剂和用于违法生产经营的工具、设备、原料等物品；违法经营的食品、食品添加剂货值金额不足 1 万元的，并处 2000 元以上 5 万元以下罚款；货值金额 1 万元以上的，并处货值金额 5 倍以上 10 倍以下罚款。未对采购的食品原料、食品添加剂、食品相关产品进行检验；未建立并遵守查验记录制度、出厂检验记录制度；对于进货时未查验许可证和相关证明文件的，责令改正，给予警告；对于拒不改正的，责令停产停业，直至吊销许可证。被吊销许可证的直接负责的主管人员 5 年内不得从事食品生产经营管理工作。

2. 民事责任　《食品安全法》规定，造成人身、财产或者其他损害的，依法承担赔偿责任。生产不符合食品安全标准的食品或者销售明知是不符合食品安全标准的食品，消费者除要求赔偿损失外，还可以向生产者或者销售者要求支付价款 10 倍的赔偿金。违反《食品安全法》规定，应当承担民事赔偿责任和缴纳罚款、罚金，其财产不足以同时支付时，先承担民事赔偿责任。承担民事责任的具体条件和方式主要以《产品质量法》和《侵权责任法》等为依据，以损害赔偿为主要责任承担方式。

3. 刑事责任 违反《食品安全法》规定，构成犯罪的，依法追究刑事责任。对受到刑事处罚或者开除处分的食品检验机构人员，其在10年内不得从事食品检验工作。具体的刑事责任承担，要依据《刑法》的相关条款执行。尤其是2011年最新通过的《刑事修正案（八）》，加大了对于生产销售不符合卫生标准食品罪和生产、销售有毒、有害食品罪的处罚力度。

实例分析

【实例资料】高度重视食品安全标准

2013年，消费者刘某食用标称“银杏软胶囊”“人参皂苷粉”“花粉软胶囊”等后，发现这些食品都不符合食品安全标准，近日状告销售公司要求退货退款、支付10倍价款的赔偿金，并赔偿医疗费、误工损失，目前获得法院支持。

刘某称，自己与家人都患高脂血症，在该公司网站上看到银杏软胶囊和人参皂苷粉等普通食品可降血脂的宣传后，就购买了银杏软胶囊、人参皂苷粉、花粉软胶囊等若干食品。可食用后，刘某与家人均出现头晕恶心、急性咽喉炎、上呼吸道感染等症状。经核实，上述食品属于禁止生产经营的食品。刘某遂起诉要求退货，退还食品价款4000元，并支付10倍价款的赔偿金4万元，并赔偿其医药费373.13元和误工费590.7元。

【问题分析】法院查明，刘某所购银杏软胶囊、花粉软胶囊是假冒食品，人参皂苷粉无保健食品批准文号，属违反法定的食品安全标准的食品。对于不合格商品，消费者刘某要求退货，经营者应予以退货，并退还食品价款4000元。另根据《食品安全法》第96条第2款规定，该公司销售违反法定的食品安全标准的食品，这本身就是一种损害，而该公司未举证证明其进货渠道正规及对供货单位资质进行了必要审查，应给予10倍价款的赔偿金。此外，法院酌情判定相应的误工费的赔偿数额。

知识卡片

绿色食品

绿色食品，是遵循可持续发展和有机农业原则，在空气、土壤和水源均无污染的生态环境之中，应用无公害生产的操作规程，产出和加工出的安全优质、富于营养，并经绿色食品发展机构认证，允许使用绿色食品标志的一切食用农副产品的总称。绿色食品必须同时具备以下四个条件：①产品或产品原料的产地必须符合绿色食品的生态环境标准；②农作物种植、畜禽饲养、水产养殖及食品加工必须符合绿色食品的生产操作规程；③产品必须符合绿色食品的质量和卫生标准；④产品的标签必须符合中国农业部制定的《绿色食品标志设计标准手册》中的有关规定。

同步训练

一、名词解释

食品 食品安全标准

二、填空题

1. 食品安全是指食品（ ）、（ ），符合应当有的（ ），对人体健康不造成任何（ ）、（ ）或者（ ）危害。

三、选择题

1. 下列有关食品的描述中，错误的是 （ ）

A. 一些药食同源的物品属于食品 B. 食品也包括半成品

C. 食品原料不属于食品 D. 食品不包括以治疗为目的的物品

2. 对食品生产经营人员的卫生要求，错误的是 （ ）

A. 临时参加工作的不需要健康证明

B. 每年都必须进行健康检查

C. 患有伤寒、痢疾的病人不得从事接触直接入口食品的工作

D. 取得健康证明后方可参加工作

四、简答题

食品安全标准的主要内容有哪些？

（祝美姣）

第十一节 医疗损害责任法律制度

学习目标

1. 知识要求

理解医疗损害和医疗损害法的概念和范围，熟悉医疗损害责任构成、责任形态、赔偿请求权等法律规定，了解医疗损害责任法律的立法情况。

2. 能力要求

掌握医疗损害责任的法律规定和应用于医疗损害责任的《侵权责任法》的一般性条款规定，能按照法律要求，科学合理地处理医疗损害责任。

3. 素质要求

提升医务人员对医疗损害责任的认识和防范医疗损害的能力。

一、概述

医疗损害责任是指医疗机构及其医务人员在医疗活动中，未尽相关法律、法规、规章和诊疗技术规范所规定的注意义务，因为发生过错，或者在法律规定的情况下无论有无过错，

造成病人人身损害、精神损害或者财产损害，应当承担的以损害赔偿为主要方式的侵权责任。医疗损害责任法是指对有关医疗损害行为进行定义和分类，以及对医疗损害行为追究法律责任、对病人造成损害后果予以补救的侵权责任法律法规的总称。医疗损害责任法并不是一个单独的法律，而是《侵权责任法》中应用于医疗损害责任的一般规定和其第七章"医疗损害责任"的内容，以及其他法律法规、司法解释中医疗损害责任的有关规定。

近年来，随着法律知识的普及、公众的法律意识和维权意识的不断增强，因为医患纠纷而产生的医疗损害赔偿一直是社会各界关注的热点问题之一。同时，由于医疗损害赔偿是基于高技术、高风险特点的医疗行为所引起的，在以往医疗损害赔偿法律不完善的情况下，该类案件一直是人身损害赔偿案件中的难点。2009 年 12 月 26 日，第十一届全国人民代表大会常务委员会第十二次会议通过了《中华人民共和国侵权责任法》，并以第二十一号中华人民共和国主席令下发公布，自 2010 年 7 月 1 日起施行。在《中华人民共和国侵权责任法》中，明确了侵权责任的一般规定，并在第七章"医疗损害责任"中作出了具体的规定，为依法做好医疗损害赔偿案件提供了法律依据。

二、法律法规精髓

(一)医疗损害责任的构成

1. 医疗损害的归责原则和构成要件 病人在诊疗活动中受到损害，医疗机构及其医务人员有过错的，由医疗机构承担赔偿责任。医疗损害责任采取的是过错责任原则，即"医疗机构及其医务人员有过错的"，医疗机构才承担赔偿责任。

医务人员在诊疗活动中应当向病人说明病情和医疗措施。需要实施手术、特殊检查、特殊治疗的，医务人员应当及时向病人说明医疗风险、替代医疗方案等情况，并取得其书面同意；不宜向病人说明的，应当向病人的近亲属说明，并取得其书面同意。医务人员未尽到告知义务，造成病人损害的，医疗机构应当承担赔偿责任。

因医疗机构或其医务人员，违反法律、行政法规、规章以及其他有关诊疗规范规定的，隐匿或者拒绝提供与纠纷有关病历资料的，伪造、篡改或者销毁病历资料的，应采取推定原则，推定医疗机构有无过错(见表 2-38)。

表 2-38 医疗损害责任的构成要件

要 件	内 容
要件 1	医疗机构及医务人员在诊疗活动中的违法诊疗行为
要件 2	病人受到损害
要件 3	医疗机构及医务人员的违法诊疗行为与病人损害之间具有因果关系
要件 4	医疗机构及其医务人员的过错

2. 医疗损害责任的免责事由 由于医疗活动和医疗侵权的特殊性，医疗损害责任与其他侵权责任一样，可以在一定的条件下免除责任。见表 2-39。

表 2-39 医疗损害责任的免责情形

情 形	内 容
情形 1	病人或者其近亲属不配合医疗机构进行符合诊疗规范的诊疗
情形 2	医务人员在抢救生命垂危的病人等紧急情况下已经尽到合理诊疗义务
情形 3	限于当时的医疗水平难以诊疗
情形 4	受害人故意造成的自身损害
情形 5	损害是因第三人造成的,第三人应当承担侵权责任
情形 6	不可抗力造成的病人损害
情形 7	因紧急避险造成的病人损害
情形 8	医疗意外造成的病人损害

3. 医疗损害的赔偿请求权 病人在诊疗活动中,由于医疗机构及其医务人员的过错造成病人的权益受到损害,病人及其家属有权向对其造成损害的医疗机构请求承担赔偿责任。

(二)医疗损害责任的举证

1. 受害者对违法诊疗行为和对损害事实的举证内容 受害病人及或其家属一方向法院提出医疗损害责任诉讼,需举证证明医疗机构的诊疗行为具有违法性,包括:①被告医疗机构的主体资格是否成立。如果造成病人损害的主体不是医疗机构及其医务人员,那就不构成医疗损害责任,而是属于非法行医,就应以一般侵权行为起诉,而不是按照医疗损害责任起诉。②造成损害的行为是否发生在诊疗活动中。如果造成的损害不是发生在诊疗活动中,那也不构成医疗损害责任,如病人意外跌伤、在医院吃饭时鱼刺卡到喉咙等。③医疗机构及其医务人员具有违法性。病人及其家属必须证明被告医疗机构的行为违反法律,侵害了病人的生命权、健康权、身体权、所有权、知情权、决定权、隐私权等权利。

受害病人及其家属一方向法院提出医疗损害责任诉讼,还需证明病人的生命权、健康权、身体权、所有权、知情权、决定权、隐私权等权利受到了损害的事实,包括:①何种权利受到侵害。是健康权受到侵害,生命权受到侵害,还是知情权受到侵害等。②受到侵害权利的程度。如人身损害,究竟是死亡、残疾还是一般身体侵害。③要求赔偿的内容和数额。包括医疗费、误工费、护理费、残疾器具费等。

2. 医疗损害责任的举证责任 在一般情况下,医疗损害责任的诉讼证明实行举证责任的一般规则,受害病人一方主张违法诊疗行为与自己的损害后果之间具有因果关系,应当承担举证责任,证明病人到过所起诉医疗机构就医(包括隐名就医)、就医后发生损害的事实,并提供医疗机构有医疗行为过错的初步证据。

因医疗行为的特殊性,受害病人一方符合必要条件的,可以实行应关系举证责任缓和,有条件地进行因果关系推定。医疗机构及其医务人员应当按照规定填写并妥善保管住院志、医嘱单、检验报告、手术及麻醉记录、病理资料、护理记录、医疗费用等病历资料。病人要求查阅、复制前款规定的病历资料的,医疗机构应当提供。对病人及或其家属举证医疗行为有过错,但医疗机构认为其医疗行为与损害后果之间不存在因果关系、没有过错的,医疗机构应提供相应证据。

3. 医疗损害责任的司法鉴定 因医药专业的特殊性，在受理医疗损害赔偿纠纷案件时，法院可以根据当事人的申请或依据职权决定，委托医学会或其他司法鉴定机构进行医疗损害鉴定。当事人应当配合鉴定，无正当理由拒绝配合鉴定的，将承担相应不利的诉讼后果。

（三）医疗伦理损害责任

医疗伦理损害责任是指医疗机构及其医务人员违背医疗伦理和医疗良知的要求，违背医疗机构及其医务人员的告知或保密义务，具有医疗伦理过错，造成病人损害的医疗损害责任。这类医疗损害责任的构成必须具备医疗伦理过错。也就是说，医疗机构或医护人员在诊疗活动中未对病人履行充分告知或保密等义务，或者未取得病人同意即采取某种医疗措施或停止继续治疗等故意或者过失行为，而造成病人的人身损害以及其他合法权益受到损害的，医疗机构应当承担赔偿责任（见表 2-40）。

表 2-40 医疗伦理损害责任的常见情形

情　形	内　容
情形 1：违反医疗告知的损害责任	医疗机构及其医务人员未对病人充分告知或者说明其病情，未对病人提供及时有用的医疗建议，侵害了病人的知情权而应承担的医疗损害责任
情形 2：违反知情同意的损害责任	医疗机构及医护人员违反了应当尊重病人自主决定权的义务，未经病人同意，即采取某种医疗措施或者停止继续治疗而产生的过错，侵害了病人的自我决定权而应承担的医疗损害责任
情形 3：违反保密义务的损害责任	由于医患关系的特殊性，医生掌握着病人的基本情况、病史情况以及其他个人重要信息，这些信息很多都是病人的隐私信息，医疗机构及医生和相关知情人员负有保密义务，医疗机构及其医务人员违反了保密义务，未经病人同意，泄漏病人隐私或者其他秘密，侵害了病人的隐私权而应承担的医疗损害责任

（四）医疗技术损害责任

医疗技术损害责任是指医疗机构及其医务人员在诊疗活动中，违反医疗技术的高度注意义务，具有违背当时的医疗水平的技术过错，造成病人人身损害的医疗损害责任（见表 2-41）。

表 2-41 医疗技术损害责任的常见情形

情　形	内　容
情形 1：诊断过失的损害责任	医务人员由于工作不负责任或者专业技术水平未达到应有标准，导致出现对病人病情作出的诊断与病人的病情事实不符，给病人造成不良后果的医疗技术损害责任
情形 2：治疗过失的损害责任	医疗机构及其医务人员在治疗中，未遵守医疗规范、规章、规程，未尽到高度注意义务，实施错误的治疗行为，造成病人人身损害的医疗技术损害责任
情形 3：护理过失的损害责任	医护人员在护理过程中，违反高度注意义务，造成病人人身损害的医疗技术损害责任
情形 4　院内感染的损害责任	医疗机构及其医务人员未尽到高度注意义务，未按规定落实医院院内感染措施，出现院内感染或者传染事件，造成病人感染新的疾病的医疗技术损害责任
情形 5：孕检生产的损害责任	医疗机构及其医务人员在孕检过程中，因医疗疏忽或者技术标准执行不到位，应当发现胎儿畸形而未发现，在胎儿出生后才发现畸形的医疗技术损害责任

(五)医疗产品损害责任

医疗产品损害责任是指医疗机构及其医务人员在医疗过程中使用有缺陷的药品、消毒药剂、医疗器械以及血液等医疗产品或准产品，造成病人人身损害，医疗机构或者医疗产品生产者、销售者应当承担的医疗损害责任。

因药品、消毒药剂、医疗器械的缺陷，或者输入不合格的血液造成病人损害的，病人可以向生产者或者血液提供机构请求赔偿，也可以向医疗机构请求赔偿。病人向医疗机构请求赔偿的，医疗机构对其赔偿后，有权向负有责任的生产者或者血液提供机构追偿。

医疗产品损害责任既是医疗损害责任，也是产品责任，是兼有两种性质的侵权行为，是医疗损害责任中的一个基本类型(见表 2-42)。

表 2-42　医疗产品损害责任的常见情形

情　形	内　容
情形 1：药品(消毒药剂、医疗器械)损害责任	医疗机构及其医务人员应当使用经国家有关部门批准使用的药品(消毒制剂和医疗器械)，投入流通在临床使用的药品(消毒药剂、医疗器械)，因为存在缺陷，对病人造成不良后果，危害病人的生命、健康，形成医疗损害责任
情形 2：血液损害责任	医疗机构在诊疗活动中，将血站供应的血液或生产、销售商供应的血液制品输入病人的身体，因该血液、血液制品为不合格血液(血液制品)，对病人造成危害，形成医疗损害责任

(六)医疗管理损害责任

医疗管理损害责任是指医疗机构及其医务人员违背医政管理规范和医政管理职责的要求，具有医疗管理过错，造成病人人身损害、财产损害的医疗损害责任。

医疗管理损害责任的形成，不是医疗机构及其医务人员的伦理过错或者技术过错，而是须具备医疗管理过错，即医疗机构及医务人员在医政管理中，由于疏忽或者懈怠甚至是故意，不能履行管理规范或者管理职责，造成病人人身损害或财产损害应当承担的医疗损害责任(见表 2-43)。

表 2-43　医疗管理损害责任的常见情形

情　形	内　容
情形 1：违反紧急救治义务的损害责任	因抢救生命垂危的病人等紧急情况，不能取得病人或者其近亲属意见的，经医疗机构负责人或者授权的负责人批准，可以立即实施相应的医疗措施，医疗机构违反该紧急救治义务，造成病人损害，应当承担侵权责任
情形 2：违反病历资料管理规定的损害责任	对隐匿或者拒绝提供与纠纷有关的病历资料、伪造、篡改或者销毁病历资料的行为，直接推定医疗机构有过错
情形 3：救护车急救不及时的损害责任	当医疗机构或急救中心接到病人或其家属呼救，未及时组织救护工作，导致病人造成损害，属于医疗管理损害责任
情形 4：因管理不到位致使新生儿抱错的损害责任	医疗机构产科因为管理漏洞，发生产妇抱错或遗失孩子的情况，造成家属及孩子的权益受到损害，医疗机构需承担损害责任
情形 5：违法处理病人身体医疗废物的损害责任	违法处理病人身体废弃物(如胎盘的处理)，侵害了病人对医疗废物的所有权

续表

情　形	内　容
情形6:医务人员擅离职守造成的损害责任	因为医务人员擅离职守,耽误或影响病人的救治,造成病人的损害
情形7:违反医疗机构安全保障规定的损害责任	医疗机构作为公共场所,因违反安全保障而对病人造成损害,须按规定承担损害责任

(七)过度医疗损害责任

医疗机构及其医务人员不得违反诊疗规范实施不必要的检查,否则对病人造成损害的,将承担过度医疗损害责任(见表2-44)。

表2-44　过度医疗责任的常见情形

情　形	内　容
情形1	医疗机构及其医务人员在主观上具有过度医疗的故意,是医疗机构或者医务人员为获取自己的利益而对病人采取的医疗行为
情形2	医疗机构及其医务人员客观上有过度医疗的行为,表现为诊疗行为违反临床路径、明显超过合理的必要限度等
情形3	出现有损害病人权益的结果,使病人的财产利益受到损害,必要时也存在人身损害和精神损害
情形4	医疗措施的实行不是病人自愿的,病人不愿意、不同意接受过度医疗

(八)医疗损害责任赔偿

对于因医疗损害侵害他人,造成人身损害的,应当赔偿医疗费、护理费、交通费等为治疗和康复所支出的合理费用,以及因误工而减少的收入;对于造成残疾的,还应当赔偿残疾生活辅助器具费和残疾赔偿金;对于造成死亡的,还应当赔偿丧葬费和死亡赔偿金;对于侵害他人财产的,财产损失须按照损失发生时的市场价格或者其他方式计算;对于造成他人严重精神损害的,被侵权人可以请求精神损害赔偿(见表2-45)。

表2-45　医疗损害责任赔偿的主要内容

情　形	内　容
情形1:病人人身损害的赔偿	包括医疗费的赔偿、病人因误工而减少收入的赔偿、病人护理费用的赔偿、病人转院交通住宿费用的赔偿、伙食补助费的赔偿和营养费的赔偿等
情形2:病人丧失劳动能力的赔偿	包括残疾赔偿金、残疾辅助器具费赔偿
情形3:造成病人死亡的赔偿	包括丧葬费赔偿、死亡赔偿金等
情形4:精神抚慰金的赔偿	由人民法院斟酌案件的全部情况,确定赔偿金额
情形5:被扶养人生活费的赔偿	受害人有被抚养人的,应当将被抚养人生活费计入残疾赔偿金或死亡赔偿金
情形6:病人财产损害的赔偿	造成病人直接的财产损害,其赔偿以全额赔偿为原则,以客观的财产利益所损失的价值计算,损失多少赔偿多少

实例分析

【实例资料】抗生素分发错误案。某市一家二级甲等综合性医院，一日护士王某在分发药品时，误将患慢性支气管炎的李某的抗生素发给了与之同一病房患肺源性心脏病的柳某（单次），柳某服用后当日没有出现不适情况，后被其家属发现，护士王某向病人柳某及家属进行了道歉。

柳某在医院医治半个月后，病情恶化死亡。家属遂向法院提起诉讼，认为医院有发错药的过错，要求医院承担侵权责任。

法院委托当地市级医学会进行医学鉴定。经市医学会组织专家鉴定，认为柳某的死亡系肺源性心脏病发展后期心力衰竭所致，医院在对该病人的救治方面符合医疗技术规范，虽然期间医院曾出现一次错误分发抗生素让病人柳某服用的情况，但病人误服抗生素与其死亡之间没有因果关系。

根据医学会鉴定，法院认为，该医院护士王某在诊疗过程中确实出现违法诊疗常规（三查七对）的过错，但柳某单次服用抗生素后并未因此而出现人身损害，柳某最后死亡是疾病转归所致，与错误服用抗生素之间没有因果关系，因此，医院及护士王某没有责任。

【问题分析】构成医疗损害责任应该具备四个要件：(1)医疗机构及医务人员在诊疗活动中的违法诊疗行为；(2)病人受到损害；(3)医疗机构及医务人员的违法诊疗行为与病人损害之间具有因果关系；(4)医疗机构及其医务人员的过错。在本案件中，医院护士王某在诊疗过程中确实有违法诊疗常规的过错，但其过错并未因此而造成病人的人身损害，病人的死亡是疾病转归所致，与诊疗行为没有因果关系，因此，医院及护士王某没有责任。

知识卡片

关于诊疗过程中医务人员告知义务的法律适用

在《侵权责任法》之前，《医疗机构管理条例》《医疗机构管理条例实施细则》《执业医师法》《医疗事故处理条例》均涉及对告知义务的规定。现有法律、法规对告知义务的规定不尽相同，也存在着冲突。为此，在法律适用上应注意三个方面：①在不同规范存在冲突的情况下，原则上应适用《侵权责任法》的规定。这是由《侵权责任法》的新法地位和法律适用上“新法优于旧法”的法律适用规则所决定的。②在《侵权责任法》无规定，而其他法律、法规有规定且与《侵权责任法》不冲突的情况下，应适用其他法律、法规的规定。③在不存在冲突的情况下，其他法律、法规的规定均得适用，但在援引上应当优先援引《侵权责任法》的规定。原因在于，《侵权责任法》作为新法实际上吸收了其他法律、法规所规定的相关内容。

同步训练

一、名词解释

医疗损害责任　医疗损害责任法

二、填空

1. 在处理医疗侵权案中，当发生《医疗事故处理条例》与《侵权责任法》规定的条款不一致的情形时，应执行（　　）。

2. 因医疗事故造成他人严重精神损害的，被侵权人可以请求（　　）。

3. 因抢救生命垂危的病人等紧急情况，不能取得病人或者其近亲属意见的，经医疗机构负责人或者（　　）批准后，可以立即实施相应的医疗措施。

4. 对于侵害他人而造成其死亡的，应当赔偿丧葬费和（　　）。

5. 医疗机构及其医务人员因违法诊疗行为造成病人直接的财产损害，其赔偿以（　　）为原则。

三、选择题

1.《侵权责任法》将医疗行为引发的民事责任定名为（　　）

A. 医疗损害责任　　B. 医疗事故责任
C. 医疗差错责任　　D. 医疗错误责任

2. 根据《侵权责任法》，在什么情况下必须要取得患方的书面同意才能够实施医疗行为（　　）

A. 任何诊断活动　　B. 任何治疗活动
C. 实施手术、特殊检查、特殊治疗时　　D. 仅在实施手术时

3. 医务人员在诊断治疗活动中应当尽到（　　）义务才算合格（　　）

A. 与医疗行为发生时的医疗水平相应的诊疗义务
B. 与提出投诉时的医疗水平相应的诊疗义务
C. 与医疗纠纷解决时的医疗水平相应的诊疗义务
D. 与侵权责任法制定时的医疗水平相应的诊疗义务

4. 对于医务人员在抢救生命垂危的病人等紧急情况下已经尽到合理诊疗义务，医务人员无过错造成病人损害的，医疗机构是否要承担赔偿责任（　　）

A. 承担
B. 视损害情况而定
C. 不承担
D. 病人有要求就要承担，病人不要求就不用承担

5. 因药品、消毒药剂、医疗器械的缺陷，或者输入不合格的血液造成病人损害的，病人（　　）向医疗机构请求赔偿（　　）

A. 不能　　B. 可以
C. 只能　　D. 视损害情况而定

四、简答题

1. 对于病人有损害的，在哪些情况下，可以直接推定医疗机构有过错？

2. 医疗损害责任由哪些要件构成？

3. 医疗损害有哪几种常见的形式（至少回答4个）？

（阮维修）

第十二节　精神卫生法律制度

学习目标

1. 知识要求

理解精神卫生概念、病人权利、告知内容；熟悉精神障碍的诊断要求、住院治疗原则；了解保障措施与法律责任事项。

2. 能力要求

护理工作能按照精神卫生法律法规程序、规章进行。

3. 素质要求

具有尊重、理解、关爱精神障碍病人的法律意识，严格遵守法律规定。

一、概述

精神卫生(mental health)又称心理卫生，分为狭义和广义两种。狭义的精神卫生是指研究精神疾病的预防、医疗和康复，即预防精神疾病的发生；早期发现、早期治疗；促使慢性精神病病人的康复，使其重归社会。广义的精神卫生是指研究健康者增进和提高精神健康、精神医学的咨询。精神卫生既是全球性的重大公共卫生问题，也是较为严重的社会问题。精神卫生问题在中国也十分突出。中国有严重精神障碍病人约1600万人，而中国的精神病收治制度却存在着巨大的缺陷。如强制收治精神障碍病人程序缺失，个别地方发生的强制收治案例引起病人及其亲属的强烈质疑，“被精神病”不时成为舆论热点，它不仅威胁到社会公共安全，也使得每一个人都面临“被收治”的风险。精神卫生立法是推动精神卫生事业发展，保障精神障碍病人合法权益的有效手段。我国早就出台了一些涉及精神卫生的法律和规章(如《刑法》《刑事诉讼法》《民事诉讼法》《残疾人保障法》《精神药品管理规定》《精神疾病司法鉴定管理办法》)，部分地方性精神卫生条例陆续出台，如《上海市精神卫生条例》(于2001年12月28日由、上海市人大会常务委员会通过)、《宁波市精神卫生条例》(2006年4月1日施行)、《北京市精神卫生条例》(2007年3月1日施行)、《杭州市精神卫生条例》(2007年3月1日施行)、《无锡市精神卫生条例》(2007年11月1日施行)、《武汉市精神卫生条例》(2010年9月1日施行)，极大地推动了精神卫生立法工作。2012年10月26日，全国人大常委会表决通过了《中华人民共和国精神卫生法》(以下简称《精神卫生法》)，填补了中国精神卫生领域的法律空白。

二、法律精髓

(一)《精神卫生法》概况

《精神卫生法》(以下简称《精神卫生法》)由中华人民共和国第十一届全国人民代表大会常务委员会第二十九次会议于2012年10月26日通过，自2013年5月1日起施行。本法共

7章85条，主要内容涉及心理健康促进和精神障碍预防、精神障碍的诊断和治疗、精神障碍的康复、保障措施、法律责任等。

(二)《精神卫生法》宗旨、适用范围、实行原则

发展精神卫生事业，规范精神卫生服务，维护精神障碍病人的合法权益是本法的宗旨。适用范围为在中华人民共和国境内开展维护和增进公民心理健康、预防和治疗精神障碍、促进精神障碍病人康复的活动。实行预防为主的方针，坚持预防、治疗和康复相结合的原则。

(三)注意保护精神障碍病人的权利

1. 精神障碍病人的人格尊严、人身和财产安全不受侵犯 精神障碍病人的教育、劳动、医疗以及从国家和社会获得物质帮助等方面的合法权益受法律保护。除了依法履行职责需要公开病人信息外，有关单位和个人应当对精神障碍病人的姓名、肖像、住址、工作单位、病历资料以及其他可能推断出其身份的信息予以保密。精神障碍病人的监护人应当履行监护职责，维护精神障碍病人的合法权益，禁止对精神障碍病人实施家庭暴力，禁止遗弃精神障碍病人。精神障碍的诊断、治疗，应当遵循维护病人合法权益、尊重病人人格尊严的原则，保障病人在现有条件下获得良好的精神卫生服务。

2. 应当尊重、理解、关爱精神障碍病人 不得歧视、侮辱、虐待精神障碍病人，不得非法限制精神障碍病人的人身自由。新闻报道和文学艺术作品等不得含有歧视、侮辱精神障碍病人的内容。

3. 鼓励有关活动 国家鼓励和支持工会、共产主义青年团、妇女联合会、红十字会、科学技术协会等团体依法开展精神卫生工作。鼓励和支持开展精神卫生专门人才的培养。鼓励和支持开展精神卫生科学技术研究，发展我国现代医学、传统医学、心理学，提高精神障碍预防、诊断、治疗、康复的科学技术水平。鼓励和支持开展精神卫生领域的国际交流与合作。鼓励和支持组织、个人提供精神卫生志愿服务，捐助精神卫生事业，兴建精神卫生公益设施。国家鼓励和支持新闻媒体、社会组织开展精神卫生的公益性宣传，普及精神卫生知识，引导公众关注心理健康，预防精神障碍的发生。

(四)积极发挥医护人员在心理健康促进和精神障碍预防中的作用

1. 关注人群心理健康 用人单位要关注职工的心理健康，对处于职业发展特定时期或者在特殊岗位工作的职工，应当有针对性地开展心理健康教育。各级各类学校应当对学生进行精神卫生知识教育，配备或者聘请心理健康教育教师、辅导人员，并可以设立心理健康辅导室，对学生进行心理健康教育，教师应当学习和了解相关的精神卫生知识，关注学生心理健康状况，正确引导、激励学生，学校和教师应当与学生父母或者其他监护人、近亲属沟通学生心理健康情况。关注被依法拘留、逮捕、强制隔离戒毒、服刑人员的心理健康状况，提供必要的心理咨询和心理辅导。

2. 规范诊疗与服务 医务人员应当按照诊断标准和治疗规范的要求，对就诊者进行心理健康指导；对于发现就诊者可能患有精神障碍的，应当建议其到符合本法规定的医疗机构就诊。心理咨询人员应当提高业务素质，遵守执业规范，为社会公众提供专业化的心理咨询服务。应当尊重接受咨询人员的隐私，并为其保守秘密，不得从事心理治疗或者精神障碍的诊断、治疗。

(五)开展精神障碍诊断和治疗

1. 诊断和治疗条件 开展精神障碍诊断治疗活动应当具备下列三个条件，并依照医疗

机构的管理规定办理有关手续：①有与从事的精神障碍诊断、治疗相适应的精神科执业医师、护士；②有满足开展精神障碍诊断、治疗需要的设施和设备；③有完善的精神障碍诊断、治疗管理制度和质量监控制度；④从事精神障碍诊断、治疗的专科医疗机构还应当配备从事心理治疗的人员。

2. 诊断的依据和作出 精神障碍的诊断应当以精神健康状况为依据，除法律另有规定外，不得违背本人意志进行确定其是否患有精神障碍的医学检查。医疗机构接到送诊的疑似精神障碍病人，不得拒绝为其作出诊断。医疗机构接到送诊的疑似精神障碍病人，应当将其留院，立即指派精神科执业医师进行诊断，并及时出具诊断结论。

(六)精神障碍的住院治疗

1. 住院原则 精神障碍的住院治疗应实行自愿原则。诊断结论、病情评估表明就诊者为严重精神障碍病人并有下列情形之一的，应当对其实施住院治疗：①已经发生伤害自身的行为，或者有伤害自身的危险的；②已经发生危害他人安全的行为，或者有危害他人安全的危险的。监护人不同意的，医疗机构不得对病人实施住院治疗。

2. 诊断和鉴定 病人或者其监护人对需要住院治疗的诊断结论有异议，不同意对病人实施住院治疗的，可以要求再次诊断和鉴定。再次鉴定机构为原医疗机构或者其他具有合法资质的医疗机构，应当自收到诊断结论之日起三日提出再次鉴定的要求。对再次鉴定有异议的，可以自主委托依法取得执业资质的鉴定机构进行精神障碍医学鉴定。再次鉴定医师要求为2名以上，且非初次鉴定医师。

3. 鉴定要求 鉴定机构、鉴定人应当遵守有关法律、法规、规章的规定，尊重科学，恪守职业道德，按照精神障碍鉴定的实施程序、技术方法和操作规范，依法独立进行鉴定，出具客观、公正的鉴定报告。鉴定人应当对鉴定过程进行实时记录并签名。记录的内容应当真实、客观、准确、完整，记录的文本或者声像载体应当妥善保存。

4. 医疗告知 ①医疗机构及其医务人员应当将精神障碍病人在诊断、治疗过程中享有的权利，告知病人或者其监护人；②应当遵循精神障碍诊断标准和治疗规范，制订治疗方案，并向精神障碍病人或者其监护人告知治疗方案和治疗方法、目的以及可能产生的后果；③精神障碍病人在医疗机构内发生或者将要发生伤害自身、危害他人安全、扰乱医疗秩序的行为，医疗机构及其医务人员在没有其他可替代措施的情况下，可以实施约束、隔离等保护性医疗措施，但应当遵循诊断标准和治疗规范，并在实施后告知病人的监护人，禁止利用约束、隔离等保护性医疗措施惩罚精神障碍病人；④实施导致人体器官丧失功能的外科手术或与精神障碍治疗有关的实验性临床医疗，应当向病人或者其监护人告知医疗风险、替代医疗方案等情况，并取得其监护人的书面同意，同时须经本医疗机构伦理委员会批准；⑤对于不宜出院的，应当告知不宜出院的理由；病人或者其监护人仍要求出院的，执业医师应当在病历资料中详细记录告知的过程，同时提出出院后的医学建议，病人或者其监护人应当签字确认。

5. 注意事项 ①在相关机构出具再次诊断结论、鉴定报告前，收治精神障碍病人的医疗机构应当按照诊疗规范的要求对病人实施住院治疗；②对于符合住院条件，其监护人不办理住院手续的，由病人所在单位、村民委员会或者居民委员会办理住院手续，并由医疗机构在病人病历中予以记录；③不得以诊断或者治疗以外的目的为精神障碍病人使用药物；④不得强迫精神障碍病人从事生产劳动；⑤自愿住院治疗的精神障碍病人可以随时要求出院，医疗机构应当同意；⑥应当尊重住院精神障碍病人的通讯和会见探访者等权利，除在急性发病期或者为了避免妨碍治疗可以实施暂时性限制外，不得限制病人的通讯和会见探访者等权利；⑦医疗机构及其医务人员应当在病历资料中如实记录精神障碍病人的病情、治疗措施、用药情况、实施约束、隔离措施等内容，并如实告知病人或者其监护人；⑧病人及其监护人可以查阅、复制病历资料；但是，病人查阅、复制病历资料可能对其治疗产生不利影响的除外。病历资料保存期限不得少于三十年；⑨专门从事心理治疗的人员不得从事精神障碍的诊断，不得为精神障碍病人开具处方或者提供外科治疗；⑩精神卫生工作人员的人格尊严、人身安全不受侵犯，精神卫生工作人员依法履行职责且受法律保护。全社会应当尊重精神卫生工作人员。

（七）医务人员的社区康复指导

社区卫生服务机构、乡镇卫生院、村卫生室应当建立严重精神障碍病人的健康档案，对在家居住的严重精神障碍病人进行定期随访，指导病人服药和开展康复训练，并对病人的监护人进行精神卫生知识和看护知识的培训。

（八）保障措施

1. 加强精神医学专门人才培养，组织医务人员进行精神卫生知识培训，提高其识别精神障碍的能力。组织医务人员学习精神卫生知识和相关法律、法规、政策。

2. 开设精神科门诊或者心理治疗门诊，提高精神障碍预防、诊断、治疗能力。

3. 县级以上人民政府卫生行政部门应当组织医疗机构为严重精神障碍病人免费提供基本公共卫生服务。对于精神障碍病人通过基本医疗保险支付医疗费用后仍有困难，或者不能通过基本医疗保险支付医疗费用的，民政部门应当优先给予医疗救助。

4. 对于严重精神障碍病人，民政部门应当按照国家有关规定予以供养、救助。对符合城乡最低生活保障条件的严重精神障碍病人，民政部门应当会同有关部门及时将其纳入最低生活保障。

5. 加强对精神卫生工作人员的职业保护，提高精神卫生工作人员的待遇水平，并按照规定给予适当的津贴。

（九）法律责任情形及责任方式（见表 2-46）

表 2-46　违反《精神卫生法》的常见情形及法律责任

情　形	处理方式
情形 1：拒绝对送诊的疑似精神障碍病人作出诊断 情形 2：对已经发生危害他人安全的行为，或者有危害他人安全的危险的病人未及时进行检查评估或者未根据评估结果作出处理的	责令改正，给予警告；对于情节严重者给予降低岗位等级或者撤职、开除的处分，并可以责令有关医务人员暂停 1 个月以上 6 个月以下执业活动
情形 3：违反本法规定实施约束、隔离等保护性医疗措施 情形 4：强迫精神障碍病人劳动 情形 5：违反本法规定对精神障碍病人实施外科手术或者实验性临床医疗的 情形 6：违反本法规定，侵害精神障碍病人的通讯和会见探访者等权利的 情形 7：违反精神障碍诊断标准，将非精神障碍病人诊断为精神障碍病人的	给予降低岗位等级或者撤职的处分；对有关医务人员，暂停 6 个月以上 1 年以下执业活动；情节严重的，给予或者责令给予开除的处分，并吊销有关医务人员的执业证书

续表

情　形	处理方式
情形 8:心理咨询人员从事心理治疗或者精神障碍的诊断、治疗的 情形 9:从事心理治疗的人员在医疗机构以外开展心理治疗活动的 情形 10:专门从事心理治疗的人员从事精神障碍的诊断的 情形 11:专门从事心理治疗的人员为精神障碍病人开具处方或者提供外科治疗的	责令改正,给予警告,并处 5000 元以上 1 万元以下罚款,有违法所得的,没收违法所得;造成严重后果的,责令暂停 6 个月以上 1 年以下执业活动,直至吊销执业证书或者营业执照
情形 12:歧视、侮辱、虐待精神障碍病人,侵害病人的人格尊严、人身安全的 情形 13:非法限制精神障碍病人人身自由的 情形 14:其他侵害精神障碍病人合法权益的情形	依法承担赔偿责任

(十)有关说明

1. 本法所称的精神障碍,是指由各种原因引起的感知、情感和思维等精神活动的紊乱或者异常,导致病人出现明显的心理痛苦或者社会适应等功能损害。

2. 本法所称的严重精神障碍,是指疾病症状严重,导致病人社会适应等功能严重损害、对自身健康状况或者客观现实不能完整认识,或者不能处理自身事务的精神障碍。

实例分析

【实例资料】2010 年 3 月 9 日,李元(化名)的妻子吕秀芳(化名)到济南一精神病院称其丈夫有精神病,并为丈夫办理了住院手续。第二天,精神病院 4 名工作人员来到李元家,欲将其带往医院治疗。由于李拒不前往,并极力反抗,精神病院工作人员采取了用约束带捆绑的方式,将其从家中强行带出,准备前往医院,引来部分群众围观,后来公安民警到达现场后,精神病院工作人员解开了捆绑李元的约束带。此后,李元将这家精神病院及其妻子告上法院,认为精神病院在没有任何证据、也没采取任何医疗诊断的情况下,采取暴力手段将自己送往精神病院治疗的行为,给自己心理上、精神上造成巨大创伤,请求判令精神病院赔偿精神损失费 5 万元。法院认为,非经法定程序,任何单位和个人不得剥夺他人人身自由,精神病病人或疑似精神病病人也不例外。法院判决精神病院赔偿李元精神损害抚慰金 5000 元。

【问题分析】将精神病病人或疑似精神病病人强行收入院治疗是一种剥夺其人身自由的行为。目前,我国并无法律规定精神病医院有将精神病病人或者疑似精神病病人强行收入院治疗的权力。因此,这家精神病院仅凭吕秀芳办理的住院手续,就擅自派人采取暴力方式将人带往医院的行为,严重侵犯了其身体权和自由权,是侵权行为。

知识卡片

世界精神卫生日历年主题

世界精神卫生日历年主题是由世界精神病学协会(World Psychiatric Association, WPA)在1992年发起的,时间是每年的10月10日。活动包括宣传、拍摄促进精神健康的录像片、开设24小时服务的心理支持热线、播放专题片等。

历年主题:

1996年:积极的形象,积极的行动

1997年:女性和精神卫生

1999年:精神卫生和衰老

2000年:健康体魄+健康心理=美好人生

2001年:行动起来,促进精神健康

2002年:精神创伤和暴力对儿童的影响

2003年:抑郁影响每个人

2004年:儿童、青少年精神健康

2005年:身心健康、幸福一生

2006年:健身健心,你我同行

2007年:健康睡眠与和谐社会

2008年:同享奥运精神,共促身心健康

2009年:行动起来,促进精神健康

2010年:沟通理解关爱心理和谐健康

2011年:承担共同责任促进精神健康

2012年:精神健康伴老龄安乐幸福享晚年

2013年:发展事业、规范服务、维护权益

2014年:心理健康,社会和谐

同步训练

一、名词解释

精神卫生　精神障碍　严重精神障碍

二、填空题

1.《精神卫生法》实行(　　)的方针,坚持预防、治疗和(　　)相结合的原则。

2.除了依法履行职责需要公开病人信息外,有关单位和个人应当对精神障碍病人的姓名、(　　)、住址、(　　)、(　　)以及其他可能推断出其身份的信息予以保密。

三、选择题

1.《精神卫生法》施行时间　(　　)

A.2013年5月1日　B.2013年5月2日

C.2012年10月26日　D.2012年10月27日

2.下列哪项不是《精神卫生法》的目的　(　　)

A.发展精神卫生事业　B.规范精神卫生服务

C.保障精神卫生医疗队伍安全　D.维护精神障碍病人的合法权益

3.依据《精神卫生法》,下列不是保护精神障碍病人的权利　(　　)

A.人格尊严、人身和财产安全不受侵犯

B.鼓励有关活动

C.尊重、理解、关爱精神障碍病人

D.严格限制精神障碍病人的活动,防止跌倒

4.依据《精神卫生法》,下列有关医护人员的做法中,哪项不正确　(　　)

A. 接受学校聘请，对学生和老师进行精神卫生知识教育
B. 对被依法拘留、逮捕、强制隔离戒毒、服刑人员提供心理咨询
C. 对疑是精神障碍者，建议到正规医疗机构就诊
D. 对找不到亲属的流浪者且疑似精神障碍者，可以先不诊断

5. 依据《精神卫生法》，精神障碍的诊断依据是　（　）
A. 本人意志　B. 精神健康状况
C. 身体健康状况　D. 法医鉴定结论

6. 依据《精神卫生法》，除下列哪项外，应当对精神障碍病人实施住院治疗　（　）
A. 严重精神障碍病人，已经发生伤害自身的行为
B. 严重精神障碍病人，已经发生危害他人安全的行为
C. 严重精神障碍病人，但监护人不同意对病人实施住院治疗的
D. 初次诊断为严重精神障碍病人，但再次诊断不能确定其为严重精神障碍病人

7. 依据《精神卫生法》，对再次鉴定有异议的，可依法在取得执业资质的鉴定机构中进行精神障碍医学鉴定，对于再次鉴定的医师要求为　（　）
A. 一名心理治疗师和一名精神科执业医师
B. 两名以上，且非初次鉴定医师
C. 两名初次诊断的精神科执业医师
D. 一名精神科执业医师和一名卫生行政部门工作人员

8. 依据《精神卫生法》，下列有关医疗机构及其医务人员在没有其他可替代措施的情况下，可以实施约束、隔离等保护性医疗措施的说法中，正确的是　（　）
A. 禁止实施约束、隔离等保护性医疗措施
B. 禁止利用约束、隔离等保护性医疗措施惩罚精神障碍病人
C. 可以利用约束、隔离等保护性医疗措施惩罚精神障碍病人
D. 遵循诊断标准和治疗规范，在实施后可不告知病人的监护人

9. 依据《精神卫生法》，实施导致人体器官丧失功能的外科手术或与精神障碍治疗有关的实验性临床医疗，应取得病人书面同意，因紧急情况，无法取得病人意见并找不到其监护人，应当取得（　）批准。
A. 本医疗机构主管医师　B. 本医疗机构伦理委员会
C. 本院心理咨询师　D. 本院院长

10. 依据《精神卫生法》，对于自愿住院治疗的精神障碍病人，下列说法正确的是　（　）
A. 可以随时要求出院　B. 需家属同意方可出院
C. 需经医生同意方可出院　D. 需经医疗机构同意方可出院

11. 依据《精神卫生法》，医疗机构对精神障碍病人实施保护性医疗措施应当遵循诊断标准和治疗规范，并在实施后告知　（　）
A. 病人所在单位　B. 病人所在社区
C. 病人或其监护人　D. 病人的主治医生

12. 依据《精神卫生法》，医疗机构及其医务人员应当在病历资料中如实记录精神障碍病人的病情、治疗措施、用药情况、实施约束、隔离措施等内容，并如实告知病人或者其

监护人。病历资料保存期限不得少于(　　)年。

A. 10　　B. 20　　C. 30　　D. 40

13. 依据《精神卫生法》,关于心理咨询和心理治疗,下列说法不正确的是 (　　)

A. 心理咨询不得从事心理治疗或者精神障碍的诊断、治疗

B. 心理治疗技术规范由国务院卫生行政部门制定

C. 专门从事心理治疗的人员不得为精神障碍病人提供外科治疗

D. 专门从事心理治疗的人员可以为精神障碍病人开具处方或者提供外科治疗

14. 违反《精神卫生法》规定,对侵害精神障碍病人的通讯和会见探访者等权利的处理方式的描述中,哪个不正确 (　　)

A. 给予降低岗位等级或者撤职的处分

B. 责令改正,给予警告

C. 对有关医务人员,暂停六个月以上一年以下执业活动

D. 对于情节严重的,给予或者责令开除的处分,并吊销有关医务人员的执业证书

15. 2014 年世界精神卫生日的主题是 (　　)

A. 心理健康,社会和谐　　B. 健身健心,你我同行

C. 身心健康、幸福一生　　D. 发展事业、规范服务、维护权益

四、简答题

1. 开展精神障碍诊断治疗活动应当具备哪些条件?

2. 对于精神卫生的保障措施有哪些?

(李胜琴)

第十三节　突发公共卫生事件应急处理法律制度

学习目标

1. 知识要求

理解突发公共卫生事件等概念;了解突发公共卫生事件应急处理的立法背景。

2. 能力要求

会进行突发公共卫生事件应急处理;会进行突发公共卫生事件应急处理的责任分析。

3. 素质要求

具有突发公共卫生事件应急处理的法律意识,以及在处理突发公共卫生事件中正确保障公民权利的意识。

一、概述

(一)相关概念

1. 突发公共卫生事件的概念　突发公共卫生事件是指突然发生的、造成或者可能造成

社会公众健康严重损害的重大传染病疫情、群体性不明原因疾病、重大食物和职业中毒以及其他严重影响公众健康的事件。

(1)突发性　它是突如其来的，一般是不易预测的；

(2)社会公共性　它针对的不是特定的人，而是不特定的社会群体，情况复杂；

(3)严重性　它已经对社会公众健康造成严重损害，或者从发展的趋势看，可能对公众健康造成严重影响。

2. 国境口岸突发公共卫生事件的概念　国境口岸突发公共卫生事件是指突然发生、造成或可能造成出入境人员和国境口岸公众健康严重损害的重大传染病疫情、群体性不明原因疾病、重大食物中毒以及其他严重影响公众健康的事件。国境口岸突发公共卫生事件包括了如表 2-47 所示的 7 种情形。

表 2-47　国境口岸突发公共卫生事件的情形

情　形	情形说明
情形 1	发生鼠疫、霍乱、黄热病、肺炭疽、传染性非典型肺炎病例的
情形 2	乙类、丙类传染病较大规模的暴发、流行或多人死亡的
情形 3	发生罕见的或者国家已宣布消除的传染病等疫情的
情形 4	传染病菌种、毒种丢失的
情形 5	发生临床表现相似的但致病原因不明且有蔓延趋势或可能蔓延趋势的群体性疾病的
情形 6	中毒人数达 10 人以上或者有中毒死亡的
情形 7	国内外发生的突发事件，可能危及国境口岸的

3. 群体性不明原因疾病　群体性不明原因疾病是指一定时间内，在某个相对集中的区域内同时或者相继出现 3 例及以上有相同临床表现，经县级及以上医院组织专家会诊，不能诊断或解释病因，有重症病例或死亡病例发生的疾病。

4. 突发中毒事件　突发中毒事件是指在短时间内，毒物通过一定方式作用于特定人群造成的群发性健康影响事件。

(二)立法情况

为了有效预防、及时控制和消除突发公共卫生事件的危害，保障公众身体健康与生命安全，维护正常的社会秩序，2003 年 5 月 7 日，国务院第 7 次常务会议通过了《突发公共卫生事件应急条例》，自同年 5 月 9 日起施行。2003 年 11 月 7 日，国家质量监督检验检疫总局依据《中华人民共和国国境卫生检疫法》及其实施细则和《突发公共卫生事件应急条例》，发布了《国境口岸突发公共卫生事件出入境检验检疫应急处理规定》。

《突发公共卫生事件应急条例》是依照《中华人民共和国传染病防治法》的规定，特别是针对 2003 年防治非典型肺炎工作中暴露出的突出问题而制定的，为抗击非典型肺炎提供了有力的法律武器。2007 年 8 月 30 日，第十届全国人大常委会第二十九次会议通过《中华人民共和国突发事件应对法》。原国家卫生部也先后制定并出台了《传染性非典型肺炎防治管理办法》《突发公共卫生事件与传染病疫情监测信息报告管理办法》《国家救灾防病与突发公共卫生事件信息报告管理规范》等一系列规章及规范性文件。上述法律法规的出台，标志着我国将突发公共卫生事件应急处理逐步纳入了法制轨道。

二、法律法规精髓

（一）突发公共卫生事件处理方针和原则

处理突发公共卫生事件应当遵循预防为主、常备不懈的方针。贯彻统一领导、分级负责、反应及时、措施果断、依靠科学、加强合作的原则。

（二）突发公共卫生事件的分级

根据突发公共卫生事件性质、危害程度、涉及范围，突发公共卫生事件划分为特别重大（Ⅰ级）、重大（Ⅱ级）、较大（Ⅲ级）和一般（Ⅳ级）四级。

其中，特别重大突发公共卫生事件主要包括如表 2-48 所示的情形。

表 2-48　重大突发公共卫生事件的情况

情　形	情形说明
情形 1	肺鼠疫、肺炭疽在大、中城市发生并有扩散趋势，或肺鼠疫、肺炭疽疫情波及两个以上的省份，并有进一步扩散趋势
情形 2	发生传染性非典型肺炎、人感染高致病性禽流感病例，并有扩散趋势
情形 3	涉及多个省份的群体性不明原因疾病，并有扩散趋势
情形 4	发生新传染病或我国尚未发现的传染病发生或传入，并有扩散趋势，或发现我国已消灭的传染病重新流行
情形 5	发生烈性病菌株、毒株、致病因子等丢失事件
情形 6	周边以及与我国通航的国家和地区发生特大传染病疫情，并出现输入性病例，严重危及我国公共卫生安全的事件
情形 7	国务院卫生行政部门认定的其他特别重大突发公共卫生事件

（三）突发公共卫生事件应急处理机构

突发公共卫生事件发生后，国务院和省、自治区、直辖市人民政府设立突发公共卫生事件应急处理指挥部，负责对突发公共卫生事件应急处理的统一领导、统一指挥。卫生行政主管部门和其他部门在各自职责范围内，做好突发公共卫生事件应急处理的有关工作。全国突发公共卫生事件应急处理指挥部对地方突发公共卫生事件应急处理工作进行督察和指挥，地方各级人民政府及其有关部门应当予以配合。省、自治区、直辖市突发公共卫生事件应急处理指挥部对本行政区域内突发公共卫生事件应急处理工作进行督察和指导。

（四）突发公共卫生事件应急预案的制定

突发公共卫生事件应急预案是经一定程序制定的处置突发公共卫生事件的事先方案。国务院卫生行政主管部门按照分类指导、快速反应的要求，制定全国突发公共卫生事件应急预案，报请国务院批准。省、自治区、直辖市人民政府根据全国突发公共卫生事件应急预案，结合本地实际情况，制定本行政区域的突发公共卫生事件应急预案。全国突发公共卫生事件应急预案应当包括如表 2-49 所示的主要内容。

表 2-49　全国突发公共卫生事件应急预案的内容

情　形	情形说明
情形 1	突发公共卫生事件应急处理指挥部的组成和相关部门的职责
情形 2	突发公共卫生事件的监测与预警
情形 3	突发公共卫生事件信息的收集、分析、报告、通报制度
情形 4	突发公共卫生事件应急处理技术和监测机构及其任务
情形 5	突发公共卫生事件的分级和应急处理工作方案
情形 6	突发公共卫生事件预防、现场控制，应急设施、设备、救治药品和医疗器械以及其他物资和技术的储备与调度
情形 7	突发公共卫生事件应急处理专业队伍的建设和培训

(五)突发公共卫生事件预防控制体系

1. 监测与预警系统　县级以上地方人民政府应当建立和完善突发公共卫生事件监测与预警系统。县级以上各级人民政府卫生行政主管部门，应当指定机构负责开展突发公共卫生事件的日常监测，并确保监测与预警系统的正常运行。

2. 监测与预警　监测与预警工作应当根据突发公共卫生事件的类别，制定监测计划，科学分析、综合评价监测数据。对早期发现的潜在隐患以及可能发生的突发公共卫生事件，应当依照规定的报告程序和时限及时报告。

3. 物资储备　国务院有关部门和县级以上地方人民政府及其有关部门，应当根据突发公共卫生事件应急预案的要求，保证应急设施、设备、救治药品和医疗器械等物资储备。

4. 医疗急救服务网络

(1)提高医疗卫生机构应对各类突发公共卫生事件的救治能力　县级以上各级人民政府应当加强急救医疗服务网络的建设，配备相应的医疗救治药物、技术、设备和人员，提高医疗卫生机构应对各类突发公共卫生事件的救治能力。设区的市级以上地方人民政府应当设置与传染病防治工作需要相适应的传染病专科医院，或者指定具备传染病防治条件和能力的医疗机构承担传染病防治任务。

(2)开展突发公共卫生事件应急处理相关知识、技能的培训　县级以上地方人民政府卫生行政主管部门，应当定期对医疗卫生机构和人员开展突发公共卫生事件应急处理相关知识、技能的培训，定期组织医疗卫生机构进行突发公共卫生事件应急演练，推广最新知识和先进技术。

(六)突发公共卫生事件报告与信息发布

1. 突发公共卫生事件的报告

(1)报告主体　责任报告单位包括有突发公共卫生事件监测机构各级各类医疗卫生机构、卫生行政部门、县级以上地方人民政府和检验检疫机构、食品药品监督管理机构、环境保护监测机构、教育机构等。执行职务的医疗卫生机构的医务人员、检疫人员、疾病预防控制人员、乡村医生和个体开业医生等都是责任报告人。

(2)报告内容　主要包括：①发生或者可能发生传染病暴发、流行的；②发生或者发现不明原因的群体性疾病的；③发生传染病菌种、毒种丢失的；④发生或者可能发生重大食物和职业中毒事件的。

(3)报告时限　突发事件监测机构、医疗卫生机构和有关单位发现法定报告的突发公共卫生事件的,应当在2小时内向所在地县级人民政府卫生行政主管部门报告;接到报告的卫生行政主管部门应当在2小时内向本级人民政府报告,并同时向上级人民政府卫生行政主管部门和国务院卫生行政主管部门报告。

县级人民政府应当在接到报告后2小时内向设区的市级人民政府或者上一级人民政府报告;设区的市级人民政府应当在接到报告后2小时内向省、自治区、直辖市人民政府报告。省、自治区、直辖市人民政府应当在接到报告1小时内,向国务院卫生行政主管部门报告;卫计委对可能造成重大社会影响的突发公共卫生事件,应当立即向国务院报告。

2. 突发公共卫生事件的通报　国务院卫生行政主管部门应当根据发生突发公共卫生事件的情况,及时向国务院有关部门和各省、自治区、直辖市人民政府卫生行政主管部门以及军队有关部门通报。突发公共卫生事件发生地的省、自治区、直辖市人民政府卫生行政主管部门,应当及时向毗邻省、自治区、直辖市人民政府卫生行政主管部门通报。

接到通报的省、自治区、直辖市人民政府卫生行政主管部门,必要时应当及时通知本行政区域内的医疗卫生机构。县级以上地方人民政府有关部门,已经发生或者发现可能引起突发公共卫生事件情形时,应当及时向同级人民政府卫生行政主管部门通报。

3. 突发公共卫生事件的信息发布　国家建立突发公共卫生事件的信息发布制度。国务院卫生行政主管部门负责向社会发布突发公共卫生事件的信息。必要时可以授权省、自治区、直辖市人民政府卫生行政主管部门向社会发布本行政区域内突发公共卫生事件的信息。信息发布应当及时、准确、全面。

任何单位和个人对突发事件,不得隐瞒、缓报、谎报或者授意他人隐瞒、缓报、谎报。隐瞒,是指为了某种目的和利益,明知突发事件的真实情况,故意不按照规定报告突发事件。缓报,是指为了某种目的和利益,明知突发事件的报告时限,故意不按照规定的时限报告突发事件。谎报,是指为了某种目的和利益,明知突发事件的真实情况,故意编造虚假的情况报告,或者不真实地报告突发事件的情况。

4. 举报制度　任何单位和个人有权向人民政府及其有关部门报告突发事件隐患,有权向上级人民政府及其有关部门举报地方人民政府及其有关部门不履行突发事件应急处理职责,或者不按照规定履行职责的情况。接到报告、举报的有关人民政府及其有关部门,应当立即组织对突发事件隐患、不履行或者不按照规定履行突发事件应急处理职责的情况进行调查处理。对举报突发事件有功的单位和个人,县级以上各级人民政府及其有关部门应当予以奖励。国家公布统一的突发公共卫生事件报告、举报电话。

(七)突发公共卫生事件的应急处理以及责任

1. 应急预案的启动　突发事件发生后,卫生行政主管部门应当组织专家对突发事件进行综合评估,初步判断突发事件的类型,提出是否启动突发事件应急预案的建议。在全国范围内或者跨省、自治区、直辖市范围内启动全国突发事件应急预案,由国务院卫生行政主管部门报国务院批准后实施。省、自治区、直辖市启动突发事件应急预案,由省、自治区、直辖市人民政府决定,并向国务院报告。

2. 应急处理措施

(1)突发事件的评价　省级以上人民政府卫生行政主管部门或者其他有关部门指定的突发事件应急处理专业技术机构，负责突发事件的技术调查、确证、处置、控制和评价工作。

国务院卫生行政主管部门或者其他有关部门指定的专业技术机构，有权进入突发事件现场进行调查、采样、技术分析和检验，对地方突发事件的应急处理工作进行技术指导，有关单位和个人应当予以配合；任何单位和个人不得以任何理由予以拒绝。

(2)法定传染病的宣布　国务院卫生行政主管部门对新发现的突发传染病，根据危害程度、流行强度，依照《传染病防治法》的规定及时宣布为法定传染病：宣布为甲类传染病的，由国务院决定。

(3)应急物资的生产、供应和运送　突发公共卫生事件发生后，国务院有关部门和县级以上地方人民政府及其有关部门，应当保证突发事件应急处理所需的医疗救护设备、救治药品、医疗器械等物资的生产、供应；铁路、交通、民用航空行政主管部门应当保证及时运送。

(4)人员和物资的调集　根据突发公共卫生事件应急处理的需要，突发事件应急处理指挥部有权紧急调集人员、储备的物资、交通工具以及相关设施、设备。

(5)交通工具上传染病病人的处置　交通工具上发现根据国务院卫生行政主管部门的规定需要采取应急控制措施的传染病病人、疑似传染病病人，其负责人应当以最快的方式通知前方停靠点，并向交通工具的营运单位报告。交通工具的前方停靠点和营运单位应当立即向交通工具营运单位行政主管部门和县级以上地方人民政府卫生行政主管部门报告。卫生行政主管部门接到报告后，应当立即组织有关人员采取相应的医学处置措施。

交通工具上的与传染病病人密切接触者，由交通工具停靠点的县级以上各级人民政府卫生行政主管部门或者铁路、交通、民用航空行政主管部门，根据各自的职责，依照传染病防治法律、行政法规的规定，采取控制措施。

涉及国境口岸和出入境的人员、交通工具、货物、集装箱、行李、邮包等需要采取传染病应急控制措施的，依照国境卫生检疫法律、行政法规的规定办理。

(6)人员和疫区的控制　根据突发公共卫生事件应急处理的需要，必要时，突发事件应急处理指挥部可以对人员进行疏散或者隔离，并可以依法对传染病疫区实行封锁；可以对食物和水源采取控制措施。

(7)事件处置和调查　县级以上地方人民政府卫生行政主管部门应当对突发事件现场等采取控制措施，宣传突发事件防治知识，及时对易受感染的人群和其他易受损害的人群采取应急接种、预防性投药、群体防护等措施。

国务院卫生行政主管部门或者其他有关部门指定的专业技术机构，有权进入突发事件现场进行调查、采样、技术分析和检验，对地方突发事件的应急处理工作进行技术指导，有关单位和个人应当予以配合；任何单位和个人不得以任何理由予以拒绝。

对新发现的突发传染病、不明原因的群体性疾病、重大食物和职业中毒事件，国务院卫生行政主管部门应当尽快组织力量制定相关的技术标准、规范和控制措施。

(8)工作人员的保护　参加突发公共卫生事件应急处理的工作人员，应当按照预案的规定，采取卫生防护措施，并在专业人员的指导下进行工作。

3. 突发公共卫生事件的应急处理中医疗卫生机构的责任

突发公共卫生事件的应急处理中医疗卫生机构的责任主要包括：

(1)应当对因突发事件致病的人员提供医疗救护和现场救援，对就诊病人必须接诊治疗，并书写详细、完整的病历记录，对需要转送的病人，应当按照规定将病人及其病历记录的复印件转送至接诊的或者指定的医疗机构。

(2)机构内应当采取卫生防护措施，防止交叉感染和污染。

(3)应当对传染病病人密切接触者采取医学观察措施，传染病病人密切接触者应当予以配合。

(4)收治传染病病人、疑似传染病病人，应当依法报告所在地的疾病预防控制机构。接到报告的疾病预防控制机构应当立即对可能受到危害的人员进行调查，根据需要采取必要的控制措施。

(八)突发公共卫生事件表彰和奖励

县级以上各级人民政府及其卫生行政主管部门，应当对参加突发公共卫生事件应急处理的医疗卫生人员，应给予适当补助和保健津贴；对参加突发公共卫生事件应急处理做出贡献的人员，应给予表彰和奖励；对因参与应急处理工作致病、致残、死亡的人员，按照国家有关规定，应给予相应的补助和抚恤。

(九)突发公共卫生事件管理的法律责任

突发公共卫生事件管理的法律责任的具体内容如表 2-50 所示。

表 2-50　突发公共卫生事件管理的法律责任

具体责任情形	情形说明
情形 1：隐瞒、缓报、谎报突发公共卫生事件的法律责任	县级以上地方人民政府及其卫生行政主管部门未依照法律的规定履行报告职责，对突发公共卫生事件隐瞒、缓报、谎报或者授意他人隐瞒、缓报、谎报的，对政府主要领导人及其卫生行政主管部门主要负责人，依法给予降级或者撤职的行政处分；造成传染病传播、流行或者对社会公众健康造成其他严重危害后果的，依法给予开除的行政处分；构成犯罪的，依法追究刑事责任
情形 2：玩忽职守、失职、渎职的法律责任	(1)突发公共卫生事件发生后，县级以上地方人民政府及其有关部门对上级人民政府有关部门的调查不予配合，或者采取其他方式阻碍、干涉调查的，对政府主要领导人和政府部门主要负责人依法给予降级或者撤职的行政处分；构成犯罪的，依法追究刑事责任 (2)县级以上各级人民政府卫生行政主管部门和其他有关部门在突发公共卫生事件调查、控制、医疗救治工作中玩忽职守、失职、渎职的，由本级人民政府或者上级人民政府有关部门责令改正、通报批评、给予警告；对主要负责人、负有责任的主管人员和其他责任人员依法给予降级、撤职的行政处分；造成传染病传播、流行或者对社会公众健康造成其他严重危害后果的，依法给予开除的行政处分；构成犯罪的，依法追究刑事责任 (3)县级以上各级人民政府有关部门拒不履行应急处理职责的，由同级人民政府或者上级人民政府有关部门责令改正、通报批评、给予警告；对主要负责人、负有责任的主管人员和其他责任人员依法给予降级、撤职的行政处分；造成传染病传播、流行或者对社会公众健康造成其他严重危害后果的，依法给予开除的行政处分；构成犯罪的，依法追究刑事责任

续表

具体责任情形	情形说明
情形3:扰乱社会和市场秩序的法律责任	在突发公共卫生事件发生期间,散布谣言、哄抬物价、欺骗消费者,扰乱社会秩序、市场秩序的,由公安机关或者工商行政管理部门依法给予行政处罚;构成犯罪的,依法追究刑事责任
情形4:未完成物资生产、供应、运输和储备的法律责任	国务院有关部门、县级以上地方人民政府及其有关部门未依照法律的规定,完成突发公共卫生事件应急处理所需要的设施、设备、药品和医疗器械等物资的生产、供应、运输和储备的,对政府主要领导人和政府部门主要负责人依法给予降级或者撤职的行政处分;造成传染病传播、流行或者对社会公众健康造成其他严重危害后果的,依法给予开除的行政处分;构成犯罪的,依法追究刑事责任
情形5:妨碍执行公务行为的法律责任	在突发公共卫生事件应急处理工作中,有关单位和个人未依照法律的规定履行报告职责,隐瞒、缓报或者谎报,阻碍突发公共卫生事件应急处理工作人员执行职务,拒绝国务院卫生行政主管部门或者其他有关部门指定的专业技术机构进入突发公共卫生事件现场,或者不配合调查、采样、技术分析和检验的,对有关责任人员依法给予行政处分或者纪律处分;触犯《中华人民共和国治安管理处罚条例》,构成违反治安管理行为的,由公安机关依法予以处罚;构成犯罪的,依法追究刑事责任
情形6:医疗机构的法律责任	医疗卫生机构有下列行为之一的,由卫生行政主管部门责令改正、通报批评、给予警告;情节严重的,吊销《医疗机构执业许可证》;对主要负责人、负有责任的主管人员和其他直接责任人员依法给予降级或者撤职的纪律处分;造成传染病传播、流行或者对社会公众健康造成其他严重危害后果,构成犯罪的,依法追究刑事责任:①未依照规定履行报告职责,隐瞒、缓报或者谎报的;②未依照规定及时采取控制措施的;③未依照规定履行突发公共卫生事件监测职责的;④拒绝接诊病人的;⑤拒不服从突发公共卫生事件应急处理指挥部调度的

实例分析

【实例资料】广东省卫生厅2012年1月16日通报,2011年12月全省共报告乙类传染病发病例数为20244例,死亡人数为134人,无甲类传染病报告。全省21个地市共报告3起突发公共卫生事件,发病11人,死亡1人。上月,乙类传染病报告发病数居前五位的病种分别为肺结核、梅毒、乙肝、淋病和丙肝,报告死亡数居前三位的病种为艾滋病、狂犬病和肺结核。12月,全省共报告丙类传染病发病例数为54832例,死亡例数为2例。报告发病数居前三位的病种分别为:其他感染性腹泻病、手足口病和流行性腮腺炎。上月报告3起事件,2起为传染病,发病2人,死亡1人,报告地区均为深圳市,其中“较大事件”为人禽流感,发病1人,死亡1人。湛江市报告1起误食鼠药中毒事件,发病9人,无死亡。

【问题分析】突发公共卫生事件是指突然发生的、造成或者可能造成社会公众健康严重损害的重大传染病疫情、群体性不明原因疾病、重大食物和职业中毒以及其他严重影响公众健康的事件,具有突发性、社会公共性和严重的特点。传染病对社会公众健康危害程度大、涉及范围广,是造成突发公共卫生事件的重要原因。

根据法律法规的规定,国家建立突发公共卫生事件的信息发布制度。省、自治区、直辖市人民政府卫生行政主管部门在向社会发布本行政区域内突发公共卫生事件的信息应当及时、准确、全面，不得隐瞒、缓报、谎报或者授意他人隐瞒、缓报、谎报。这也是保障社会公众对于突发公共卫生事件知情权的需要，有助于社会的稳定以及事件危害的有效控制。

知识卡片

食物中毒事件的处置

食物中毒一般可分为细菌性（如大肠杆菌）、化学性（如农药）、动植物性（如河豚、扁豆）和真菌性（毒蘑菇）食物中毒。食物中毒，既有个人中毒，也有群体中毒。其症状以恶心、呕吐、腹痛、腹泻为主，往往伴有发烧。吐泻严重的还能发生脱水、酸中毒，甚至休克、昏迷等症状。一旦有人出现上吐、下泻、腹痛等食物中毒症状，首先应立即停止食用可疑食物，同时，立即拨打“120”急救电话呼救，并采取催吐等自救措施。另外，保留食物样本。由于确定中毒物质对治疗来说至关重要，因此，在发生食物中毒后，要保存导致中毒的食物样本，以提供给医院进行检测。如果身边没有食物样本，也可保留病人的呕吐物和排泄物，以方便医生确诊和救治，以及最后法律责任的认定。

同步训练

一、名词解释

突发公共卫生事件　国境口岸突发公共卫生事件

二、填空题

1. 根据突发公共卫生事件性质、危害程度、涉及范围，突发公共卫生事件划分为（　　）、（　　）、（　　）和（　　）。

2. 突发公共卫生事件的特征有（　　）、（　　）和（　　）。

三、选择题

[1—2 题共用题干]

材料：2009 年 5 月 7 日上午 8 时，广州某医院一位非典型肺炎病人逃走了。这位病人一个多月前因感染“非典”住进该医院，经过治疗，5 月初已经痊愈，但根据规定她还必须留院观察两周。

1. 医院应该在（　　）协助下对该病人采取强制措施。

A. 疾病预防控制机构　B. 公安机关　C. 人民法院　D. 人民检察院

2. 该医院收治传染病病人、疑似传染病病人，应当依法报告所在地的（　　）。

A. 疾病预防控制机构　B. 公安机关　C. 人民法院　D. 人民检察院

[3—4 题共用题干]

材料：某地发生传染病菌种丢失的突发公共卫生事件，相关突发事件监测机构、医疗卫生机构和有关单位立即进行了上报。

3. 向所在地县级人民政府卫生行政主管部门报告的时限为（　　）小时。

A. 1　B. 2　C. 3　D. 4

4. 省、自治区、直辖市人民政府应当在接到该事件报告（　　）小时内，向国务院卫生行政主管部门报告。

A. 1　　B. 2　　C. 3　　D. 4

四、简答题

1. 简述突发公共卫生事件的报告内容。

2. 简述特别重大突发公共卫生事件的类型。

（朱晓卓）

第十四节　医疗废物管理法律制度

学习目标

1. 知识要求

理解医疗废物的概念和分类；熟悉医疗废物管理与处置的监督管理以及法律责任；了解医疗废物的立法情况。

2. 能力要求

会进行医疗废物的集中处置；会进行医疗废物的依法管理。

3. 素质要求

具有依法处理医疗废物的意识。

一、概述

（一）相关概念

1. 医疗废物的概念　医疗废物是指医疗卫生机构在医疗、预防、保健以及其他相关活动中产生的具有直接或者间接感染性、毒性以及其他危害性的废物。

2. 一次性使用卫生用品的概念　一次性使用卫生用品是指使用一次后即丢弃的，与人体直接或者间接接触的，并为达到人体生理卫生或者卫生保健目的而使用的各种日常生活用品。

3. 一次性使用医疗用品的概念　一次性使用医疗用品是指临床用于病人检查、诊断、治疗、护理的指套、手套、吸痰管、阴道窥镜、肛镜、印模托盘、治疗巾、皮肤清洁巾、擦手巾、压舌板、臀垫等接触完整黏膜、皮肤的各类一次性使用医疗、护理用品。

4. 一次性医疗器械的概念　一次性医疗器械指《医疗器械管理条例》及相关配套文件所规定的用于人体的一次性仪器、设备、器具、材料等物品。

（二）立法情况

2003 年 6 月 6 日，为了加强医疗废物的安全管理，防止疾病传播，保护环境，保障人体健康，国务院颁布了《医疗废物管理条例》。该条例对于医疗废物的收集、运送、贮存、处置以及监督管理等活动进行了法律规定，其中医疗卫生机构收治的传染病病人或者疑似传染病病人产生的生活垃圾，均要求按照医疗废物进行管理和处置，但医疗卫生机构废弃的麻醉、精神、放射性、毒性等药品及其相关的废物的管理，依照有关法律、行政法规和国家有关规定、标准执行。2003 年 10 月 10 日，国务院卫生行政主管部门和环境保护行政主管部门共同制定、发布了《医疗废物分类目录》。2003 年 10 月 15 日，为规范医疗卫生机构对医疗废物的管理，有效预防和控制医疗废物对人体健康和环境的危害，国务院卫生行政主管部门发布实施了《医疗卫生机构医疗废物管理办法》。2004 年 6 月 1 日，根据《中华人民共和国传染病防治法》《中华人民共和国固体废物污染环境防治法》和《医疗废物管理条例》，国务院卫生行政主管部门和环境保护行政主管部门联合公布实施《医疗废物管理行政处罚办法(试行)》。

二、法律法规精髓

(一)医疗废弃物的分类

根据《医疗废物分类目录》，医疗废物分为感染性废物、病理性废物、损伤性废物、药物性废物和化学性废物等 5 类，具体分类如下(见表 2-51)。

表 2-51　医疗废弃物的分类

类　别	类别说明
感染性废物	是指携带病原微生物、具有引发感染性疾病传播危险的医疗废物，包括病人血液、体液、排泄物污染的物品，传染病病人产生的垃圾等
病理性废物	是指在诊疗过程中产生的人体废弃物和医学试验动物尸体，包括手术中产生的废弃人体组织、病理切片后废弃的人体组织、病理蜡块等
损伤性废物	是指能够刺伤或割伤人体的废弃的医用锐器，包括医用针、解剖刀、手术刀、玻璃试管等
药物性废物	是指过期、淘汰、变质或被污染的废弃药品，包括废弃的一般性药品、废弃的细胞毒性药物和遗传毒性药物等
化学性废物	是指具有毒性、腐蚀性、易燃易爆性的废弃化学物品，如废弃的化学试剂、化学消毒剂、汞血压计、汞温度计等

(二)医疗废弃物的管理制度以及管理机构

《医疗废物管理条例》《医疗卫生机构医疗废物管理办法》《医疗废物管理行政处罚办法(试行)》对医疗废物的规范管理做出了明确规定。其管理相对人主要为医疗卫生机构和医疗废物集中处置单位，要求相关单位建立相应的管理责任制，有专(兼)职人员落实管理工作，制定应急预案，并对从业人员提供有效的职业卫生防护及必要的免疫接种。

国家推行医疗废物集中无害化处置，鼓励有关医疗废物安全处置技术的研究与开发。县级以上地方人民政府负责组织建设医疗废物集中处置设施。国家对边远贫困地区建设医疗废物集中处置设施给予适当的支持。

县级以上各级人民政府卫生行政主管部门，对医疗废物收集、运送、贮存、处置活动中的疾病防治工作实施统一监督管理；环境保护行政主管部门，对医疗废物收集、运送、贮存、处置活动中的环境污染防治工作实施统一监督管理。

县级以上各级人民政府的其他有关部门在各自的职责范围内负责与医疗废物处置有关的监督管理工作。医疗卫生机构和医疗废物集中处置单位，应当建立、健全医疗废物管理责任制，其法定代表人为第一责任人，切实履行职责，防止因医疗废物导致传染病传播和环境污染事故。医疗卫生机构和医疗废物集中处置单位，应当制定与医疗废物安全处置有关的规章制度和在发生意外事故时的应急方案；设置监控部门或者专(兼)职人员，负责检查、督促、落实本单位医疗废物的管理工作，防止违法行为发生。

(三)医疗废物管理的一般规定

1.预防性规定　为切实做好医疗废物管理，医疗卫生机构应做好以下几项预防性规定(见表 2-52)。

表 2-52　医疗废物管理的预防性规定

规　定	规定说明
规定 1	建立健全医疗废物管理责任制，其法定代表人是第一责任人，防止因医疗废物导致传染病传播和环境污染
规定 2	设置监控部门或者专(兼)职人员，负责检查、督促落实本单位负责医疗废物管理；应当制定医疗废物安全处置的规章制度和在发生意外事故时的应急方案
规定 3	应当对本单位负责医疗废物的收集、运送、贮存、处置等工作人员和管理人员进行相关法律和专业技术、安全防护、紧急处理等知识的培训
规定 4	应当为本单位从事医疗废物的收集、运送、贮存、处置等工作人员和管理人员，配备必要的防护用品，定期进行健康检查；必要时对有关人员进行免疫接种，防止其受到健康损害
规定 5	应当依照《中华人民共和国固体废物污染环境防治法》的规定，执行危险废物转移联单管理制度
规定 6	应当对医疗废物进行登记，内容包括医疗废物的来源、种类、重量或者数量、交接时间、处置方法、最终去向以及经办人签名等项目，资料保存三年
规定 7	应当采取有效措施防止医疗废物的流失、泄漏、扩散；发生医疗废物流失、泄漏、扩散时，应采取减少损失的紧急措施，对致病人员提供医疗救护和现场救援；同时向所在地县级以上卫生行政部门报告，并向可能受到危害的单位和居民通报

2.禁止性规定

(1)禁止任何单位和个人转让、买卖医疗废物；禁止在运送过程中丢弃医疗废物；禁止在非贮存地点倾倒、堆放医疗废物或者将医疗废物混入其他废物或者生活垃圾。

(2)禁止邮寄医疗废物；禁止通过铁路、航空运输医疗废物；有陆路的，禁止通过水路运输医疗废物；没有陆路通道而必须经水路运输医疗废物的，应当经设区的市级以上人民政府环境保护行政主管部门批准，并采取严格的环境保护措施后，方可通过水路运输；禁止将医疗废物与旅客在同一运输工具上载运；禁止在饮用水源保护区的水体上运输医疗废物。

(四)医疗卫生机构对医疗废物的管理

根据《医疗废物管理条例》的规定，医疗机构应当按照下列规定或者采取下列措施对医疗废物进行管理(见表 2-53)。

表 2-53　医疗卫生机构对医疗废物的管理

规　定	规定说明
规定 1	及时收集本单位的医疗废物，并按照类别分置于防渗漏、防锐器穿透的专用包装物或者密闭的容器内，容器上应当有警示标识和警示说明
规定 2	应当建立医疗废物暂时贮存设施、设备，不得露天存放医疗废物，医疗废物的暂存时间不得超过 2 天；医疗废物暂时贮存设施、设备应当远离医疗区、食品加工区和人员活动区以及生活垃圾存放场所，并设置明显的警示标识和防渗漏、防鼠、防蚊蝇、防蟑螂、防盗以及预防儿童接触等安全措施，并及时进行消毒

续表

规　定	规定说明
规定 3	应当使用防渗漏、防遗撒的专用运送工具，按照本单位确定的内部医疗废物运送时间、路线，将医疗废物收集、运送到暂时贮存地点；运送工具在使用后，应当在医疗机构指定的地点进行清洁和消毒
规定 4	应当根据就近处置的原则，及时将医疗废物交由医疗废物集中处理机构处置；医疗废物中病原体的培养基、标本和菌种、毒种保存液等高危险废物，在交医疗废物集中处置单位处置前，应当就地消毒
规定 5	医疗机构产生的污水、传染病人或者疑似传染病人的排泄物，应当按照国家规定严格消毒；达到国家规定的排放标准后，方可排入污水处理系统
规定 6	不具备集中处置医疗废物条件的农村，医疗机构应当按照县级人民政府卫生行政主管部门、环境保护行政主管部门的要求，自行就地处置其产生的医疗废物；自行处置医疗废物的，应当符合下列要求：使用后的一次性医疗器具和容易致人损伤的医疗废物，应当消毒并作毁形处理；能够焚烧的，应当及时焚烧；不能焚烧的，消毒后集中填埋

（五）医疗废物的集中处置

1. 医疗废物集中处置单位

（1）从事医疗废物集中处置活动的单位，应当向县级以上人民政府环境保护行政主管部门申请领取经营许可证；未取得经营许可证的单位，不得从事医疗废物的处置活动。

（2）设立医疗废物集中处置的单位，应当具备下列条件：具有符合环境保护和卫生要求的医疗废物贮存、处置设施或者设备；具有经过培训的技术人员以及相应的技术工人；具有负责医疗废物处置效果检测、评价工作的机构和人员；具有保证医疗废物安全处置的规章制度。

（3）医疗废物集中处置单位的贮存、处置设施，应当远离居（村）民居住区、水源保护区和交通干道，与工厂、企业等工作场所有适当的安全防护距离，并符合国务院环境保护行政主管部门的规定。

2. 医疗废物的处置

（1）医疗废物集中处置单位应当至少每 2 天到医疗卫生机构收集、运送一次医疗废物，并负责医疗废物的贮存、处置；运送医疗废物的车辆应当是运送医疗废物的专用车辆，运送车辆应当达到防渗漏、防遗撒以及其他环境保护和卫生要求；医疗废物运送车辆不得运送其他物品。

（2）医疗废物集中处置单位在运送医疗废物过程中应当确保安全，不得丢弃、遗撒医疗废物；应当安装污染物排放在线监控系统，并确保监控装置经常处于正常运行状态。

（3）医疗废物集中处置单位处置医疗废物时，应当符合国家规定的环境保护、卫生标准、处置规范；医疗废物集中处置单位集中处置医疗废物时，可以按照国家有关规定向医疗机构收取医疗废物处置费用。

（4）医疗废物集中处置单位应当按照环境保护行政主管部门和卫生行政主管部门的规定，定期对医疗废物处置设施的环境污染防治和卫生学效果进行检测、评价；检测、评价结果存入医疗废物集中处置档案，每半年向有关部门报告一次。

（5）各地区应当利用和改造现有固体废物处置设施和其他设施，对医疗废物集中处置，并达到基本的环境保护和卫生要求；在尚未建成医疗废物集中处置设施期间，有关地方人民政府应当组织制定符合环境保护和卫生要求的医疗废物过渡性处置方案，确定医疗废物收集、运送、处置方式和处置单位。

(六)医疗废物管理与处置的监督管理

1. 医疗废物管理与处置的监督管理部门　县级以上卫生行政部门、环境保护行政主管部门，应当依照《医疗废物管理条例》的规定，按照职责分工，对医疗卫生机构和医疗废物集中处置单位进行监督检查。

2. 医疗废物管理与处置的监督管理部门的职责

(1)应当对医疗机构和医疗废物集中处置单位从事医疗废物收集、运送、贮存、处置中的疾病防治工作、其工作人员的卫生防护等情况进行定期监督检查、抽查。

(2)应当对医疗机构和医疗废物集中处置单位从事医疗废物收集、运送、贮存、处置中的环境污染防治工作进行定期监督检查、抽查，必要时可交换监督检查和抽查的工作；发现医疗机构和医疗废物集中处置单位存在安全隐患时，应当责令其立即消除隐患。

(3)卫生行政主管部门、环境保护主管部门履行监督检查职责时，有权采取下列措施：

①对有关单位进行实地检查、了解情况、现场监测、调查取证。

②查阅或者复制医疗废物管理的有关资料，采集样品。

③责令违反《医疗废物管理条例》的单位和个人停止违法行为。

④查封或者暂扣涉嫌违反《医疗废物管理条例》规定的场所、设备、运输工具和物品。

⑤对违法行为依法查处。

(4)发生因医疗废物管理不当导致传染病传播或者环境污染事故，或者有证据证明传染病传播或者环境污染的事故可能发生时，卫生行政主管部门、环境保护主管行政部门应当采取临时控制措施，疏散人员、控制现场，并根据需要责令导致或者可能导致传染病传播或者环境污染事故的作业。

(5)医疗卫生机构和医疗废物集中处置单位，对有关部门的检查、监测、调查取证，应当予以配合，不得拒绝和阻碍，不得提供虚假材料。

(七)医疗机构、医疗废物集中处置单位的法律责任

1. 医疗卫生机构、医疗废物集中处置单位违反相关法律规定，有下列情形之一的，由县级以上地方人民政府卫生行政主管部门或者环境保护行政主管部门按照各自的职责责令限期改正，给予警告；逾期不改正的，处2000元以上5000元以下的罚款。

(1)未建立、健全医疗废物管理制度，或者未设置监控部门或者专(兼)职人员的。

(2)未对有关人员进行相关法律和专业技术、安全防护以及紧急处理等知识的培训的。

(3)未对从事医疗废物收集、运送、贮存、处置等工作的人员和管理人员采取职业卫生防护措施的。

(4)未对医疗废物进行登记或者未保存登记资料的。

(5)对使用后的医疗废物运送工具或者运送车辆未在指定地点及时进行消毒和清洁的。

(6)未及时收集、运送医疗废物的。

(7)未定期对医疗废物处置设施的环境污染防治和卫生学效果进行检测、评价，或者未将检测、评价效果进行存档、报告的。

2. 医疗卫生机构、医疗废物集中处置单位违反相关法律规定，有下列情形之一的，由县级以上地方人民政府卫生行政主管部门或者环境保护行政主管部门按照各自的职责责令限期改正，给予警告，可以并处5000元以下的罚款；逾期不改正的，处5000元以上3万元以下的罚款：

（1）贮存设施或者设备不符合环境保护、卫生要求的。

（2）未将医疗废物按照类别分置于专用包装物或者容器的。

（3）未使用符合标准的专用车辆运送医疗废物或者使用运送医疗废物的车辆运送其他物品的。

（4）未安装污染物排放在线监控装置或者监控装置未经常处于正常运行状态的。

3. 医疗卫生机构、医疗废物集中处置单位有下列情形之一的，由县级以上地方人民政府卫生行政主管部门或者环境保护行政主管部门按照各自的职责责令限期改正，给予警告，并处5000元以上1万元以下的罚款；逾期不改正的，处1万元以上3万元以下的罚款；造成传染病传播或者环境污染事故的，由原发证部门暂扣或者吊销执业许可证件或者经营许可证件；构成犯罪的，依法追究刑事责任：

（1）在运送过程中丢弃医疗废物，在非贮存地点倾倒、堆放医疗废物或者将医疗废物混入其他废物和生活垃圾的。

（2）未执行危险废物转移联单管理制度的。

（3）将医疗废物交给未取得经营许可证的单位或者个人收集、运送、贮存、处置的。

（4）对医疗废物的处置不符合国家规定的环境保护、卫生标准、规范的。

（5）未按照规定对污水、传染病病人或者疑似传染病病人的排泄物，进行严格消毒，或者未达到国家规定的排放标准，排入污水处理系统的。

（6）对收治的传染病病人或者疑似传染病病人产生的生活垃圾，未按照医疗废物进行管理和处置的。

4. 医疗卫生机构违反相关法律规定，将未达到国家规定标准的污水、传染病病人或者疑似传染病病人的排泄物排入城市排水管网的，由县级以上地方人民政府建设行政主管部门责令限期改正，给予警告，并处5000元以上1万元以下的罚款；逾期不改正的，处1万元以上3万元以下的罚款；造成传染病传播或者环境污染事故的，由原发证部门暂扣或者吊销执业许可证件；构成犯罪的，依法追究刑事责任。

5. 医疗卫生机构、医疗废物集中处置单位发生医疗废物流失、泄漏、扩散时，未采取紧急处理措施，或者未及时向卫生行政主管部门和环境保护行政主管部门报告的，由县级以上地方人民政府卫生行政主管部门或者环境保护行政主管部门按照各自的职责责令改正，给予警告，并处1万元以上3万元以下的罚款；造成传染病传播或者环境污染事故的，由原发证部门暂扣或者吊销执业许可证件或者经营许可证件；构成犯罪的，依法追究刑事责任。

6. 医疗卫生机构、医疗废物集中处置单位，无正当理由，阻碍卫生行政主管部门或者环境保护行政主管部门执法人员执行职务，拒绝执法人员进入现场，或者不配合执法部门的检查、监测、调查取证的，由县级以上地方人民政府卫生行政主管部门或者环境保护行政主管部门按照各自的职责责令改正，给予警告；拒不改正的，由原发证部门暂扣或者吊销执业许可证件或者经营许可证件；触犯《中华人民共和国治安管理处罚法》构成违反治安管理行为的，由公安机关依法予以处罚；构成犯罪的，依法追究刑事责任。

7. 医疗卫生机构、医疗废物集中处置单位违反相关法律规定，导致传染病传播或者发生环境污染事故，给他人造成损害的，依法承担民事赔偿责任。

8. 在不具备集中处置医疗废物条件的农村，医疗卫生机构未按照相关法律规定的要求处置医疗废物的，由县级人民政府卫生行政主管部门或者环境保护行政主管部门按照各自的职责责令限期改正，给予警告；逾期不改正的，处 1000 元以上 5000 元以下的罚款；造成传染病传播或者环境污染事故的，由原发证部门暂扣或者吊销执业许可证件；构成犯罪的，依法追究刑事责任。

实例分析

【实例资料】2009 年，郑州市民张先生通过 3 个多月的跟踪调查发现，郑州市多家医院存在私自倒卖医疗废弃物的现象：有人专门负责把收集到的医疗垃圾运送到废品收购站，废品站会把塑料类的医疗垃圾粉碎，卖给塑料制品厂，制成生活用品。

【问题分析】按照我国有关规定，对医疗垃圾的收集、消毒、焚烧等处理，有着一套非常严格的管理措施。然而，郑州市多家医院的医疗垃圾竟然违反有关规定回流社会，并且部分医疗垃圾还被二次利用制作成生活用品，这种现象确实让人担忧。

对于医疗垃圾原本有严格的处理程序和处理手段，造成医疗垃圾随意处理和外流的原因主要有以下三个方面：(1)医疗机构对医疗垃圾的危害性认识不到位；(2)管理不规范，按照有关规定，医疗机构所产生的医疗垃圾必须按照严格的程序和要求，进行收集、装运、移交、焚烧处理，但在不少医疗机构，因为医疗垃圾处置麻烦，并且一些医疗垃圾污秽肮脏，所以，大多是由临时工负责或者干脆交给医疗机构物业管理机构负责，对其如何管理和处置不去细究，而担负着医疗垃圾收集处置任务的部门和机构也不去深究和过问，结果导致大量医疗垃圾被随意处置甚至因为一些蝇头小利而回流社会，混入二次利用的废弃物中间，成为让社会担忧的新污染源；(3)严重的监管制度不到位现象，也给违规处理医疗垃圾并为医疗垃圾回流社会行为创造了机会和空间，在医疗机构垃圾收集、管理、集中装运、焚烧处置等行为中，虽然有具体的规定，但没有科学的责任追究制度，各部门没有具体的可操作并且能联合发挥作用的联动机制，使医疗垃圾随意处置成为监管的盲点。

知识卡片

《巴塞尔公约》对医疗废物的管理

《控制危险废料越境转移及其处置巴塞尔公约》(Basel Convention on the Control of Transboundary Movements of Hazardous Wastes and Their Disposal)简称《巴塞尔公约》(Basel Convention)，1989 年 3 月 22 日在联合国环境规划署于瑞士巴塞尔召开的世界环境保护会议上通过，1992 年 5 月正式生效。该公约旨在遏止越境转移危险废料，特别是向发展中国家出口和转移危险废料。公约要求各国把危险废料数量减到最低限度，用最有利于环境保护的方式尽可能就地储存和处理。中国于 1990 年 3 月 22 日在该公约上签字。

根据该公约规定，从医院、医疗中心和诊所的医疗服务中产生的临床废物，从药品的生产和制作中产生的废物、废药物和废药品，以及从生物杀伤剂和植物药物的生产、配制和使用中产生的废物等均属于应当加强控制的废物。2002 年 12 月，《巴塞尔公约》第六次缔约国大会（COP6）在瑞士日内瓦召开，大会通过了“生化及医疗废弃物环境无害管理技术纲领”等多项文件。

同步训练

一、名词解释

医疗废物　一次性使用卫生用品

二、填空题

1. 医疗废物分为（　　）、（　　）、（　　）、（　　）和（　　）等 5 类。

2. 医疗废物集中处置单位应当至少每（　　）天到医疗卫生机构收集、运送一次医疗废物，并负责医疗废物的贮存、处置。

三、选择题

[1—4 题共用题干]

材料：2009 年 7 月 30 日，上海市某区卫生局对辖区内某医院进行卫生监督检查发现，该医院老年病房二病区一楼护士台伤口清理区域内放置了一个纸箱，纸箱上标有“某某医院二病区”字样，现场发现该纸箱内散放着病人用过的十几个输液瓶、输液皮条，纸箱内未铺设黄色专用包装袋。经过调查，该医院承认因为早晨病房输液病人较多，输液后的输液瓶以及输液皮条因护士来不及处理，所以直接放置在纸箱内，医院准备等到输液结束后一并放入专用包装袋中。

1. 对于该事件，医疗废物管理责任制的第一责任人是（　　）。

A. 医院法定代表人　　B. 护理部负责人
C. 感染科负责人　　D. 医务科负责人

2. 该医院对医疗废物放置在（　　）是错误的。

A. 医疗区　　B. 食品加工区
C. 人员活动区　　D. 生活垃圾存放场所

3. 如果要暂存医疗废物，暂存时间不得超过（　　）天。

A. 1　　B. 2　　C. 3　　D. 4

4. 如果要运输这批医疗废物，下列（　　）说法是错误的。

A. 禁止邮寄医疗废物
B. 禁止在饮用水源保护区的水体上运输医疗废物
C. 可以通过铁路、航空运输医疗废物
D. 有陆路的，禁止通过水路运输医疗废物

四、简答题

简述自行处置医疗废物的要求。

（朱晓卓　邹　涛　曹　莹）

第三章　护理管理基础

第一节　护理管理组织

学习目标

1. 知识要求

理解管理、护理管理的概念，医院护理管理的组织原则、我国护理管理组织体系、护理工作模式；熟悉管理的职能、管理的对象、管理的基本原理和原则；了解医院分级管理、护理管理的任务。

2. 能力要求

能正确运用护理管理知识指导护理工作。

3. 素质要求

具备护理管理基本知识，在护理工作中自觉遵守、履行各项管理制度。

管理作为一种社会活动，普遍存在于各个领域的各项工作之中。护理管理是医院管理的重要组成部分，在提高医疗质量、为病人提供优质服务、增进人民健康等环节中起关键作用。护理管理是将管理的科学理论和方法在护理管理实践中的应用过程，其任务是研究护理管理的特点，找出其规律性，对护理管理工作中涉及的诸多要素（人、目标、任务、时间、信息、技术等）进行综合统筹，使护理系统实现最优运转，以提高护理工作效率。

一、护理管理概述

（一）护理管理的相关概念

1. 管理（management）　是管理者为实现组织目标，对组织内部资源进行计划、组织、人力资源管理、领导、控制，并促进其协调配合，发挥人的积极性，以取得最大组织效益的动态过程。

管理概念包括以下基本点：①管理的宗旨是实现组织目标。②管理核心是计划、组织、人力资源管理、领导和控制五大职能的实现。③管理的基础是对人、财、物、时间等各种资源的合理使用和分配。④管理的作用是用同样的投入获得最大的社会效益和经济效益。⑤管理的重点是明确目标和正确决策。

2. 护理管理　世界卫生组织（WHO）对护理管理的定义是：护理管理是为了提高人们的

健康水平,系统地利用护士的潜在能力和有关的其他人员、设备、环境,以及社会活动的过程。美国护理学专家吉利斯(Gillies D. A.)认为,护理管理就是对护理工作的诸要素,如人员、时间、信息、技术、设备等,进行科学地计划、组织、协调、控制,从而使护理系统有效地运转,放大系统效能,实现组织目标。

3. 护理管理者 护理管理者是从事护理管理活动的人或人群的总称,具体是指那些为实现组织目标而负责对护理资源进行计划、组织、领导和控制的护理人员。护理管理者的基本要求有:①具有临床和管理的经验,能全面地履行管理者角色所固有的责任。②具备护理管理的知识和技能,包括:管理知识体系和管理程序、护理实践标准、临床护理工作职能、护理工作相关的法律法规、护理常规和伦理、护理服务和人员的评价及结果测评、人力资源管理、财务管理等。

(二)管理职能

管理职能(management functions)是管理或管理人员所应发挥的作用或承担的任务,是管理活动内容的理论概括。以下职能是统一的整体,各职能之间相互联系、相互交叉,不断循环和反复。

1. 计划职能 计划是管理最基本的职能。计划职能主要包括确定组织目标及实现组织目标的途径,具体而言就是确定做什么(what)、为什么做(why)、谁来做(who)、何时做(when)、何地做(where)和如何做(how),以达到预定目标。为使组织中的各项活动能够有效、协调地进行,必须有严密、统一的计划。

2. 组织职能 组织职能是指为实现预定目标,根据计划对组织拥有的各种资源进行科学安排,设计和维持合理的组织结构。组织职能是管理的重要职能之一,是完成计划的保障。

组织工作的具体程序和内容包括:①组织设计:是为实现计划目标,对各种业务活动进行组合分类,设置相应的岗位和职务,并按一定标准组合这些岗位和职务,形成不同的工作部门。②人员配置:是根据各个岗位活动的要求以及组织成员的素质和技能特点,对组织结构所规定的不同岗位所需人员进行恰当有效的选择、考评、培养和使用,将适当的人员安置在相关的岗位上,以便更好地胜任组织结构规定的各项职务,从而实现组织目标。③组织变革:是根据组织活动及其环境的变化,对组织结构做必要的调整。

3. 人力资源管理职能 人力资源管理职能是指管理者根据组织管理内部的人力资源供需状况所进行的人员选择、培训、使用、评价的活动过程,目的是保证组织任务的顺利完成。人力资源管理是一项独立的管理职能,人员配备包括选人、育人、用人、评人和留人等五个方面。

4. 领导职能 领导职能是使各项管理职能有效地实施、运转并取得实效的统率职能。护理管理的领导职能就是管理者引领护理团队同心协力实现组织目标的过程。领导职能发挥的关键是正确运用领导者的影响力,有效激励下属的工作自主性、积极性和创造性,提高工作效率,以保证组织目标的实现。

5. 控制职能 控制职能的核心是保证组织目标的实现。控制活动是根据既定目标和标准对组织活动进行监督、检查,发现偏差,及时纠错,以达到预期目标。控制的目的在于保证组织实际的活动及其成果同预期目标一致。

(三)管理的对象

管理的对象是指管理者实施管理活动的对象。在一个组织中,管理对象主要是指人、财、物、信息、技术、时间、空间等资源,其中最重要的是对人的管理。

1. 人　人力资源是组织中第一资源。如何使人的主动性、积极性和创造性得以充分发挥,提高组织劳动生产率,是管理者面临的最大挑战。人力资源管理不仅强调以人为本,而且重视对人的思想、心理和行为进行有效的管理,做到事得其人、人尽其才、人事相宜,通过对人力资源进行有效地开发和管理达到提高组织人力资本价值的目的。

2. 财　财力资源是企业高速度发展的社会生产力的基础,任何组织都可以通过财力资源的有效整合及运用,达到提高管理成效的目的。财力资源管理的目标就是通过对组织财力资源的科学管理,做到财尽其力,用有限的财力资源创造更大的社会效益和经济效益。

3. 物　物质是人们从事社会实践活动的基础,所有组织的生存发展都离不开物质基础。在进行组织物力管理时,管理者要遵循事物发展的客观规律,根据组织管理目标和实际情况,对各种物力资源进行最优配置和最佳的组合利用,做到物尽其用。

4. 信息　人类对各种资源的有效获取、分配和使用无一不是凭借着对信息资源的开发和有效利用来实现的。随着信息社会的到来,广泛收集信息、精确加工和提取信息、快速准确地传递和处理信息、有效利用信息已成为信息管理的重要内容。管理者应保持对信息的敏感性和具有对信息迅速做出反应的能力,以求达到效益最大化。

5. 技术　技术是自然科学知识在生产过程中的应用,是直接的生产力,是改造客观世界的方法、手段。对于一个组织来说,技术包括两个方面,其一是与解决实际问题有关的软件方面的知识;其二是为解决这些实际问题而使用的设备、工具等硬件方面的知识。两者的总和构成了组织的技术资源。

6. 时间　时间是运动着物质的存在形式,物质与时间、空间与实践都是客观存在且不可分割的。时间是无形的,但却是有价值的。成功者与不成功者具有相同的时间,实现的价值却不尽相同。管理者要善于管理和安排时间,做到在最短的时间里完成更多的事情,创造更多的财富。

7. 空间　空间资源主要包括高度资源、环境资源和物质资源。研究和开发空间资源,是为了更好地利用空间资源弥补地球资源不足的缺陷、优化资源配置、提高资源的综合利用水平。管理者要重视空间资源学的研究对象、范围、内容以及与其他学科之间的联系,以进一步加强人类对空间资源的利用。

(四)医院分级管理

1. 医院分级管理的背景　我国医院评审评价工作始于 20 世纪 80 年代,在借鉴国际先进经验和做法的基础上,结合我国实际,积极探索医院评审工作。1989 年 11 月,国家卫生计生委印发了《有关实施医院分级管理的通知》和《综合医院分级管理标准(试行草案)》,并正式启动了我国医院等级评审和分级管理工作。医院评审工作在一定程度上促进了区域医疗卫生资源的合理配置,初步构架起我国三级医疗服务体系,在医疗机构监管方面积累了一定的经验,使我国的医疗机构监管工作逐步走向规范化、系统化、标准化。从 2011 年始,国家卫生计生委先后印发了《医院评审暂行办法》《三级综合医院评审标准(2011 年版)》《二级综合医院评审标准(2012 年版)》等,并启动了新一轮医院评审工作。实践证明,实行医疗机构分级管理等级评审制度是加强医疗卫生全行业管理，引导医院向重质量、重安全、重服务、重法制方向发展，是为病人提供优质医疗服务的有效举措。

2. 医院等级划分　根据医院的功能、任务和相应规模、服务地域范围和隶属关系、技术力量、管理水平及服务质量等综合水平，我国的医院可分为三级十等，即一、二级医院分别分为甲、乙、丙三等，三级医院分为特、甲、乙、丙四等。对符合标准的医院发给铭牌：地方医院由卫计委、省级卫生厅颁发；野战部队医院由中国人民解放军总后勤部颁发；武警部队医院由中国人民武装警察部队后勤部颁发。全国统一，不分医院背景、所有制性质等。

一级医院：一级医院是直接为社区提供医疗、预防、康复、保健综合服务的基层医院，是初级卫生保健机构。其主要功能是直接对人群提供一级预防，在社区管理多发病、常见病现症病人并对疑难重症做好正确转诊，协助高层次医院搞好中间或院后服务，合理分流病人。如农村乡镇卫生院、城市社区医院。

二级医院：二级医院是跨几个社区提供医疗卫生服务的地区性医院，是地区性医疗预防的技术中心。其主要功能是参与指导对高危人群的监测，接受一级转诊，对一级医院进行业务技术指导，并能进行一定程度的教学和科研。如一般的市、县医院和直辖市的区级医院。

三级医院：三级医院是跨地区、省(自治区、直辖市)、市以及向全国范围提供医疗卫生服务的医院，是具有全面医疗、教学、科研能力的医疗预防技术中心。其主要功能是提供专科(包括特殊专科)的医疗服务，解决危重疑难病症，接受二级转诊，对下级医院进行业务技术指导和人才培训；完成培养各种高级医疗专业人才的教学和承担省以上科研项目的任务；参与和指导一、二级预防工作。如省、市级大医院和医学院校的附属医院。

3. 医院分等标准和指标　医院分等标准和指标的主要内容包括：①医院的规模，包括床位设置、建筑、人员配备、科室设置等四方面的要求和指标；②医院的技术水平，即与医院级别相应的技术水平，在标准中按科室提出要求与指标；③医疗设备；④医院的管理水平，包括院长的素质、人事管理、信息管理、现代管理技术、医院感染控制、资源利用、经济效益等7个方面的要求与指标；⑤医院质量，包括诊断质量、治疗质量、护理质量、工作质量、综合质量等几方面的要求与指标。

(五)管理的基本原理与原则

管理的基本原理是对客观事物的实质及其运动规律的基本表述。学习和掌握基本原理，对做好管理工作有着普遍的指导意义。真正做好工作还必须掌握与基本原理相对应的管理原则。管理原则是反映客观事物的实质和运动规律，要求人们共同遵守的行动规范。

1. 系统原理

(1)系统的含义及特征　系统(system)是指由相互作用和相互依赖的若干组成部分或要素结合而成的，具有特定功能的有机整体。它有如下四个特征：①目的性。每个系统都应有明确目的，不同系统有不同目的。系统的结构是按系统目的和功能建立的。②整体性。整体性是指具有独立功能的各子系统，围绕共同目标组成不可分割的整体。只有从系统整体的目的出发，局部服从全局，才能使系统整体功能超过系统内各要素功能之和。③层次性。层次性是系统的本质属性，是系统内各组成要素构成多层次递阶结构，多层次递阶结构通常呈金字塔形。④环境适应性。环境适应性是指系统要适应环境的变化。任何一个系统都存在于一定的环境中，要与环境进行物质、能量和信息的交换。

(2)相应原则 ①整分合原则。整分合原则指的是在管理工作中要进行整体把握、科学分解、组织综合。比如某项管理工作，从整体要求出发，制订系统的目标，进行科学的分解，明确各子系统的目标，按照确定的规范检查执行情况，处理例外和考虑发展措施。②相对封闭原则。相对封闭原则是对于一个系统内部，管理的各个环节必须首尾相接，形成回路，使各个环节的功能作用都能充分发挥；对于系统外部，任何系统又必须具有开放性，与相关系统有输入和输出关系。管理过程中，机构、制度和人保持相对封闭，一级管一级，一级对一级负责，形成回路，才能发挥各级的效能和作用。

(3)系统原理在护理管理中的应用 系统原理在护理管理中被广泛应用。如护理系统是一个整体，由不同层次的护理部门分工合作而形成的。护理系统的总目标和总效率是各个护理人员和单个护理部门独立活动所无法达到的，各级护理部门必须分工协作，并需要有明确的权利范围和责任制度来保证。同时，护理部门还是医院大系统中的一个子系统，护理部门的各项工作应与医院目标一致，并且与相关部门协调一致，通力合作，才能更好地完成医院的工作目标。再比如护理组织内部应注重权责对应，才能确保护理组织系统地高效运转，医院护理系统中从上至下有护理部主任、护理部副主任、科护士长、护士长、副护士长、护士，不同层次的职位，有着不同的职责、权利、待遇。从最高管理层一直贯穿到组织最低层，做到责权分明，分级管理。

2. 人本原理

(1)人本原理的含义 人本原理认为，一切管理均以调动人的积极性、做好人的工作为根本。要做好整个管理工作，包括管理资金、技术、时间、信息等，必须紧紧抓住“做好人的工作”这个根本，使全体人员明确整体目标、自己的职责、相互关系，主动、创造性地完成任务。总之，要把人的因素放在第一位，善于发现、培养和使用人才，搞好对人的管理，重视如何处理人与人的关系，创造条件来尽量发挥人的能动性。

(2)相应原则 ①能级原则。能级原则强调，按一定标准、一定规范、一定秩序将管理中的组织和个人进行分级管理，不同能级应该表现出不同的权力、物质利益和精神荣誉。各类能级必须动态地对应，相应人才处于相应能级的岗位上，管理系统才处于高效运转的稳定状态。②动力原则。管理动力是管理的能源，正确运用管理动力可以激发人的劳动潜能和工作积极性。人有三大行为动力，即物质动力、精神动力、信息动力。物质动力指的是通过一定物质手段，推动管理活动向特定方向运动的力量；精神动力是指人们认同和恪守的理想、奋斗目标、价值观念和道德规范、行为准则等，对个体行为有推动和约束的力量，精神动力可以补偿物质动力的缺陷，在特定情况下，可成为决定性的动力；信息动力是组织经营中的关键性资源，即把信息作为一种动力，推动组织的发展。在每一个管理系统中，三种动力都是同时存在的，且在管理中综合、协调运用。③行为原则。行为原则是指管理者要掌握和熟悉被管理对象的行为规律，进行科学地分析和有效地管理。通过认识人的行为规律，了解并满足人们的合理需要，积极创造良好的工作和生活环境，以利于充分调动人的积极性，科学地使用人才，形成群体优化组合，从而提高管理效果。

(3)人本原理在护理管理中的应用 护理管理是对人的管理，在管理活动中重视人的因素所起到的决定性作用，把人作为管理的中心，需要很高的技巧和艺术。管理中应注意：①精神鼓励：护理管理者应改变传统、严厉的工作方式，对护士辛勤的劳动予以及时肯定，多加赞美，激励下属发挥自身最大的工作热情与潜能，变被动工作为主动工作。②重视授权：授权的意义在于表明护理管理者对护士的鼓励与信任，知人善任，用人所长。这不仅可使护理人员充分发挥其聪明才智，还可让护士参与管理，大大提高其工作积极性和主动性，激发工作热情。③物质鼓励：奖金的分配应当与工作绩效挂钩，使奖金分配相对合理，应更多地采用正向激励，对工作有疏忽、麻痹大意的护士，也应进行适当的负向惩罚，但应结合说服教育等其他管理手段，以促使他们对错误进行改正。

3. 动态原理

(1)动态原理的含义　是指管理者在管理活动中，注意把握被管理对象运动、变化的情况，不断调整管理活动的各个环节以实现整体目标。任何管理系统的正常运转，不但受系统本身条件的限制和制约，而且受到环境的影响和制约，随着系统内外条件的变化，人们对系统目标认识需要不断地深化，对管理活动需要不断作出调整。

(2)相应原则：①反馈原则：反馈是由控制系统把信息输送出去，又将作用结果返送回来，以便对信息的再输出产生影响，从而起到控制作用。没有反馈，管理就没有效能。②弹性原则：弹性原则是指任何管理活动都要有适应客观情况变化的能力，都必须留有余地。

(3)动态原理在护理管理中的应用　护理管理中，新的卫生政策、制度、方法的不断出现，护理人员的思想、观念、行为方式、知识结构都在变化，护理工作不断有新的要求，护理管理者必须把握上述变化，收集信息，及时反馈，对管理目标及管理方式进行调整，因地制宜，保持充分弹性，有效地进行动态管理，以适应社会环境的变化对护理的要求。如护理部每年在年初都会制定详细的年度工作计划，对全年的日常工作和特殊的工作进行计划和部署，但医院内外环境在不断变化，因此要求护理管理者，在制定年度计划时，应留有“余地”，以应对计划赶不上变化的可能；有敏锐的洞察力，不断根据新的形势需要及时调整工作计划；对护理工作进行质量监督和追踪，定期反馈质量检查的结果，有针对性地提出整改措施方案，并予以实施，经过循环往复地督查、整改，使护理质量得到持续改进。

4. 效益原理

(1)效益原理　效益原理是指组织的各项管理活动都要以实现有效性、追求高效益作为目标的一项管理原理。管理的目标就是追求高效益。有效地发挥管理功能能够使资源得到充分利用，进而带来组织的高效益。

(2)相应的原则　效益原理相应的原则是价值原则。价值原则是指在管理工作中通过不断地完善自己的结构、组织与目标，科学、有效地使用人力、物力、财力、智力和时间资源，目的是获取更大的经济效益和社会效益。

(3)效益原理在护理管理中的应用　效益原理要求护理管理中要讲求实际效益，以最小的消耗和代价，获取最佳的社会效益和经济效益。护理管理者运用效益原理时应注意：①讲求社会效益。在讲求护理服务经济利益的同时，应注重其社会效益，并以讲求社会效益为最高目标。②坚持整体性原则。护理管理者既要从全局效益出发，又要从局部的效益着眼，以获得最佳的整体效益为原则。③讲实效。要强化时间观念，提高单位时间价值，才能在激烈的竞争中立于不败之地。④长远目标与当前任务相结合。护理管理者要善于把长远目标与当前任务相结合，增强工作的预见性、计划性，减少盲目性、随意性，达到事半功倍的效果。

(六)护理管理的任务

护理管理是管理理论与方法在管理实践中的具体应用，以提高护理质量和工作效率为主要目的的活动过程。具体内容包括:研究护理管理的客观规律、原理原则和方法;构建和实践临床护理服务内容体系;建立护理服务评估体系;实施护理项目成本核算,实现护理成本管理标准化、系统化、规范化;持续提高临床护理质量,向人民提供高品质的护理服务等。

根据护理工作内容的不同,护理管理可分为护理行政管理、护理业务管理、护理教育管理和护理科研管理。

1. 护理行政管理　护理行政管理是指遵循国家的方针政策和医院有关的规章制度,对护理工作进行组织管理、物资管理、人力管理和经济管理等,持续改进,有效地提高组织和部门的绩效。

2. 护理业务管理　护理业务管理是对各项护理业务工作进行协调控制,提高护理人员的专业服务能力,以保证护理工作质量,丰富护理服务内涵,满足社会健康服务需求,提高工作效率。

3. 护理教育管理　护理教育管理是指为了培养高水平的护理人才,提高护理队伍整体素质而进行的管理活动。随着人们对健康服务需求的不断增加,护理教育也日渐向现代化、社会化、综合化、多样化、终身化和国家化的趋势发展。临床护理教育是培养不同层次护理人才的重要途径,完整的临床护理教育体系应该包括:护理中专、大专、本科、研究生的教育,护士规范化培训,毕业后护士继续教育、专科护士培训、护理进修人员培训等内容。

4. 护理科研管理　护理科研管理是指运用现代管理的科学原理、原则和方法,结合护理科研规律和特点,对护理科研工作进行领导、协调、规划和控制的过程。它是一种在全新的质量理念、科学的管理方法与先进的管理模式下的动态管理。

二、护理管理组织

组织(organization)一般是指有目的、有系统、有秩序地结合起来的人群集合体,也指为了实现共同目标而协作的人群活动系统。组织是具有明确目的和系统性结构的实体,是实现组织目标的工具,是职、权、责、利四位一体的机构。护理组织管理是运用现代护理管理科学的组织理论,通过组织设计,建立适合的工作模式,把人员进行分工和协作,将时间和空间各个环节合理地组织起来,有效地运用护理人员的工作能力,高效地完成护理目标。

(一)医院护理管理的组织原则

1. 等级和统一指挥的原则　将组织的职权、职责按照上下级关系进行划分,上级指挥下级,下级听从上级指挥,组成垂直等级结构,实现统一指挥。如医院护理组织可划分为护理部主任—科护士长—护士长—护士的管理等级结构。

为了避免多头指挥和无人负责的现象,提高管理效率,在管理中需要统一领导、统一指挥。强调无论什么岗位,组织的每一个层级只能有一个人负责,下级只接受一位上级管理人员的命令和指挥,对一位管理人员负责,避免两个以上领导人同时对一个下级和一项工作行使权力,容易造成下级无所适从。下级只向直接上级请示,只有在确认直接上级指挥错误时可越级上报;上级不要越级指挥,以维护下级组织领导的权威。

2. 专业化分工与协作的原则　为提高管理的效能,组织中多个人为一个目标工作,就需要有分工和协作。对每个部门和个人的工作内容、工作范围、相互关系、协作方法等都有明确规定。分工是根据组织的任务、目标,按照专业进行合理分工,使每一个部门和个人明确各自任务，完成的手段、方式和目标。组织内的活动应按照专业化分工，按照组织需要而定，不能过细，也不能过粗，给每个成员分配相应有限的任务，使其工作更加熟练。护理工作依此分配到群体或个人，使其技能得到有效地利用。为更好地实现组织目标，在明确各部门之间关系的前提下，还要进行有效的协作，协作是各项工作顺利进行的保证，而协调则是促进组织成员有效协作的手段。

3. 管理层次的原则 要做到组织有效地运转，组织中的层次应越少越好，命令路线越短越好。从上级到下级建立明确的职责、职权和联系的正式渠道，组织层次越多，指令和命令必须通过组织层次逐层下达或上传，会增加沟通困难。组织层次的多少与管理宽度相关，相同人数的组织，管理宽度大则组织层次少，反之则组织层次多。随着现代通信设备的应用，出现了加宽管理宽度。减少层次，使组织趋于扁平结构的趋势。

4. 有效管理幅度的原则 管理幅度是指不同层次管理人员能直接领导的隶属人员人数，管理幅度应是合理、有限的。有效的管理监督要在合理的管理幅度下才能实现，因此管理者应根据工作性质、类型、特点、护士的素质、技术水平、经验、管理者的能力等情况，建立适当的管理幅度。层次越高，管理的下属人数应相应减少。护理管理中，护理部主任、科护士长、护士长的管理幅度要适当和明确，若管理幅度过宽，管理的人数过多，任务范围过大，使护理人员接受的指导和控制受到影响，管理者则会感到工作压力大；而管理幅度过窄，管理中又不能充分发挥作用，造成人力浪费。

5. 职责与权限一致的原则 权利是完成任务的必要工具，职位和权利是相对等的。分工本身就意味着明确职务，承担责任，并确定与职务和责任相对应的利益。为了实现职、责、权、利的对应，要做到职务实在，责任明确，权利恰当，利益合理。遵循这一原则，要有正确的授权，对于组织中的一些部门或者人员所负责的任务，应赋予相应的职权。授予的权利不应大于或小于其职责，下级也不能超越自身的权利范围。上级掌管总的权限，其他权限分配给下级，既统一领导，又分级负责。如果有权无责会助长瞎指挥和官僚主义，有责无权或权限太小，会阻碍或束缚管理者的积极性、主动性和创造性，使组织缺乏活力，不能真正履行相应的责任。

6. 集权分权结合的原则 集权是把权力相对集中在高层领导者手中，使其最大限度地发挥组织的权威。集权能够强化领导的作用，有利于协调组织的各项活动。分权是把权力分配给每一个管理层和管理者，使他们在自己的岗位上就管理范围内的事情作出决策。分权能够调动每一个管理者的积极性，使他们根据需要灵活有效地组织活动。分权使不同层次的管理者对于日常例行性业务按照常规措施和标准执行，领导只需要加以必要的监督和指导，下属定期向上级汇报工作，只有在偏离正常运作的特殊情况时，才向上级报告，由上级亲自处理。这种上下级的分工，有利于高层领导者摆脱日常事务，集中精力研究及解决全局性管理问题，也有利于调动下级的工作积极性。

7. 任务和目标一致的原则 组织的存在和发展以任务和目标为核心，组织的调整、改造也应以是否实现组织目标为衡量标准。强调各部门的目标与组织的总目标保持一致，各部门或者科室的分目标必须服从组织的总目标。只有目标一致，才能同心协力完成工作。例如护理部的目标必须根据医院总体目标制定，并始终保持一致。病房、门诊、手术室等护理管理目标必须服从护理部的总体目标。

8. 稳定适应的原则 稳定是指组织内部结构要有相对的稳定性，这是组织工作得以正常运转的保证，但组织的稳定是相对的，建立起来的组织不是一成不变的，应随着组织内外环境的变化作出适应性的调整。组织既稳定又灵活，才能在多变的环境中生存和发展。

9. 精简高效的原则 组织必须形成精简高效的组织结构形式，以社会效益和经济效益作为自身生存和发展的基础。

10. 执行与监督分设的原则 在组织的运行过程中，必然会出现各种各样的问题，如何保证这些问题得到及时发现和解决，就需要监督机构的有效监督。执行机构与监督机构分开设立，赋予监督机构的相对独立性，才可能发挥作用。监督的力度及有效性取决于监督机构的独立性。

(二)我国护理管理组织体系

护理组织系统是医疗卫生组织系统中的一个重要组成部分，在各级卫生组织中发挥着重要的管理作用。

1. 各级卫生行政组织中的护理管理机构

(1)卫生部护理管理机构 我国卫生行政部门的护理管理系统(见图 3-1)：国家卫生计生委下设的医政医管局医疗与护理处是国家卫生计生委主管护理工作的职能机构，一名副司长分管护理工作。负责为全国城乡医疗机构制定有关护理工作的政策、法规、人员编制、规划、管理条例、工作制度、职责和技术标准等；配合教育、人事部门对护理教育、人事等进行

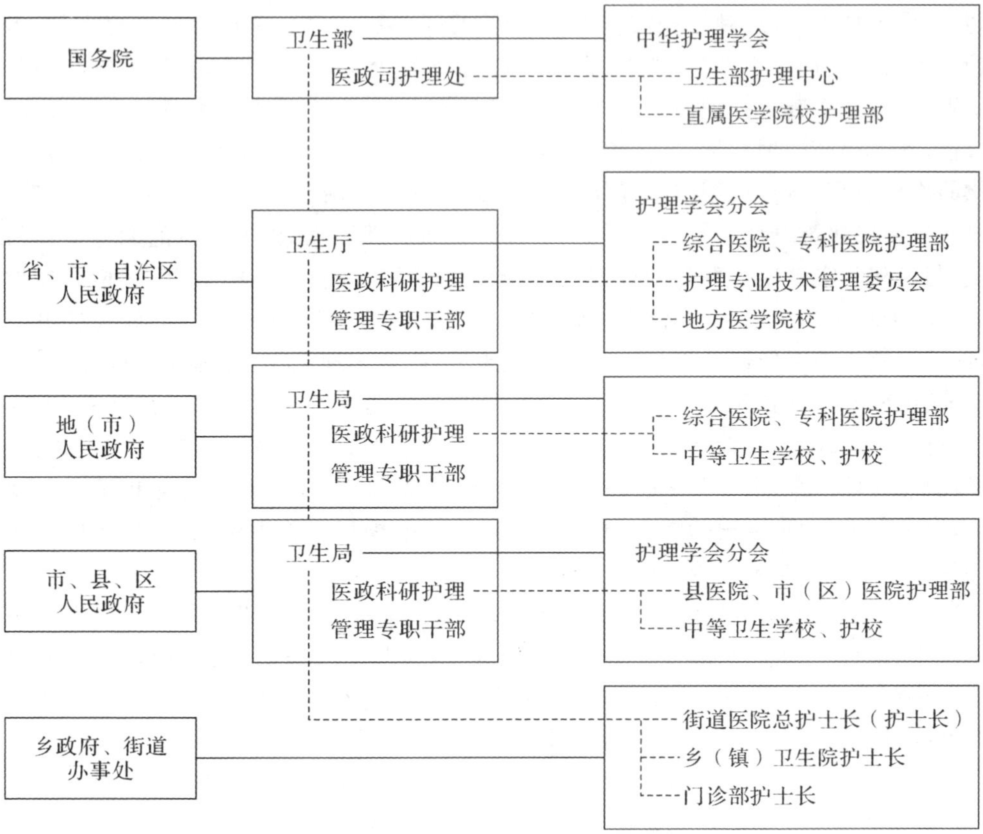

图 3-1 我国护理管理组织结构图

管理；并通过原“卫生部护理中心”进行质量控制和技术指导、专业骨干培训和国际交流。

(2)各省、自治区、直辖市及其下属各级卫生行政部门的护理管理机构　各省(市)、自治区卫生计生委均有一名主任分管医疗和护理工作。地(市)以上卫生计生委普遍在医政处(科)配备一名主管护师或以上技术职称人员全面负责本地区护理管理。部分县卫生计生委也配备了专职护理管理干部，加强护理管理。各级卫生行政组织中的护理管理机构与人员的职责和任务是：在各级主管护理工作管理者的领导下，根据实际情况负责制定并组织贯彻护理工作的具体方针、政策、法规和护理技术标准；提出并实施发展规划和工作计划，检查执行情况；组织经验交流；负责听取护理工作汇报，研究解决存在的问题；并与中华护理学会各分会相互配合，重视和支持各级护理学会的工作，积极开展学术活动。在各省、自治区、直辖市卫生计生委的领导下，选拔质量管理经验丰富和专业技术水平高的专家组成“护理质量控制中心”，加强护理质量管理，充分发挥专业技术人员的作用。

2. 医院护理管理组织体系

(1)医院护理管理组织架构　根据医院的功能与任务，建立独立完善的护理管理体系。护理部是医院管理中的职能部门，在院长或主管护理的副院长领导下，负责组织和管理医院的护理工作。它与行政、医务、教学、科研、后勤管理等职能部门并列，相互配合，共同完成医院各项任务。

护理部应履行的管理职能包括：①制定并落实医院护理工作长远规划、年工作计划及培训计划；②设定护理岗位，制订和实施人力资源调配方案；③培养选拔护理管理人员，组织和参与护士考试、考核、录用、职称晋升等工作；④建立健全护理工作制度、各级各类和各岗位护士职责等；⑤建立健全护理质量管理体系，负责全院护理质量督导和评价，实施护理质量持续改进，不断提高护理质量；⑥组织疑难病例护理会诊、查房和危重病人抢救；制定科学、规范化的疾病护理常规、护理技术操作规程、护理工作关键流程、护理质量评价标准等；⑦配合医院业务用房建筑设计和装饰布局的审核；⑧参与护理设施、相关耗材的购置考察与审定工作；⑨制定和落实各项护理教学计划；⑩对护理新业务、新技术进行管理，积极开展护理科研。对医院护理进行信息化动态管理等，将占医院总人数的三分之一的护理人员组织管理起来，保障完成护理工作任务和不断提高护理质量，协调护理工作和医院其他工作。

在《三级综合医院评审标准(2011 年版)》“护理管理组织体系”中明确规定：执行三级(医院—科室—病区)护理管理组织体系，逐步建立护理垂直管理体系，按照《护士条例》的规定，实施护理管理工作；根据分级护理的原则和要求，落实责任制，明确临床护理内涵及工作规范，为病人提供全面、全程的责任制护理措施；实行护理目标管理责任制，且各岗位职责明确，落实护理常规、操作规程等，有相应的监督与协调机制。

(2)医院护理管理组织层级　根据不同等级医院，护理管理层级不同。三级医院实行院长(分管副院长)领导下的护理部主任、科护士长、护士长三级负责制，其护理管理层级见图 3-2；二级医院可实行三级负责制或护理部主任(或总护士长)、护士长二级负责制，其护理管理层级为护理部主任(或总护士长)、护士长两个层级。

护理部主任或总护士长由院长聘任，副主任由主任提名、院长聘任，护理部主任全面负责医院护理管理工作。100 张床位或 3 个护理单元以上的大科，以及三级医院中任务繁重的手术室、急诊科、门诊部设科护士长，科护士长由护理部主任提名、聘任。科护士长在护理部主任领导下，全面负责所属科室的护理管理工作。一般 30～50 张病床的病区或拥有 5 名护理人员以上的独立护理单元设护士长 1 名，护士长在护理部主任（总护士长）、科护士长领导下，在科主任业务指导下进行工作，负责本病区的护理管理工作，病区护理管理实行护士长负责制。护理任务重、人员多的护理单元，可设副护士长 1 名，协助护士长进行病区护理管理工作。

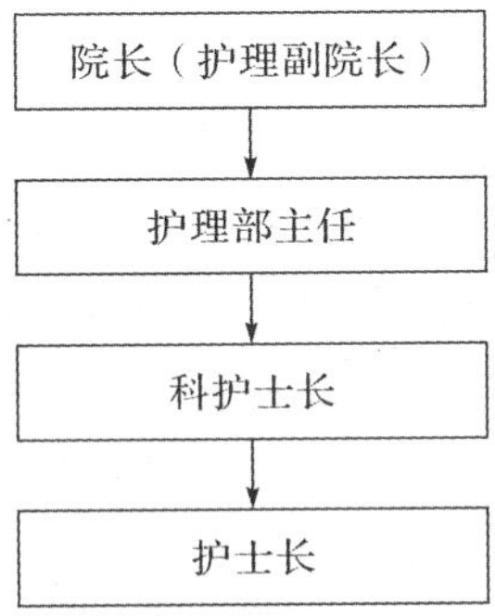

图 3-2　三级医院护理管理层级

（三）护理工作模式

1. 个案护理　个案护理是一名护理人员负责一位病人全部护理内容的护理工作模式，又称为“特别护理”或“专人护理”。这种护理工作模式主要适用于病情复杂严重、变化快、护理服务需求量大，需要 24 小时监护和照顾的病人，如 ICU、CCU 护理单元的病人，多器官功能障碍、器官移植、大手术或危重抢救病人等。在这种工作模式下，护理人员应明确责任，具有较强的责任心。护士能全面掌握病人的病情变化，护患沟通便捷，病人能够得到高质量的护理。缺点是，需要护理人员有一定的工作能力，护理人员轮班所需的人力较大，成本高。

2. 功能制护理　功能制护理是以各项护理活动为中心的护理工作方法。主要模式是护理管理人员将护理活动按照功能分类，再根据本科室护理人员的个人能力及任职资格进行分工，每个护理人员从事相对固定的护理活动，是一种流水作业式的工作方式，如主班护士负责处理医嘱、治疗护士主管病房的治疗任务，基础护理护士承担病房病人的各种生活护理等，护理单元所有的护理活动由各班护理人员共同协作完成。功能制护理优点是，护士分工明确，工作效率高，所需护理人员较少，易于组织管理，护士长能够依照护理人员的工作能力和特点分派工作。其缺点是：护理人员对病人的病情和护理缺乏整体性概念，容易忽略病人的整体护理和需求；病人所获得的护理缺乏连贯性，不知道自己是由哪位护士具体负责；护理人员因重复性地进行操作，不能发挥主动性和创造性。

3. 责任制护理　责任制护理是由责任护士和相应辅助护士对病人进行有计划、有目的地整体护理，要求病人从入院到出院，由责任护士和其辅助护士共同负责。每个护理人员负责一定数量的病人，以病人为中心，以护理计划为内容，对病人实施有计划的、系统的、全面的整体护理。护士的工作内容包括进行入院教育、完成各种治疗、基础护理和专科护理、护理病历书写、制订护理计划、观察病情变化、进行心理护理、健康教育、出院指导与评价等。责任制护理的特点有：①整体性，即护理评估及护理计划包括对病人的生理、心理、社会方面的护理问题，从整体上认识病人。②连续性，即病人从入院到出院由一位固定的责任护士负责全部护理活动的计划、执行与评价，保持连续性。责任护士不在班时，由辅助护士或者其他责任护士按照护理计划连续性实施护理。③协调性，即责任护士为病人负责，与其他医务人员沟通、联系、协调各种事物，满足病人需要。④个体化，即护理活动依照病人个体化需求进行制订，病人与家属共同参与护理计划活动，尤其是健康教育等。

这种护理模式的优点是：护士能够全面了解病人的情况，为病人提供连续、整体的个体化护理，增强护理人员责任感，增强病人安全感。但这要求责任护士有更高的业务水平，护理人力需求也会大一些。

4. 整体护理 整体护理是以人的功能为整体论的健康照顾方式，一些国家和地区又称全人护理(total patient care)或以病人为中心的护理(patient-centered care)。整体护理是以病人和人的健康为中心，以现代护理观为指导，以护理程序为核心，为病人提供心理、生理、社会、文化等全方位的最佳护理，并将护理临床业务和护理管理环节系统化的工作模式。整体护理是一种护理理念，同时又是一种工作方法，其宗旨是以服务对象为中心，根据其自身特点和个体需要，提供针对性护理。

5. 临床路径 临床路径是从控制医疗成本着手，以医疗团队合作为主的工作模式。实施临床路径的主要目的包括：提高医院竞争力、降低服务成本、促进医疗护理质量持续改进、规范诊疗护理手段、加强多学科合作、增强病人及家属对诊疗过程的预知能力、提高服务对象满意度。临床路径的要素和特征主要有：综合性、时效性、多专业合作性；诊断确定、显示治疗护理的必要活动、预期结果明确。临床路径适用范围：诊断明确、预期结果相对明确、病情相对单纯、主要适用于一般常见病和多发疾病的治疗护理；对于诊断不明确、病情复杂、并发症多、治疗护理结果难以预料等情况，不适合采用临床路径。

知识卡片

国家卫生计生委要求进一步深化优质护理、改善护理服务

改善护理服务，提高护理质量，是深化医改、惠民便民的重要举措，是"进一步改善医疗服务行动计划"的重要内容。为推动落实该项举措，2015 年 3 月 17 日，中华人民共和国国家卫生和计划生育委员会与国家中医药管理局联合印发了《关于进一步深化优质护理、改善护理服务的通知》。

《通知》要求坚持以病人为中心，强化护理服务意识，提高护理服务水平，惠及更多病人。进一步改善护理服务的主要任务包括五方面：一是扩大优质护理服务覆盖面，扩增县级医院数量和开展优质护理服务医院的病房数量；二是明确门(急)诊护理服务职责，改善服务面貌；三是进一步规范住院病人入、出院护理服务流程，提供规范服务；四是强化病房落实责任制整体护理，加强人文关怀和护患沟通。中医类医院要体现中医护理特色；五是加大护理管理力度，调动护士积极性。

《通知》还明确规定，医院要增加临床护士数量，在护士人力紧张的情况下可以配备部分护理员，确保护理服务到位。强化护士培训以提高服务能力。加大对护理工作的支持保障力度。加强宣传，树立典型，营造良好的氛围。

同步训练

一、名词解释

护理管理　人本原理　管理幅度　整体护理

二、填空题

1.管理的职能包括(　　)、(　　)、(　　)、(　　)和(　　)。

2.管理的对象有(　　)、(　　)、(　　)、(　　)、(　　)、(　　)和(　　)。

3.系统原理相对应的管理原则有(　　)和(　　);人本原理相对应的管理原则有(　　)、(　　)和(　　);动态原理相对应的管理原则有(　　)和(　　)。

4.医院护理管理的组织原则有10个,即(　　)、(　　)、(　　)、(　　)、(　　)、(　　)、(　　)、(　　)、(　　)、执行与监督分设的原则。

5.人有三大行为动力,即(　　)、(　　)和(　　)。

6.系统有4个特征,包括(　　)、(　　)、(　　)和(　　)。

三、选择题

1.在管理中注重人的主导地位,从人性角度出发来分析问题,是以下面的哪一原理作为基本思想　(　　)

A.系统原理　B.人本原理
C.动态原理　D.效益原理

2.与系统原理相对应的管理原则是　(　　)

A.整分合原则　B.价值原则
C.动力原则　D.弹性原则

3.与效益原理相对应的管理原则是　(　　)

A.整分合原则　B.价值原则
C.动力原则　D.弹性原则

4.与动态原理相对应的管理原则是　(　　)

A.整分合原则　B.价值原则
C.动力原则　D.弹性原则

5.与人本原理相对应的管理原则是　(　　)

A.整分合原则　B.价值原则
C.动力原则　D.弹性原则

6.我国的医院系统分为　(　　)

A.四级十等　B.四级九等
C.三级九等　D.三级十等

7.组织内各部门必须服从其上一级部门领导的命令和指挥,是基于什么原则的要求　(　　)

A.管理层次原则　B.有效管理幅度原则
C.等级和统一指挥原则　D.专业分工和协作原则

8. 职务实在，责任明确，权利恰当，利益合理，实现职、责、权、利的对应，是基于什么原则的要求 （ ）

A. 职责与权限一致的原则　　B. 集权与分权结合的原则
C. 精简高效的原则　　D. 执行与监督分设的原则

9. 主管我国护理工作的最高行政机构是 （ ）

A. 国家卫生计生委护理中心　　B. 中华护理学会
C. 国家卫生计生委医政司护理处　　D. 中华医学会

10. 管理的对象是指 （ ）

A. 人、财、物、时间、信息、技术、空间　　B. 人、财、物、时间、信息、技术、情报
C. 人、财、物、时间、情报、技术、土地　　D. 人、财、物、时间、信息、情报、空间

11. 整分合原则指的是 （ ）

A. 整体把握、科学分解、组织综合　　B. 科学分解、整体把握、组织运作
C. 组织综合、整体协作、科学分解　　D. 整体把握、科学分解、组织变革

12. 实现最佳经济价值和社会价值，提高管理效益，其主要手段为 （ ）

A. 提高功效，降低成本　　B. 功效不变，降低成本
C. 功效提高，成本不变　　D. 功效稍有降低，成本大大提高

13. 下列说明管理的系统原理的是 （ ）

A. 以做好人的工作为根本　　B. 重视处理人际关系
C. 把握全局，总体规划　　D. 注重讲求实效

14. 一名病人所需的全部护理，由一名护士完成，这种工作模式称为 （ ）

A. 个案护理　　B. 功能制护理
C. 整体护理　　D. 临床路径

15. “没有功劳，也有苦劳”，违背了 （ ）

A. 效益原理　　B. 人本原理
C. 动态原理　　D. 系统原理

16. 在特定条件下，哪种动力可以成为决定性的动力 （ ）

A. 职位动力　　B. 物质动力
C. 精神动力　　D. 信息动力

17. 在管理的对象中，哪项是管理的根本 （ ）

A. 人　　B. 财
C. 时间　　D. 信息

（范晓江）

第二节　护理规章制度

学习目标

1. 知识要求

理解执行护理规章制度的重要性，熟悉九项护理核心制度的内容，了解护理规章制度的分类。

2. 能力要求

能对护理九项核心制度进行复述，在工作中自觉遵守护理规章制度。

3. 素质要求

通过对护理规章制度的学习，提高护理人员依法执业意识，提高护士的标准化、规范化和科学化的工作能力。

一、概述

护理规章制度是为了维护正常的工作、学习、生活的秩序，保证国家各项政策的顺利执行和各项工作的正常开展，依照法律、法规政策等制定的具有法规性与约束力的文档，是各行政法规、章程、制度、规范的总称，也是要求大家共同遵守的办事规程或行为准则，旨在保障医疗护理安全。护理规章制度包括护理行政管理制度、护理质量管理制度、护理风险管理制度、护理教育管理制度和各科室护理工作制度。护理行政管理制度包括护理部工作制度、护理人力资源管理制度、护理人员考核制度、护理部会议制度和护理继续教育制度等；护理质量管理制度包括分级护理制度、交接班制度、查对制度、抢救制度和护理质量考核制度等；护理风险管理制度包括护理安全管理制度、护理不良事件报告及管理制度、病人安全管理制度和病房药品安全管理制度等；护理教育管理制度包括护士岗前培训制度、护士分层培训制度和护理教学管理制度等；各科室护理管理制度包括病区护理工作制度、门诊护理工作制度、急诊科护理工作制度、手术室护理工作制度和重症医学科工作制度等。护理人员必须严格遵守各项护理规章制度，避免护理不良事件的发生，保证护理安全。本章节针对临床常用的九项护理规章制度进行详细阐述。

二、护理规章制度精髓

(一)分级护理制度

1. 目的　以病人病情和生活自理能力为依据，确定病人的护理级别，并根据病人的情况变化进行病情观察、治疗护理等动态调整，根据日常生活能力(ADL)评定给予相应的基础护理。

2. 适用范围

(1)特级护理　①维持生命，实施抢救性治疗的重症监护病人；②病情危重，随时可能发生病情变化需要进行监护、抢救的病人;③各种复杂大手术后、严重烧伤或大面积烧伤的病人。

(2)一级护理　①病情趋向稳定的重症病人;②病情不稳定或随时可能发生变化的病人;③手术后或治疗期间需要严格卧床的病人;④自理能力重度依赖的病人。

(3)二级护理　①病情趋于稳定或未明确诊断前,仍需观察,且自理能力轻度依赖的病人;②病情稳定,仍需卧床,且自理能力轻度依赖的病人;③病情稳定或处于康复期,且自理能力中度依赖的病人。

(4)三级护理　病情稳定或处于康复期,且自理能力轻度依赖或无须依赖的病人。

3. 护理要求(见表 3-1)

表 3-1　各级护理要求

护理级别	护理要求
特级护理	①严密观察病人病情变化,监测生命体征;②根据医嘱,正确实施治疗、给药措施;③根据医嘱,准确测量出入量;④根据病人病情,正确实施基础护理和专科护理,如口腔护理、压疮护理、气道护理及管路护理等,实施安全措施;⑤保持病人的舒适和功能体位;⑥实施床旁交接班
一级护理	①每小时巡视病人,观察病人病情变化;②根据病人病情,测量生命体征;③根据医嘱,正确实施治疗、给药措施;④根据病人病情,正确实施基础护理和专科护理,如口腔护理、压疮护理、气道护理及管路护理等,实施安全措施;⑤提供护理相关的健康指导
二级护理	①每 2 小时巡视病人,观察病人病情变化;②根据病人病情,测量生命体征;③根据医嘱,正确实施治疗、给药措施;④根据病人病情,正确实施护理措施和安全措施;⑤提供护理相关的健康指导
三级护理	①每 3 小时巡视病人,观察病人病情变化;②根据病人病情,测量生命体征;③根据医嘱,正确实施治疗、给药措施;④提供护理相关的健康指导

4. 日常生活活动能力(ADL)评定和护理要求　采用 Barthel 指数评定量表(见表 3-2)对日常生活活动进行评定,根据指数总分来确定自理能力分级。对进食、洗澡、修饰、穿衣、控制大便、控制小便、如厕、床椅转移、平地行走、上下楼梯 10 个项目进行评定,将各项得分相加即为总分。根据总分,将自理能力分为四个等级,重度依赖(≤40 分):全部需要他人照护;中度依赖(41～60 分):大部分需要他人照护;轻度依赖(61～99 分):少部分需要他人照护;无须依赖(≥100 分):无须他人照护。

表 3-2　Barthel 指数(BI)评定量表

序　号	项　目	完全独立	需部分帮助	需极大帮助	完全依赖
1	进食	10	5	0	—
2	洗澡	5	0	—	—
3	修饰	5	0	—	—
4	穿衣	10	5	0	—
5	控制大便	10	5	0	—
6	控制小便	10	5	0	—
7	如厕	10	5	0	—

续表

序号	项目	完全独立	需部分帮助	需极大帮助	完全依赖
8	床椅转移	15	10	5	0
9	平地行走	15	10	5	0
10	上下楼梯	10	5	0	—

Barthel 指数总分：________分

注：根据病人的实际情况，在每个项目对应的得分上划“√”。

5. 护理质量标准 ①床铺整齐、清洁、舒适，无碎屑，无尿渍，无血渍；②卧位舒适，符合病情和治疗需要；③口腔清洁，妥善处理口腔黏膜溃疡、出血等；④皮肤清洁、完整无破损，会阴、肛门清洁无异味，指、趾甲、须发等洁净；⑤满足进食、饮水、排泄的需求；⑥根据肢体功能，协助和指导适当的功能锻炼。

(二)交接班制度

1. 目的 保证临床医疗护理工作的连续性，预防事故的发生。

2. 适用范围 临床科室需要交接班的各护理单元。

3. 要求(见表 3-3)

表 3-3 护理交接班要求

要求	具体要求
要求 1	在交班前应完成本班的各项工作，按护理文书书写规范要求做好护理记录
要求 2	整理及补充常规用物，为下一班做好必需用品的准备
要求 3	必须按时。接班者提前到科室，完成各种物品清点、交接并签名，阅读重点病人(如危重、手术、新病人)的病情记录
要求 4	必须做到书面写清，口头讲清，床头交清。接班者如发现病情、治疗、器械物品交代不清，应立即询问。接班时发现问题应由交班者负责，接班后发生问题应由接班者负责
要求 5	交接双方共同巡视病房，注意查看病人的病情是否与交班相符，危重病人的基础护理、专科护理是否符合要求，以及病室是否达到管理要求等
要求 6	对特殊情况者，如情绪、行为异常和未请假外出的病人，应及时与主管医生或值班医生联系，并采取相应的措施，必要时向院部汇报。除向接班护士口头交班外，还应做好记录

4. 交班方式 书面交班；口头交班；床边交班。

5. 交班内容(见表 3-4)

表 3-4 护理交班内容

内容分类	具体内容
病人动态	包括病人总人数、出入院、转科、转院、分娩、手术等人数，重危病人、抢救病人、一级护理病人、大手术前后或有特殊变化的病人、有药物过敏的病人及死亡等情况
病人病情	包括病人的意识、生命体征、症状和体征、与疾病密切相关的检查结果，治疗护理措施及效果(如各种引流管是否通畅，引流液的色、性状、量；输液的内容及输液部位有无红肿、渗漏)；病人的心理变化，病人对疾病的态度，家庭、单位的态度和支持情况等
物品	包括常备毒、麻药品，抢救物品，器械，仪器等数量及完好状态

(三)抢救工作制度

1. 目的 及时、迅速、有效地抢救病人的生命,提高抢救成功率。

2. 适用范围 适用于各护理单元急、危重病人的抢救。

3. 要求(见表 3-5)

表 3-5 护理抢救工作制度具体要求

内 容	具体内容
内容 1	抢救工作在科主任、护士长领导下进行。护士长负责组织和指挥护理人员对重危病人进行抢救护理。参加人员必须全力以赴,明确分工,紧密配合,听从指挥,坚守岗位
内容 2	遇重大抢救,护士长应及时向护理部汇报,并接受护理部的组织、调配和指导
内容 3	当抢救病人的医生尚未到达时,护理人员应立即监测其生命体征,严密观察病情,积极抢救。根据病情及时给氧、吸痰、建立静脉通道,必要时立即进行心肺复苏、止血等,并为进一步抢救工作做准备
内容 4	严格执行各项规章制度。对病情变化、抢救经过、抢救用药等,要详细、及时记录和交班。口头医嘱在执行时应加以复述,抢救后请医生及时补开医嘱
内容 5	护理人员必须熟练掌握各种器械、仪器的性能及使用方法
内容 6	各护理单元应备有抢救车,抢救车内抢救物品、器械、药品应按医院统一规定放置,标记清楚。定位、定量放置,定人保管。检查无误后可用封条(或一次性锁)封存并签名,以保证应急时使用。启用后必须及时补充、清点、检查及封存。每月至少清查一次
内容 7	做好抢救登记及抢救后的处置工作

(四)饮食管理制度

1. 目的 提供合理的饮食,以满足机体的需要,增加机体的抵抗力。

2. 适用范围 适用于医院住院病人的饮食管理。

3. 要求(见表 3-6)

表 3-6 饮食管理制度要求

内 容	具体要求
内容 1	病人的饮食种类由医生根据病情决定。开出医嘱或更改医嘱后,护士应及时通知营养室,并在床头卡上做好饮食标记,同时告知病人有关事项
内容 2	开饭前停止一切治疗,对生活不能自理的病人给予帮助
内容 3	了解病人的饮食习惯,观察病人的进食量、食欲、饮食是否符合治疗要求等情况。对有特殊要求者,在不违反治疗原则的前提下,尽量满足病人的需求,及时与营养室取得联系
内容 4	应有专门的配餐员,配餐员严格按医嘱发送饮食

(五)物品、药品、器械、设备管理制度

1. 目的 保证各类物品、药品供应及时、齐全,器械、设备性能良好,为治疗、抢救病人提供物质保证,减少资源浪费,延长仪器、设备的寿命。

2. 适用范围 适用于各护理单元。

3. 要求

(1)一般管理制度　①护士长全面负责物品、药品、器材的领取、保管及报损等管理工作。建立账目，定人保管，定期检查，做到账物相符。②各类物品指定专人管理。贵重物品每天清查核对，一般物品根据具体情况定期清点，如有不符应查明原因。③凡因违反操作规程而损坏物品的，应根据医院赔偿制度处理。④管理人员应掌握各类仪器的性能和使用要求，注意保养，提高使用期限。⑤借出物品必须办理登记手续，由经手人签名。重要物品经护士长同意后方可借出，抢救器材一般不外借。⑥护士长调动时必须办好移交手续，交接双方共同清点并签名。

(2)被服管理制度　①各病房根据床位数确定被服基数与机动数，定期清点。②病人出入院时，护士负责交、收被服，当面点清。③脏被服放于指定地点，由洗衣房收洗。

(3)器材管理制度　①医疗器械由专人负责保管，督促和协助设备科定期检查、保养、维修，保持性能良好。②建立仪器操作程序卡。使用时，必须了解器械的性能，严格遵守操作规程，用毕妥善消毒、保管。③精密仪器须指定专人负责保管，用毕由保管者检查后签字。

(4)药品保管制度(见表 3-7)

表 3-7　药品保管制度要求

要　求	具体要求
要求 1	各护理单元的药品必须经医院药房检查合格后方可使用。应根据病种和需要保持一定数量
要求 2	药品应根据种类和性质，如针剂、内服、外用、剧毒药等分类定位放置，并应保证标志明显，每日检查，由专人负责领取及保管。如发现沉淀、变色、过期、标签模糊或经涂改者，应及时清理，不得再使用。相同颜色的同类口服药和不同剂量的同类针剂药品不得混放
要求 3	根据药剂科定期检查药品质量的结果，及时处理和改进存在的问题
要求 4	病人的贵重药品，应写明床号、姓名，加锁，存放，不用时须及时退回药房
要求 5	麻醉药品应设固定专柜，定量加锁存放，专人保管；每班应清点签名，用后经两人核对并保留空安瓿，由医生开专用处方后凭空安瓿向药房领回，并作登记。麻醉药品注射后的残余量，须监督销毁，并有记录(有条件的医院，病房可不备存麻醉药，随时向药房领取)

(六)护理查房制度

1. 目的　通过行政查房，发现问题，确认问题，提出解决问题的对策，提高护理质量和管理水平；通过业务查房，提高护理人员的专业水平，了解国内外专科护理发展新动态；通过教学查房，提高教学管理水平，提高学生综合实践能力；通过夜查房，解决和处理夜间护理工作中的重点问题，保证夜间护理工作顺利进行。

2. 适用范围　适用于各护理单元。

3. 内容和要求

(1)行政查房(见表 3-8)

表 3-8 行政查房内容与要求

内容	查护理质量，尤其是危重病人的护理质量，基础护理、专科护理的落实情况
	查服务态度
	查护理规章制度的执行、落实情况。每月要有标本采集、给药(输血)、发放特殊饮食的核对程序的落实；病人转运交接及记录情况的落实；分级护理工作的落实情况
	查护理记录的质量，包括医嘱执行情况
	查岗位职责落实情况，每月要有薄弱环节、重点环节的制度落实情况
	查护理操作，包括临床护理技术操作常见并发症的预防处理及改进
	查病房管理
	查护理安全隐患
	查单病种、临床路径护理工作的落实情况
	特殊护理单元还包括专项护理质量检查情况
要求	护理部查房：由护理部主持，科护士长(或护士长)参加，每月一次以上，有重点检查内容
	科护士长查房：由科护士长主持，与病区护士长一同参加，每月一次，有重点地检查本科各护理单元的工作
	病区护士查房，有计划地安排检查内容。每周一次
	做好查房记录

(2)业务查房　内容包括分析讨论重危病人，典型、疑难、死亡病例的护理；查基础护理，专科护理落实情况；结合病例学习国内外护理新动态、业务、新技术。要求护理部组织每季全院业务查房一次；科、病区护士长组织业务查房，每月一次；科、病区护士长参加医生查房每月1～2次；做好查房记录，保存资料。

(3)教学查房　内容包括分析典型病例，指导护生运用护理程序；检查教学计划、教学目标落实情况；指导或示范护理技术操作。要求负责教学的护理部主任应参与护理教学查房；带教老师应负责组织教学查房，每一轮学生至少一次；护士长安排护生每月参加护理查房一次。

(4)夜查房　内容包括检查夜间全院护理工作，掌握全院重危、抢救病人的概况，帮助解决夜间护理工作中的疑难问题；认真检查各岗位责任制落实情况及各科室的护理工作情况；检查护士的仪容仪表、文明礼貌、劳动纪律；应对病房突发事件，负责协调。要求由全院护士长轮流参加夜间值班；帮助解决疑难问题，遇到特殊情况做出应急处理；查房中发现问题逐条记录，次日晨反馈至护理部并提交夜查房记录。

(七)各项检查及标本送检制度

1. 目的　确保病人及时、安全地接受检查，并保证各项标本的采集质量符合要求。

2. 适用范围　适用于住院病人的检查及门急诊、住院病人的标本送检。

3. 要求　①护士根据医嘱及检查单，通知病人及告知注意事项，危重病人及行动不便者检查时应有人陪送，以确保病人的安全。②护士应将标签贴于标本盛器上，根据化验单上的化验项目正确留取各种标本。对于急需检验者，应及时采集和送检标本。③各项检查及化验均应有送检登记，特殊检查(超声、X线片、脑电图、CT、MRI等)有送、收登记。

(八)查对制度

1. 目的　保证病人安全，防止护理相关不良事件的发生。

2. 适用范围 各护理单元处理医嘱，执行各项治疗、护理操作。

3. 要求

(1)医嘱查对制度 ①查对医嘱是否符合规范，并在确认无误后方可执行。②医嘱应班班查对。每日必须总查对医嘱一次，并有记录。③护士接收医嘱并打印执行单，须经两人核对无误后方可执行。对有疑问的医嘱，应查清后执行。④一般情况下不得执行口头医嘱、电话医嘱。在抢救急危重症病人时，医生下达口头医嘱，执行者需复诵一遍；待医生认为无误后方可执行，保留用过的空安瓿，经两人核对后再弃去。抢救结束6小时内补记。

(2)服药、注射、输液查对制度(见表3-9)

表3-9 服药、注射、输液查对制度要求

内容分类	具体要求
三查八对	三查：备药前查、备药中查、备药后查。八对：对床号、姓名、药名、剂量、浓度、时间、用法和有效期
备药前	要检查药品质量，注意有无变质，针剂有无裂痕、失效。如不符合要求或标签不清者，不得使用
备药后	须经第二人核对后方可执行。配药时应注意配伍禁忌
其他事项	病人如提出疑问，应及时查清，核对无误后方可执行
过敏试验	凡需做过敏试验的药物，在试验前，应详细询问过敏史。试验结果应由执行者和复查者双签名，阴性者方可使用

(3)输血查对制度要求(见表3-10)

表3-10 输血查对制度要求

内　容	具体要求
内容1	根据医嘱、输血申请单，准备采血管，经两名医护人员核对病人姓名、性别、年龄、住院号、登记号、病区(门急诊)、床号、血型，并与病人核实后方可抽血配型
内容2	到病人床边抽血，由两名医护人员再次核对病人姓名、性别、年龄、住院号、登记号、病区(门急诊)、床号、血型，与病人核实后方可抽血
内容3	取血时，医护人员与血库共同核对病人姓名、性别、年龄、住院号、登记号、病区(门急诊)、床号、血型、血液有效期、配血试验结果、血制品外观后，取回血制品
内容4	输血前，两名医护人员持交叉配血报告单与病历核对受血者姓名、床号、年龄、住院号、登记号、血型、交叉配血报告单与血袋标签各项内容、血袋有无破损及渗漏、血袋内有无溶血及凝块。核对无误后，双方签字
内容5	输血时，两名医护人员持受血者病历、交叉配血报告单、血袋共同核对病人姓名、性别、年龄、住院号、登记号、血型(包括RH因子)、血液成分、有无凝集反应及献血者姓名、血型、血袋号、血卡号、血液有效期；同时让病人自诉姓名及血型(包括RH因子)。核对无误后，开始输注
内容6	输血后，认真检查穿刺部位有无血肿或渗血。空血袋保留24小时，交叉配血报告单须贴在病历中保存

(4)饮食查对制度 ①床头饮食卡应与医嘱相符；②病人就餐时，查对床头饮食卡与病

人饮食种类是否相符，自备饮食与医嘱饮食种类是否相符；③对特殊治疗饮食、检查饮食，护士应查对落实。

(九)消毒隔离制度

1. 目的 有效预防和控制医院内感染。

2. 适用范围 适用于各护理单元。

3. 要求

(1)护理部负责监督、指导护理人员严格执行消毒灭菌、隔离、一次性医疗用品管理等制度，协助医院感染管理科对全院护理人员进行预防、控制医院内感染有关知识的培训。

(2)各护理单元设立医院内感染监控护士，检查督促本部门消毒隔离工作。

(3)上班时要衣帽整洁，不戴戒指，不着工作服进入食堂、幼儿园或离院外出。

(4)必须遵守消毒灭菌原则，按照国家卫生计生委的《消毒技术规范》，凡是高度危险性物品，必须选用灭菌法灭菌；凡中度危性物品，可选用中效消毒法或高效消毒法；凡低度危险性物品，可用低效消毒法，或只作一般的清洁处理。

(5)根据物品的性能选用适当方法进行灭菌。

(6)必须了解消毒剂的性能、作用、使用方法、影响灭菌或消毒效果的因素等，配制时注意有效浓度，并定期监测。更换灭菌剂时，必须先对浸泡灭菌物品的容器进行灭菌处理。

(7)连续使用的氧气湿化瓶、雾化器、呼吸管道，早产儿暖箱的湿化器等器材，必须定期消毒和每次使用结束后进行终末消毒、干燥保存。氧气湿化瓶内的湿化液为灭菌水。

(8)以下情况必须洗手：接触病人的前后；进行无菌操作前后；进入和离开隔离病房、ICU、母婴室、新生儿病房、烧伤病房、感染性疾病病房等重点部门时；戴口罩和穿隔离衣前后等。接触血液、体液和被污染物品应戴手套，并洗手。

(9)病房及各诊疗科室应设有流动水洗设施，开关采用脚踏式、肘式或感应式。配备液体皂、纸巾或风干机、擦手毛巾等，擦手毛巾应一次一用。不方便洗手时，应使用快速手消毒剂。

(10)无菌容器及敷料钳每周灭菌 1～2 次；体温计用后用高效消毒剂行二步法消毒(最好一次一用或专人专用)，使用电子体温计的耳温帽应一人一用；盛碘酒，酒精等消毒液的窗口应保持密闭，定期灭菌；注射应做到一针、一筒、一带、一垫。

(11)门诊、病房各室应定期通风换气，地面应行湿式清扫，对床头桌、椅进行每日湿擦，保持清洁，每周大扫除一次。当有血迹、粪便、体液等污染时，应即以有效消毒剂擦净。抹布、拖把应分区专用，用后消毒、洗净、晾干。

(12)病人出院后，病、室及室内物品必须做好终末消毒。传染病病人按传染病管理制度及其护理常规执行，特殊感染病人除严格隔离外，其用过的器械、被服、病室都要进行严格地消毒处理，用过的敷料等物品应予以烧毁。

(13)病人的衣服、床单、被套、枕套每周至少更换一次，如有特殊情况应及时更换。脏被服不能在病室及走廊清点。

(14)一次性使用医疗用品的领用、保管、使用、处理、毁形等各环节，应严格按照《浙江省医疗卫生机构一次性使用医疗用品管理规范》执行，使用后的一次性医疗物品在密闭保存的前提下，可不行毁形及浸泡消毒。

(15)各具体部门、重点科室的消毒隔离管理参照国家卫生计生委《医院感染规范》及本规范有关的科室管理条款执行。

实例分析

【实例资料1】“张冠李戴”的输液。病人吴某，女，58岁，诊断：胃肠炎，某日在儿子李先生陪同下到某医院就诊，医师要求留院观察输液。吴某和其儿子到留院观察室一看，正在输液和等待输液的病人非常多，两名护士也在紧张地忙碌着，于是做好了长时间等待的准备，不料几分钟后，一名护士推着治疗车走了过去，并给吴某输上了液体，李先生感叹：“我妈运气好，护士还挺照顾的！”10分钟后，另一名护士端着治疗盘进来并喊吴某的名字，“这不刚输上了吗？怎么又来问输液的事儿？”李先生马上反应过来，输错了，一看标签，病人的名字不对，诊断不对，除了性别，全都不是母亲的，而且还是治疗心血管疾病的药液。给李先生母亲输液的护士进屋后，没有核对姓名、年龄等信息，就开始给他母亲输液。

【问题分析】该事件发生的原因是护士忙中出错，未执行“三查八对”制度。本案例发生在夏天，由于天气炎热，腹泻、发热的病人增多。护士急于完成输液工作，未认真查对，张冠李戴，导致输液错误。针对本案例，护士应该做好以下几点：①将输液单和药物携至病人床旁，当着病人的面认真查对后，为病人输液，结束后再次查对并观察病人用药后的反应。②发现病人药物输错后，应立即停药，评估病人，监测其生命体征，并通知医师及时做出正确处理。及时报告，分析发生不良事件的原因，提出防范措施，杜绝事件的再次发生。③与病人家属积极沟通，以争取病人和家属的谅解。

【实例资料2】一级护理应落到实处。病人王某，女，70岁，诊断：冠心病、心绞痛。拟行支架植入术，术前医嘱为：心脏病护理常规、一级护理、病重等。然而，在住院当晚21:00左右，王某因独自上厕所，不小心跌倒，导致心室颤动，昏迷不醒。到23:00左右护士巡视病房，才发现老人意识丧失，倒在厕所里，医院迅速采取急救措施，结果抢救无效死亡。

【问题分析】本事件发生原因是护士执行一级护理医嘱有疏漏，护士未按分级护理标准按时巡视。对病人安全评估不足。老年病人为跌倒高危人群，应采取相应护理措施加以防范。70岁高龄的老人未留陪伴人员，存在安全隐患。针对本案例，护士应该做好以下几点：①对病人进行护理风险与安全的评估，并制订出相应的安全防范措施；②严格执行医嘱，密切观察病人病情变化、自理能力、行为及行为趋向；③训练并教会老人在床上使用便器；④告知病人起床如厕时使用呼叫器，不得独自如厕；⑤对70岁以上的高龄心脏病病人应留陪伴人员；⑥按规定巡视病房，及时发现状况，为后续抢救赢得时间。

知识卡片

护理行业标准——《护理分级》制定的背景介绍

护理标准的制定是对护理专业发展的促进；是护理专业发展的重要性基础，也就是说没有护理管理、技术和服务等标准，也就谈不上质量；是进行护理服务和评价与改善护理服务结果的准则；是加强护理管理的技术依托；是出现质量纠纷时重要的仲裁依据；是提高护理工作的标准化程度。由护理标准专业委员会制定的《护理分级》，已于2013年由国家卫生计生委发布，从 2014 年 5 月 1 日开始实施。

在中国，1982 年 4 月 7 日，国家卫生计生委下发了卫医字第 10 号《医院工作制度》，其中在护理工作制度中规定，病人入院后，应根据病情决定护理分级（特级护理、一级、二级、三级护理四个级别），并对每个级别的护理内容作了明确的规定。该分类存在的问题是：划分依据不够充分，护理级别所涵盖的内容，不仅仅是病情程度的轻重，比如病人的自理程度、需要护士照顾的程度以及病人的资源等内容，"以病人为中心"的整体护理模式下，仅以病情为依据确定护理级别显得很不全面；收费的问题，很多得到护理照顾的病人，收费并不一致，护理服务劳动价值体现不足；不能很好地指导临床护理配置护理人力。

国际上，20 世纪 50 年代以来，以病人护理需要为依据提出了病人分类系统，根据病人每天所需要的护理时数，量化护理活动并划分护理等级，达到分析护理人力需求并以此指导护理人力配置的目的。在美国，根据病人病情轻重（分Ⅰ、Ⅱ、Ⅲ、Ⅳ级）和每项护理操作规程所需时间（经科学测算），经过计算得出每班所需护士数。护士长根据护理人员职责、工作能力和病人的要求分配分管护士，有效地保证了分级护理质量的落实。在日本，根据病人病情轻重分为 A、B、C 三个度，同时根据病人的生活自由度分为 1～4 级，由 3 个度 4 个级依次组合为 12 个类别，分别为 A1～A4，B1～B4，C1～C4 等。如 1 级：禁止自己活动或自己完全不能活动，基本生活行动完全需要帮助；2 级：允许床上活动且自己有床上活动的能力等。

此次下发的《护理分级》不替代国家卫生计生委下发的文件，是在卫生行政规定或法律法规下的技术支撑性技术规定；护理分级重点规定的是病人需要提供护理服务的等级标准，所以规定如何进行分级；分级护理重点是规定了临床护士要根据病人的护理级别，为病人提供相应的护理。护理分级是指病人在住院期间，医护人员根据病人病情和（或）自理能力进行评定而确定的护理级别。临床医护人员应根据病人的病情和自理能力的变化动态调整病人护理分级。

持续质量改进（CQI）

持续质量改进是在全面质量管理基础上发展起来的，它以系统论为理论基础，强调持续的、全程的质量管理，在注重终末质量的同时更注重过程管理、环节控制的一种新的质量管理理论。其步骤如下：1. 发现问题；2. 成立小组；3. 明确现行流程和规范；4. 问题的根本原因分析；5. 选择流程可改进的方案；6. 计划；7. 实施；8. 确认；9. 处理。

品管圈（QCC）

品管圈是由相同、相近或互补的工作场所的人们自动、自发地组成数人一圈的小圈团体，全体合作、集思广益，按照一定的活动程序来解决工作现场、管理、文化等方面所发生的问题及课题。其步骤如下：1. 计划（plan）：①组圈；②主题选定；③活动计划拟定；④现状把握；⑤目标设定；⑥对策拟定。2. 实施（do）：对策实施与检讨。3. 确认（check）：效果确认。4. 处理（action）：①标准化；②探讨与改进。

6S 管理

6S 管理即整理、整顿、清扫、清洁、素养、安全，6S 兴起于日本企业，因其日语的罗马拼音均以"S"开头，因此简称为"6S"。

整理（seiri）——将工作场所的任何物品区分为有必要和没有必要的，除了有必要的留下来，其他的都消除掉。目的：腾出空间，活用空间，防止误用，塑造清爽的工作场所。

整顿(seition)——把留下来的必需要用的物品依规定位置摆放,并放置整齐加以标识。目的:工作场所一目了然,消除寻找物品的时间,整整齐齐的工作环境,消除过多的积压物品。

清扫(seiso)——将工作场所内看得见与看不见的地方清扫干净,保持工作场所干净、亮丽的环境。目的:稳定品质,减少工业伤害。

清洁(seiketsu)——将整理、整顿、清扫进行到底,并且制度化,经常保持环境外在美观的状态。目的:创造明朗现场,维持上面的"3S"成果。

素养(shitsuke)——每位成员养成良好的习惯,并遵守规则做事,培养积极主动的精神(也称习惯性)。目的:培养有好习惯、遵守规则的员工,营造团队精神。

安全(sectury)——重视成员安全教育,每时每刻都有安全第一的观念,防患于未然。目的:建立起安全生产的环境,所有的工作应建立在安全的前提下。

同步训练

一、名词解释

三查八对　Barthel 指数

二、填空题

1. 分级护理制度是以病人(　　)和(　　)为依据,确定病人的护理级别。
2. 交班方式:(　　)、(　　)、(　　)。
3. 各种急救药品、物品应做到(　　)、(　　)、(　　)、(　　)、(　　)。
4. 抢救记录在抢救结束(　　)小时内补记。
5. 护理查房包括(　　)、(　　)、(　　)、(　　)。

三、选择题

[1—4 题共同题干]

材料:病人刘某,男,69 岁,在无明显诱因下出现心前区疼痛,伴胸闷、恶心呕吐、出汗,无放射痛,自服硝酸异山梨酯无效,15:30 送至急诊科诊断为"急性下壁心肌梗死",经紧急对症处理后其症状无明显好转,转入心脏监护病房,遵医嘱对其告知病重,继续给予扩冠、减轻心肌耗氧、吸氧、心电监护等治疗。

1. 病人目前的护理级别为　　(　　)

   A. 特级护理　　B. 一级护理
   C. 二级护理　　D. 三级护理

2. 该护理级别观察病情的巡视要求为　　(　　)

   A. 严密观察病人病情变化,监测生命体征
   B. 每小时巡视病人,观察病人病情变化
   C. 每 2 小时巡视病人,观察病人病情变化
   D. 每 3 小时巡视病人,观察病人病情变化

3. 入院第 3 天,病人无明显胸闷、胸痛等不适,BP 116/76mmHg,P 69 次/分、偶发放房性期前收缩,Ⅱ、Ⅲ、aVF 导联 S-T 段较前下降但未回复至基线,血清检测cTnT 0.60ng/mL。

医嘱停病危，此时护理级别为　（　）

A. 特级护理　B. 一级护理

C. 二级护理　D. 三级护理

4. 对病人采取分级护理制度可　（　）

A. 保证病人的安全　B. 避免事故发生

C. 提高护理质量　D. 密切护患关系

［5—8 题共同题干］

材料：一病人因切口疼痛难忍，医生开医嘱：哌替啶 70mg im st。夜班护士小李查看后执行医嘱，之后将空安瓿放在治疗台上，想起来时已被夜间打扫卫生的阿姨丢弃于普通医疗垃圾桶内。

5. 请问以下做法哪项是不妥的　（　）

A. 麻醉药品应设固定专柜，定量加锁存放，由专人保管，每班应清点签名

B. 麻醉药品使用后的残余量，须监督销毁，并有记录

C. 哌替啶安瓿用后即可丢弃

D. 麻醉类药品使用时要双人查对

6. 第二天早上护士长查对时发现少一支哌替啶，经询问才发现白班护士小王不小心打碎一支哌替啶，交班时忘记告诉夜班护士，而小李也没问。你认为护士长应追究谁的责任？　（　）

A. 小王，因为是她不小心，事后又不主动告诉小李

B. 小李，因为她在接班时未认真清点，而接班后发现的问题应由接班者负责

C. 两个人都要追究

D. 两个人都没必要追究，科室报损一支就解决问题了

7. 有关交接班的方法和要求不正确的是　（　）

A. 集体交接班每天早晨一次，由护士长主持，全体在班人员参加

B. 中夜班交接应进行床边、口头及书面交接

C. 交班中如发现器械物品不清楚应立即查问

D. 接班时发现的问题由接班者负责

8. 交接班时除哪项内容外，交班者必须交清　（　）

A. 住院病人总数、出入院、死亡、转科（院）、分娩、手术和病危病重病人数

B. 新病人、危重病人、手术前后病人的病情变化及医嘱执行情况

C. 各类药品、物品数

D. 已完成的工作情况

［9—11 共同题干］

材料：病人吴某，因消化道出血入院，医嘱“A 型全血 300ml 静脉输入”。甲、乙护士于输血前核对血制品无误（但未核对输血用生理盐水），护士甲错把 5％葡萄糖盐水当成生理盐水用于输血前后冲洗。发现后立即急查生化，幸无大碍。

9. 关于输血，下列哪些做法正确　（　）

A. 输血前、后用生理盐水冲洗输血管道

B. 连续输用不同供血者的血液时，前一袋血输尽后，可直接输注下一袋血

C. 取回的库存血可以保存在病房冰箱内第二天再用

D. 库存血输入前必须要有一名医务人员进行相关核对

10. 服药、注射、输液时，以下哪些查对不正确　(　　)

A. 三查：服药、注射(处置前查)、摆药(处置中查)、摆药(处置后查)

B. 八对：对床号、姓名、性别、药名、时间、剂量、浓度、用法

C. 备药前要检查药品质量，注意有无变质

D. 因输血常规使用生理盐水冲洗，不需要另外开出生理盐水冲洗医嘱

11. 下列哪种情况不需要“双人查对”　(　　)

A. 术中输血　B. 注射哌替啶

C. 尿量和体温监测记录　D. 抢救病人时用过的安瓿

[12—15 题共同题干]

材料：病人女，30 岁，由于消化道大出血送至急诊室抢救。

12. 医生尚未到达，当班护士应　(　　)

A. 详细询问呕血的发生过程　B. 止血，测血压，配血、建立静脉通道

C. 给氧　D. 通知病房，准备床位

13. 对于抢救中的口头医嘱应　(　　)

A. 复述一遍以确认无误后执行，并于事后尽快补写

B. 立即执行

C. 不予执行

D. 要求医生先写医嘱再执行

14. 什么情况下医生可以下达口头医嘱　(　　)

A. 新病人入院　B. 手术前

C. 病人分娩时　D. 抢救病人时

15. 抢救病人时护士进行的下列工作，哪项是不正确的　(　　)

A. 口头医嘱复诵后再执行　B. 用完的空安瓿应及时处理

C. 抢救后应及时请医生补写医嘱　D. 抢救记录字迹应清晰、及时、准确

[16—19 题共同题干]

材料：病人徐某，32 岁，发热(>38℃)、气促、肺部啰音，WBC 计数不升高，肺部呈不同程度片状阴影，抗菌治疗无明显效果，疑似 SARS。

16. 应对该病人采取的隔离措施是　(　　)

A. 接触隔离　B. 严密隔离

C. 保护性隔离　D. 消化道隔离

17. 该病人使用的隔离单位最好是　(　　)

A. 使用单独隔离室　B. 同病种可安排在同一个病室

C. 隔离单位可安排在普通病区　D. 以病人为隔离单位

18. 该病人的污染物处理原则为　(　　)

A. 先清洗后灭菌　B. 先清洗后消毒

C.消毒后清洁，再灭菌　　D.先消毒后清洁处理

19.下列哪项描述是不正确的　　(　　)

A.门诊、病房各室应定期通风换气，地面应行湿式清扫，床头桌、椅应每日湿擦，保持清洁，每周大扫除一次

B.特殊感染病人除严格隔离外，其用过的器械、被服、病室都要经过严格消毒处理，用过的敷料等物品应烧毁

C.病人出院后，病室及室内物品必须做好终末消毒

D.病人床单、被套、枕套应每周更换一次

20.按消毒隔离制度要求，以下除哪项情况外必须洗手　　(　　)

A.接触病人前后

B.进行无菌操作前后

C.下班前

D.进入和离开隔离病房、ICU、母婴室、新生儿病房等重点部门时

四、简答题

1.抢救中的口头医嘱及抢救护理记录应如何执行？

2.简述医嘱查对制度的内容。

3.案例分析：一病人拟行择期"室缺修补术"，主管医师安排办理了术前签字手续，并开具了配血申请单。护士核对配血申请单时发现医生将病人血型写错（B型写成O型），因医生已离开，护士自行将血型改正为B型后，从正在输液的静脉留置针处抽取了血交叉送血库配血。请问：该护士在处理该病例过程中有哪些违规之处？应该怎样做？

4.请结合护理工作实际，论述学习护理核心制度对于临床护理质量、护理安全的意义。

（徐勤容）

第三节　护理质量管理

学习目标

1.知识要求

理解护理质量管理概念，熟悉护理质量管理的原则。

2.能力要求

能阐述护理质量管理标准的制定原则，解释并说明PDCA循环步骤及特点。

3.素质要求

运用PDCA循环理论制订护理质量改进方案。

一、概述

随着科学技术的进步和人类需求的变化，质量管理理念和方法也在不断变化发展。21

世纪是“质量的世纪”，医疗质量不仅关系到人民健康需求的满足，也关系到医疗机构自身的生存与发展。学习护理管理有必要了解护理质量管理的相关理论和质量管理的最新进展，并将其应用于护理管理实践中。

(一)质量管理的相关概念

质量(quality)又称为“品质”。在管理学中是指产品或服务的优劣程度。国际标准化组织对质量的定义是:“反映实体满足明确和隐含需要的能力的特性总和。”

质量一般包含3层含义:规定质量、要求质量和魅力质量。规定质量是指产品或服务达到预定标准;要求质量是指产品或服务的特性满足了顾客的要求;魅力质量是指产品或服务的特性超出顾客的期望。

(二)护理质量管理概念

护理质量管理(management of nursing quality)是指按照护理质量形成的过程和规律，对构成护理质量的各要素进行计划、组织、协调和控制，以保证护理工作达到规定的标准和满足服务对象需要的活动过程。开展护理质量管理，首先必须建立护理质量管理体系并有效运行，护理质量才有保证;其次，要制定护理质量标准，有了标准，管理才有依据;第三，要对护理过程构成护理质量的各要素，按标准进行质量控制，才能达到满足服务对象需要的目的。在护理质量管理过程中，各个环节相互制约，相互促进，不断循环，周而复始，质量一次比一次提高，形成一套质量管理体系和技术方法，以最佳的技术、最短的时间、最低的成本达到最优质的护理服务效果。

(三)护理质量管理任务

护理质量管理基本任务包括5个方面:

1.建立质量管理体系 护理质量是在护理服务活动过程中逐步形成的。要使护理服务过程中影响质量的因素都处于受控状态，必须建立完善的护理质量管理体系，明确规定每一个护理人员在质量工作中的具体任务、职责和权限。只有这样，才能有效地实施护理管理活动，保证服务质量的不断提高。护理质量管理体系是医院质量管理体系的一部分，应与医院质量管理体系同步建立。

2.进行质量教育 质量教育是质量管理的一项重要的基础工作。一个人的意识和观念将直接影响其行为活动及结果。因此，要搞好质量工作，关键在于提高人的质量意识。护理管理者应加强质量教育，不断增强全体护理人员的质量意识，使护理人员认识到自己在提高质量中的责任，明确提高质量对整个社会和医院的重要作用。自觉地掌握和运用质量管理的方法和技术，提高管理水平和技术水平，不断地提高护理工作质量。

3.制定和更新护理质量标准 护理质量标准是规范护士行为和评价护理质量的依据。护理管理者的一个重要任务就是建立护理质量标准，结合实际情况不断更新护理质量标准。建立系统的、科学的和先进的护理质量标准，有利于提高护理质量和护理管理水平。

4.进行全面质量控制 对影响护理质量的各要素和各个过程进行全面的质量控制;建立质量可追溯机制，利用标签、标识、记录等对服务进行唯一标识，以防物质误用和出现问题时能追查原因。

5.评价与持续改进护理质量 护理质量评价是护理质量管理中的控制工作之一。评价一般指衡量所定标准或目标是否实现或实现的程度如何，即对一项工作成效大小、工作好坏、进度快慢、对策正确与否等方面做出判断的过程。评价贯穿工作的全过程，不应仅在工作结束之后。评价是不断改进护理质量管理，增强管理效果的重要途径。质量持续改进是质量管理的灵魂，树立第一次就把工作做好，不能安于现状，要有追求卓越的意识，力争对护理质量进行持续改进。

(四)护理质量管理基本原则(见表 3-11)

表 3-..　护理质量管理基本原则

原则分类	简要解释
以病人为中心的原则	临床护理工作流程的设计、优化，以及护理标准的制定，必须尊重病人人格，满足病人需求，病人满意是现代护理质量控制的最终目的
预防为主的原则	对护理质量产生、形成和实施全过程中的每一个环节，都应充分重视预防为主的原则，做到“三预”即预想、预防、预查，降低护理质量缺陷的发生
工作标准“零缺陷”的原则	把质量问题降为零，而不是百分之几，护理质量管理中应树立“第一次把事情做对”的观念
全员参与的原则	发动及引导人人参与是实施护理质量管理的根本，形成一种人人注重质量的氛围，不断增强护理人员的质量意识及参与质量管理的意识
客观数据的原则	用客观事实和数据说话是质量管理科学性的体现。要正确地反映医院护理质量状况，必须以客观事实和数据为依据
持续改进的原则	持续改进是指在现有服务水平上不断提高服务质量及管理体系有效性和效率的循环活动

(五)护理质量管理的基本标准

1. 标准及标准化的概念

标准(standard)　是指为在一定范围内获得最佳秩序，对活动或其结果规定共同的和重复使用的规则、导则或特性的文件。它以科学技术和实践经验为基础，经有关方面协商同意，由公认的机构批准，以特定的形式发布，具有一定的权威性。我国的标准分国家标准、行业标准、地方标准和企业标准 4 级。

标准化(standardization)　是为在一定范围内获得最佳秩序，对实际的或潜在的问题制定共同和重复使用规则的活动。这种活动包括制定、发布、实施和改进标准的过程。这种过程不是一次完结，而是不断循环、螺旋式上升的。每完成一次循环，标准水平就提高一步。标准化的基本形式包括简化、统一化、系统化、通用化和组合化。

2. 护理质量标准概念及分类　护理质量标准(nursing quality standard)是依据护理工作内容、特点、流程、管理要求、护理人员及服务对象特点、需求而制定的护理人员应遵守的准则、规定、程序和方法。护理质量标准由一系列具体标准组成，如在医院工作中，各种条例、制度、岗位职责、医疗护理技术操作常规均属于广义的标准。《中华人民共和国护士管理办法》《综合医院分级护理指导原则》《基础护理服务工作规范》与《常用临床护理技术服务规范》等，均是正式颁布的国家标准。

护理质量标准分类　护理质量标准目前没有固定的分类方法。依据使用范围分为护理业务质量标准、护理管理质量标准；根据使用目的分为方法性标准和衡量性标准；根据管理过程结构分为要素质量标准、过程质量标准和终末质量标准，这三者是不可分割的标准体系。

(1)要素质量标准　要素质量标准是指构成护理工作质量的基本元素。要素质量标准既可以是护理技术操作的要素质量标准,也可以是管理的要素质量标准,每一项要素质量标准都应有具体的要求。如国家卫生计生委三级综合医院评审标准中对临床护理质量管理与改进的具体要求是:根据国家卫生计生委分级护理的原则和要求建立分级护理管理制度质量控制流程,落实岗位责任制,明确临床护理内涵及工作规范;有护理质量评价标准和考核指标,建立质量可追溯机制等。

(2)过程质量保证　过程质量是各种要素通过组织管理所形成的各项工作能力、服务项目及其工作程序或工作质量,它们是一环套一环的,所以又称为环节质量。在过程质量中强调协调的医疗服务体系能保障提供连贯医疗服务。连贯医疗服务主要指急诊与入院的衔接、诊断与治疗的衔接、科室之间的衔接、医院与社区衔接。

(3)终末质量标准　护理工作的终末质量是指病人所得到护理效果的综合质量。它是通过某种质量评价方法形成的质量指标体系。例如,住院病人是以重返率(再住院与再手术)、死亡率(住院死亡与术后死亡)、安全指标(并发症与病人安全)三个结果质量为重点。这类指标还包括病人及社会对医疗护理工作满意率等。

3. 护理质量标准化管理　护理质量标准化管理,就是制定护理质量标准,执行护理质量标准,并不断进行护理标准化建设的工作过程。制定护理质量标准的原则见表3-12。

表3-12　制定护理质量标准的原则

原则分类	简要解释
可衡量性原则	没有数据就没有质量的概念,对一些定性标准也尽量将其转化为可计量的指标
科学性原则	制定护理质量标准不仅要符合法律法规和规章制度要求,而且要能够满足病人的需要
先进性原则	总结经验和教训,以科学证据为准绳,在循证的基础上按照标准形成的规律结合护理工作特点制定标准
实用性原则	制定标准值时应基于事实,略高于事实,即标准应是经过努力才能达到的
严肃性和相对稳定性原则	凡强制性、指令性标准应真正成为质量管理的法规;其他规范性标准,也应发挥其规范指导作用,不可朝令夕改

二、护理质量管理方法

常用的护理质量管理方法有PDCA循环、DxTxA模式、QUACERS模式、以单位为基础的护理质量保证模式和质量管理圈活动等。其中PDCA循环是护理质量管理最基本的方法之一。

(一)PDCA循环

1. PDCA循环的概念　PDCA循环(PDCA cycle)是计划(plan)、执行(do)、检查(check)、处理(action)四个阶段的循环反复过程,是一种程序化、标准化、科学化的管理方式。它是由美国著名的质量管理专家爱德华·戴明(W. Edwards Deming)于20世纪50年代初提出的,又称"戴明环"(Deming cycle)。PDCA循环的过程就是发现问题和解决问题的过程。这种方法作为质量管理的基本方法,广泛应用于医疗和护理领域的各项工作中。

2. PDCA 循环的步骤 每一次 PDCA 循环都要经过 4 个阶段，8 个步骤，如表 3-13 所示。

表 3-13 PDCA 循环的步骤

阶 段	步 骤
计划阶段	第一步分析质量现状，找出存在的质量问题 第二步分析产生质量问题的原因或影响因素 第三步找出影响质量的主要因素 第四步针对影响质量的主要原因研究对策
实施阶段	第五步按照预定的质量计划、目标、措施及分工要求付诸实际行动 第六步根据计划要求，对实际执行情况进行检查，寻找和发现计划执行中的问题并进行改进
检查阶段	第七步把成果和经验纳入有关标准和规范之中，巩固已取得的成绩，防止不良结果再次发生
处置阶段	第八步把没有解决的质量问题或新发现的质量问题转入下一个 PDCA 循环，为制订下一轮循环计划提供资料

原有的质量问题解决了，又会产生新的问题，问题不断产生又不断被解决，PCDA 循环不停地运转，这就是护理管理不断前进的过程。

3. PDCA 循环的特点

(1)系统性 PDCA 循环作为科学的工作程序，从结构上看，循环的 4 个阶段是一个有机的整体，缺少任何一个环节都不可能取得预期效果，比如计划不周，会给实施造成困难；有工作布置无后续检查，结果可能会不了了之；不注意将未解决的问题转入下一个 PDCA 循环，工作质量就难以提高。

(2)关联性 PDCA 循环作为一种科学的管理方法，适用于各项管理工作和管理的各个环节。从循环过程看，各个循环彼此关联，相互作用。护理质量管理是医院质量管理循环中的一个子循环，与医疗、医技、行政、后勤等部门质量管理子循环共同组成医院质量管理大循环。而各护理单元又是护理质量管理体系中的子循环。整个医院运转的绩效，取决于各部门、各环节的工作质量，而各部门、各环节必须围绕医院的方针目标协调行动。因此，大循环是小循环的依据，小循环是大循环的基础。通过 PDCA 循环把医院的各项工作有机地组织起来，达到彼此促进，持续提高的目的(见图 3-3)。

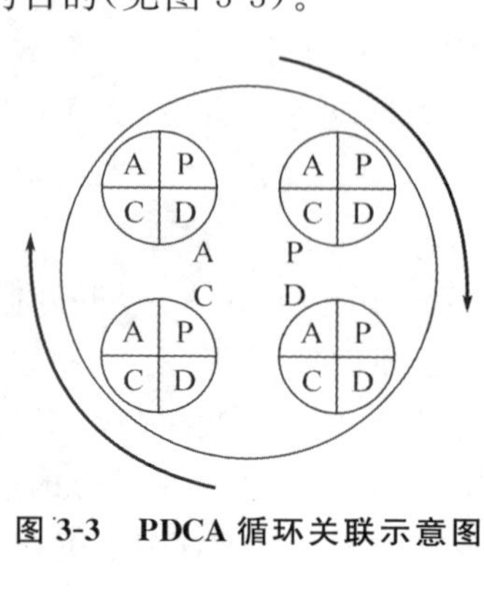

图 3-3 PDCA 循环关联示意图

(3)递进性　PDCA 循环作为一个持续改进模型，从结果上看，是呈阶梯式上升的。PDCA 循环不是一种简单的周而复始，也不是同一水平上的循环。每次循环，都要有新的目标，都能解决一些问题，就会使质量提高一步，接着又制订新的计划，开始在较高基础上的新循环。这种螺旋式的逐步提高，使管理工作从前一个水平上升到更高一个水平(见图 3-4)。

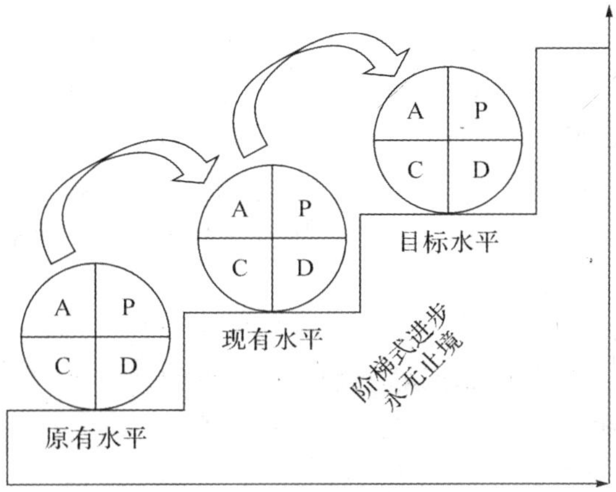

图 3-4　PDCA 循环递进性示意图

(二)临床路径

1. 临床路径概念　临床路径(clinical pathway)是由临床医师、护士及支持临床医疗服务的各专业技术人员共同合作，为服务对象制订的标准化诊疗护理工作模式，同时也是一种新的医疗护理质量管理方法。

2. 临床路径与护理　临床路径(护理版)是针对特定的病人群体，以时间为横轴，以各理想护理措施为纵轴的日程计划表，是有预见性地进行工作的依据。护理在临床路径中的作用与地位是不容忽视的。护士是执行临床路径团队的核心成员之一，在临床路径管理模式下，医护关系发生了根本的变化，由从属配合关系变为平等合作关系；护理活动也是临床路径活动的重要内容。在执行临床路径过程中，护理活动可归纳为监测评估、检验、给药、治疗、活动、饮食、排泄护理、护理照顾、护理指导、出院规划、评价等项目，并规划在每日的护理行动中。

(三)JCI 认证

1. JCI 认证的概念　JCI(Joint Commission International)是联合委员会国际部的简称，创建于 1998 年，是美国医疗机构认证联合委员会(Joint Commission on Accreditation of Healthcare Organization，以下简称 JCAHO)的国际部，也是世界卫生组织(The World Health Organization，简称 WHO)认可的全球评估医院质量的权威评审机构。JCI 认证是一种医院质量管理和改进的有效手段，属于国际医院质量评审方法。JCI 标准的最大特点是以满足服务对象的全方位合理需求作为主要的依据，其理念是最大限度地实现医疗服务"以病人为中心"，并建立相应的政策、制度和流程以鼓励持续不断的质量改进，规范医院管理，为病人提供周到、优质的服务。

2. 中国引入 JCI 标准　中国作为世界上最大的医疗服务体系，在医院评审方面也进行了卓有成效的探索。20 世纪 80 年代末至 90 年代末，在全国范围内普遍开展的医院分级管理与医院评审工作，就是在总结我国三级医疗网和文明医院建设经验的基础上，借鉴国外医院评审经验建立起来的中国医院评审制度。2002 年，中国同美国医疗机构认证联合委员会（JCAHO）领导人就中国翻译出版的《联合委员会国际部医院评审标准》（第二版）中文译本达成共识。2003 年 9 月，由中华医院管理学会组织翻译出版的《联合委员会国际部医院评审标准》（第二版）正式出版。同时，国家卫生计生委委托中华医院管理学会修订了我国医院评审标准，并在北京四家三级医院进行了医院评审试点。2005 年，国家卫生计生委引入第二版 JCI 标准，结合我国通过 JCI 评审认证医院的成功经验，与中国医院评审实践相结合，以"医院管理年"为契机颁布了《医院管理评价指南（试行）》，成为医院评审的标准雏形。2011 年颁布的《三级综合医院评审标准（2011 年版）》的特点是：在制定时突出以病人需求为导向，更加关注病人就医的感受，以"质量、安全、服务、管理、绩效"为重点，监测指标是以过程（核心）质量指标与结果质量指标并重的模式展现。

3. JCI 认证的意义 JCI 标准的管理模式强调以病人为中心，它的意义不仅是提供一套医院服务质量管理标准，更是协助医院进行科学管理的工具。只要医院按照标准进行管理及持续改进，对医院的各项工作都将有很好的提升作用。医疗机构必须建立连续监测病人安全的系统，以构建零风险的就医环境为最终目标。根据 JCI 提供的方法，以满足病人安全需求为出发点，建立病人安全监测指标及意外事件报告程序，对医疗服务细节的安全进行评估，可有效地防止不良事件的发生。

4. 品管圈活动 品管圈活动（quality control circle）是指由同一工作现场内、工作性质相类似的基层人员所组成工作小组，在自我和相互启发下，活用各种质量控制（quality control，QC）手法，全员参与，对自己的工作现场不断地进行维持与改善的活动。品管圈活动是全面品质管理的一个环节，强调自我启发，相互启发；强调自我检讨，自主管理，解决自己工作现场的问题；中层以上干部扮演支持、鼓励、关心辅导等角色；强调全员参与，共同讨论，集思广益的效果。品管圈活动的精神：一是尊重人性。品管圈活动要求尊重人性，鼓励员工多动脑，多提出改善意见，营造愉快的工作环境。二是发挥员工的脑力，开发无限脑力资源。

三、护理质量评价与持续改进

护理质量评价是护理质量管理的重要手段，贯穿于护理过程的始终，是一项系统工程。通过护理评价可以客观地反映护理质量和效果，确定发生问题的原因，寻找改进的机会，进行持续改进，不断提高护理质量。

评价一般指衡量锁定标准或目标是否实现或实现的程度如何，即对一项工作成效大小、工作好坏、进展快慢、对策正确与否等方面做出判断的过程。评价的主体是内部评价和外部评价，评价的客体是护理结构、过程和结果。评价的过程是收集资料，将资料与标准进行比较并作出判断的过程。根据评价时间分定期评价和不定期评价，前者按月、季度、半年或一年进行，后者根据需要进行；根据内容分为综合性和目标性专题评价；根据评价主体分为：医院外部评价、上级评价、同级评价、自我评价和服务对象评价。

（一）护理质量评价方法

1. 以要素质量为导向的评价 以要素质量为导向的评价是以构成护理服务要素质量基

本内容的各个方面为导向所进行的评价。护理质量评价的基本内容包括与护理活动相关的组织结构、物质设施、资源和仪器设备及护理人员的素质等。具体表现为：①环境，病房结构布局是否合理，病人所处环境的质量是否安全、清洁、舒适、温度、湿度等情况；②护理人员工作安排，人员素质和业务技术水平是否合乎标准，是否选择恰当的护理工作方法，管理者的组织协调是否合理等；③与护理工作相关的器械、设备的使用和维护，器械、设备是否处于正常的工作状态，包括药品、物品基数及保持情况；④病人情况，护士是否掌握病人的病情，制订的护理计划和采取的护理措施是否有效，病人的生理、心理、社会的健康是否得到照顾；⑤护理文书是否完整，医院规章制度是否落实，后勤保障工作是否到位等。

以要素质量为导向的评价方法有现场检查、考核、问卷调查、查阅资料等。

2. 以流程优化为导向的评价　护理流程优化是对现有护理工作流程的梳理、完善和改进的一项策略，不仅仅要求护理人员做正确的事，还包括如何正确地做这些事。医院护理单元通过不断发展、完善、优化流程以提高护理质量。以流程优化为导向的评价就是以护理流程的设计、实施和改进为导向对护理质量进行评价。护理流程优化内容涉及管理优化、服务优化、成本优化、技术优化、质量优化、效率优化等优化指标。以流程优化为导向的评价，是针对某一个或多个优化指标进行评价的。具体表现为：①护理管理方面，护理人员配置是否可以发挥最大价值的护理工作效益，排班是否满足病人需求，有利于护理人员健康和护理工作的安全有效执行，护理操作流程是否简化且使得病人、护理人员、部门和医院均受益等；②服务方面，接待病人是否热情，病人安置是否妥当及时，入院及出院介绍是否详细，住院过程中是否能做到主动沟通，有问必答等；③技术方面，急救流程、操作流程、药品配置流程、健康教育流程等；④成本方面，病房固定物资耗损情况、水电消耗、一次性物品等护理耗材使用情况等。

以护理流程优化为导向的评价方法主要为现场检查、考核和资料分析，包括定性的评价内容和各种用于定量分析的相关经济指标、护理管理过程评测指标及其指标值。

3. 以病人满意为导向的评价　病人作为护理服务的受体，对护理质量的评价是对护理工作最直接并较为客观的评价。以病人满意为导向的护理质量评价是将监测评比重点放在病人的满意度方面，将监督、评价护理质量的权利直接交给病人，既维护了病人的权益，又最大限度地实现了护理工作以满足病人需求为目的服务宗旨。根据病人对护理服务的评价，给予分析、评估护理服务的效果，从而达到护理服务质量持续改进的目的。评价内容包括：护理人员医德医风、工作态度、服务态度、技术水平、护患沟通、满足病人生活需要、健康教育（即入院宣教、检查和手术前后宣教、疾病知识、药物知识宣教、出院指导）、病区环境管理、护士长管理水平等。

以病人满意为导向的评价方法有：①与病人直接沟通。这是获取病人满意程度的最佳方式。但由于医院难以做到与所有病人直接沟通，所以通常采用定期邀请病人代表召开座谈会收集意见，设立病人来信来访室，安排专人接待病人，开通病人热线电话等方式。②问卷调查。调查问卷可通过信函、传真、电子邮件、网上调查、现场发放调查等形式进行。③病人投诉。一般要求医院主动设立公开投诉热线电话，在重要场所设立投诉信箱，方便病人投诉，广泛获取病人意见。此外，还可以通过新闻媒体的报道，权威机构的调查结果，行业协会的调查结果等获取病人满意度信息。

（二）护理质量评价结果分析

护理质量评价的结果直接表现形式主要是各种数据，但用这些数据尚不能直接对护理质量进行判断,必须进行统计分析。护理质量评价结果分析方法较多,可根据收集数据的特性采用不同的方法进行分析。常用的方法有定性分析法和定量分析法两种。定性分析法包括调查表法、分层法、水平对比法、流程图法、亲和图法、头脑风暴法、因果分析图法、树图法和对策图法等。定量分析法包括排列图法、直方图法和散点图的相关分析等。

1. 调查表法　调查表法是用于系统收集、整理分析数据的统计表。通常有检查表、数据表和统计分析表等。

2. 因果图法　因果图法是分析和表示某一结果(或现象)与其原因之间关系的一种工具。通过分层次列出各种可能的原因,帮助人们识别与某种结果有关的真正原因,特别是关键原因,进而寻找解决问题的措施。

因果图因其形状像鱼刺,故又称鱼骨图,包括"原因"和"结果"两个部分,原因部分又根据对质量问题造成影响的大小分大原因、中原因、小原因。

其制作步骤是:①明确要解决的质量问题;②召开专家及有关人员的质量分析会,针对要解决的问题找出各种影响因素;③管理人员将影响质量的因素按大、中、小分类,依次用大小箭头标出;④判断真正影响质量的主要原因。

例如,某医院针对病房红灯使用次数高与护理工作的关系,找出各种原因,判断主要原因,作出因果图(见图 3-5)。

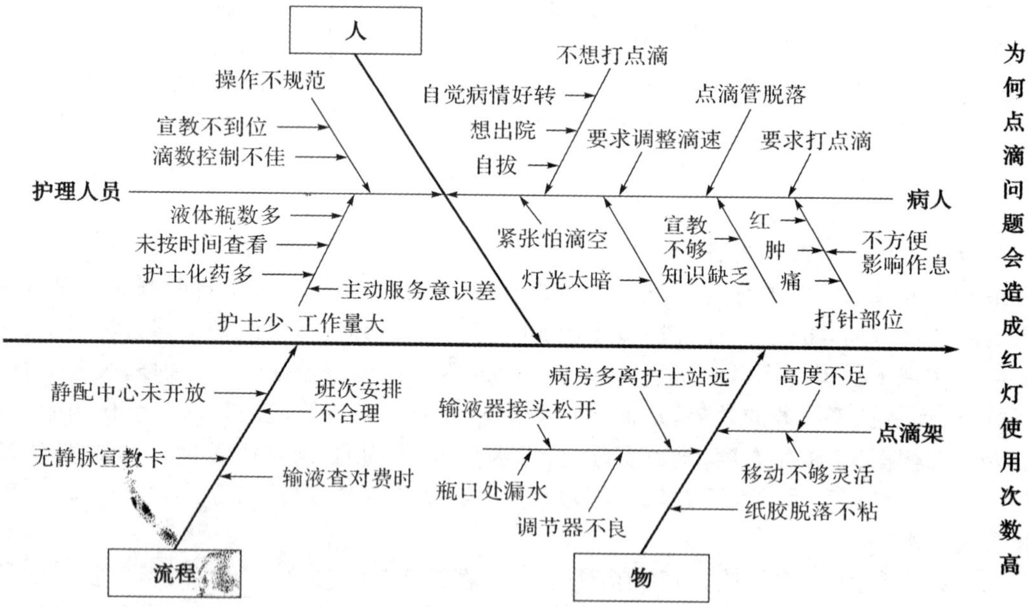

图 3-5　病房红灯使用次数高的因果分析

3. 柏拉图(Pareto diagram)　又称排列图、ABC 图。它是可以帮助我们找出关键问题,抓住重要的少数及有用的多数,适用于计数值统计。

早在 1897 年,意大利经济学家柏拉图(Pareto)在分析社会经济结构时发现一个规律,80%的社会财富集中在 20%的人手里,而 80%的人只拥有社会财富的 20%,后被称为"柏拉图原则"。

柏拉图的作用:①确定影响质量的主要因素。通常按累计百分比将影响因素分为三类:累计百分比在80%以内为A类因素,即主要因素;累计百分比在80%~90%为B类因素,即次要因素;累计百分比在90%~100%为C类因素,即一般因素。由于A类因素已包含80%存在的问题,若此问题解决了,那么大部分质量问题就得到了解决。②确定采取措施的顺序。③动态柏拉图可评价所采取措施的效果。

4. 直方图 直方图是用来整理数据,将质量管理中收集的数据,按一定要求进行处理,逐一构成一个直方图,然后对其排列,从中找出质量变化规律。直方图是预测质量好坏的一种常用的质量统计方法。

5. 头脑风暴(brainstorm) 又称脑力激荡,是指一群人(或小组)围绕一个特定的兴趣或领域,进行创新或改善,产生新点子,提出新办法。头脑风暴是最早由美国管理学专家奥斯本博士(Martin J. Osborne)提出的一种会议方法,针对某一主题,尽量让与会者在不加批评的气氛下,提出构想,同时利用灵感的互相诱导,由别人的构想,联想到其他的构想,从而激发集体智慧的产生和创新设想的提出。在头脑风暴中,每一个人都被鼓励就某一具体问题及其解决办法,畅所欲言,提供己见,从而产生尽可能多的观点,即便有些主意可能不会被完全采纳。由于头脑风暴采用了"没有拘束"的规则,人们能够更自由地思考,进入思想的新领域,从而产生更多的新观点和问题解决方法。

(三)不良事件申报管理

1. 医疗不良事件(medical adverse events) 是指非有意地伤害或并发症导致病人出院时的失能(disability)、死亡或住院时间延长,它是由医疗卫生处置而非病人的疾病过程所导致的。失能被定义为持续一段时间的功能障碍、永久性伤残或发生死亡的情况。医疗不良事件可分为不可预防的不良事件和可预防的不良事件两类。

2. 护理不良事件 目前没有统一的定义。一般指病人在住院期间发生的跌倒、用药错误、走失、误吸、窒息、烫伤以及其他护理意外事件,均属于护理不良事件。

3. 医疗不良事件发生情况 统计显示,住院病人的医疗不良事件发生率约为4%~6%,平均为10%。美国哈佛大学研究人员发现:4%的住院病人遭受某种不良事件的伤害。英国卫生部2000年的报告估计:住院病人中不良事件发生率约为10%,1年约发生不良事件850000件。澳大利亚卫生保健质量研究1995年的报告指出:住院病人不良事件发生率约16.6%。欧洲医疗质量专题调查委员会2000年的报告估计:在欧洲的医院,每10位病人就有1位遭受应可预防的伤害以及与医疗护理相关的不良后果。新西兰和加拿大的研究也提示:不良事件发生率约10%。

4. 医疗不良事件报告情况 目前,医疗不良事件报道数量与实际发生数量相差甚远。有文献报道在英国高达96%的医疗不良事件未被报告,加拿大医疗不良事件的报告率仅为7.5%,美国科罗拉州和犹他州的医疗机构的医疗不良事件的报告率仅为1%,我国医疗事故报告率<1%。影响呈报不良事件的因素是多方面的,对不良事件的认知、报告系统本身不完善和处理方法缺乏合理性是主要原因,发生差错后担心被惩罚是当今医疗机构内病人安全促进的唯一的最大障碍。

5. 建立非惩罚性护理不良事件报告系统 不良事件管理属于风险管理。不良事件的全面报告,有利于发现医院安全系统存在的不足,提高医院系统安全水平,促进医院及时发现事故隐患，不断提高对错误的识别能力，保证医疗卫生服务安全。不良事件报告后的信息共享，可以使相关人员能从他人的过失中吸取经验教训，以免重蹈覆辙。医院护理不良事件自愿报告系统应具有以下特点：①非惩罚性。报告者不担心因为报告而受到责备和惩罚。②保密性。不将有关信息提供给第三方。③独立性。系统应独立于任何有权处理报告者和组织的权力部门。④时效性。报告应得到及时的分析，从而迅速地提出改进建议并及时反馈。⑤专家分析。报告应交由相关临床专家分析。⑥针对系统。提出的改进建议应该针对系统或过程，而不是个人，以避免、防止失误的出现或再次发生。

（四）护理质量持续改进

护理质量改进包括寻找机会和对象，确定质量改进项目和方法，制订改进目标、质量计划、质量改进措施，实施改进活动，检查改进效果和不断总结提高。护理质量改进机会，一是出现护理质量问题后的改进，是及时针对护理服务过程进行检查、体系审核、收集顾客投诉中所呈现出来的问题，组织力量分析原因予以改进。二是没有发现质量问题时的改进，主要是指针对护理服务过程主动寻求改进机会，主动识别顾客新的期望和要求，在与国内外同行比较中明确方向和目标，寻求改进措施并予以落实。

实例分析

【实例资料】2004 年 6 月 13 日 20:03，某医院普通外科 21 床病人李某呼叫值班护士为其更换腹腔冲洗液，值班护士魏某随即予以处理，20:50 护士魏某巡视病房至 21 床病人李某处，发现李某表情痛苦，采取强迫体位，护士检查时发现腹腔冲洗管路连接的是 250ml 脂肪乳液，立即停止冲洗，更换冲洗液体并报告值班医生和护士长，以作进一步的处理。事后调查发现有 70ml 脂肪乳液被输入腹腔导致腹膜炎。经科室积极救治 10 天后病人痊愈出院。据调查该科编制床位 35 张，实际展开床位 48 张，护士 12 人，主要收治胃肠疾病病人，其中晚期癌症病人占 50%，以高龄病人为主。2004 年 6 月 13 日当日手术 8 台，其中大手术 6 台，当晚值班护士 1 名，实习护生 1 名，治疗护理工作繁重。当晚值班护士魏某当日晨下大夜班后，立即回家陪伴病重祖母，一直未休息，当晚接班不久后又得知祖母病故，此时魏某没有向护士长报告此情况而继续坚持值班。此外，该病人的腹腔引流管、股静脉置管管道标识已模糊不清，病房加床多，输液架少，故将静脉用液体和腹腔冲洗用液体同挂于一输液架上。

【问题分析】结合本章所学知识理论，你认为出现这起质量缺陷的原因有哪些？应该如何处理？

案例分析提示：应用本章质量评价结果分析方法中脑力激荡、因果图等，从人、物、制度与流程等方面分析该事件发生的所有原因，从而找出主要原因，制订解决问题的措施。如分析护理规章制度是否健全？是否执行到位？综合所学知识，找出相关的护理质量管理方法，如 PDCA 循环法，帮助护士、护士长正确解决护理质量管理问题以杜绝再发生类似质量缺陷。

同步训练

一、名词解释

护理质量管理　PDCA 循环

二、填空题

1. 护理质量管理的基本原则为(　　)、(　　)、(　　)、(　　)、(　　)、(　　)。

2. 护理质量评价结果分析常用的方法是(　　)和(　　)。

三、选择题

1. 哪项不是护理质量管理的任务　(　　)

A. 建立质量管理体系　B. 进行全面质量控制

C. 评价与持续改进　D. 加强思想教育

2. 关于制定护理质量标准的原则,下列哪项应除外　(　　)

A. 科学性　B. 实用性　C. 创新性　D. 先进性

3. PDCA 循环中的第三步是　(　　)

A. 分析现状　B. 找出主要原因

C. 研究对策　D. 分析原因

4. PDCA 循环具有哪项特点　(　　)

①系统性　②递进性　③关联性　④实用性

A. ①②③④　B. ②③④　C. ①②③　D. ①②④

5. "品管圈"活动的主要精神是　(　　)

A. 提高领导的管理能力　B. 开发员工的脑力资源

C. 保证病房的整洁　D. 提高病人的满意度

6. 定性分析法包括　(　　)

①流程图法　②头脑风暴法　③调查表法　④因果图法

A. ①②③　B. ①③④　C. ①②③④　D. ①②④

7. 属于护理不良事件的是　(　　)

①烫伤　②跌倒　③用错药　④病人丢失　⑤开错医嘱

A. ①②③④⑤　B. ②③④　C. ①②③④　D. ①②④

8. 医院护理不良事件自愿报告系统应具有以下特点　(　　)

①非惩罚性　②独立性　③保密性　④实效性　⑤针对系统

A. ①②③④⑤　B. ③④⑤　C. ①④⑤　D. ①②③

(韩继红)

参考答案

第一章　卫生法学基础

一、名词解释

略

二、填空题

略

三、选择题

1. A　2. C　3. D　4. A　5. D　6. A　7. D　8. C　9. D　10. A
11. C　12. B

四、简答题

略

第二章　医护执业活动相关的法律、法规、规章

第一节　医疗机构管理法律制度

一、名词解释

略

二、填空题

略

三、选择题

1. A　2. C　3. A　4. A　5. D

四、简答题

略

第二节　医师执业法律制度

一、名词解释

略

二、填空题

略

三、选择题

1. D　2. B　3. A

四、简答题

略

第三节　护士管理法律制度

一、名词解释

略

二、填空题

略

三、选择题

1. A　2. D　3. D　4. B　5. B　6. A　7. D　8. C　9. C　10. B
11. A　12. C　13. D　14. B　15. A

四、简答题

略

第四节　药品管理法律制度

一、名词解释

略

二、填空题

略

三、选择题

1. C　2. B　3. A

四、简答题

略

第五节　献血法、红十字会法律制度

一、名词解释

略

二、填空题

略

三、选择题

1. (1)C　(2)B　2. (1)C　(2)D

四、简答题

略

第六节　医疗事故处理法律制度

一、名词解释

略

二、填空题

略

三、选择题

1. A　2. D　3. D　4. B

四、简答题

略

第七节 传染病、艾滋病法律制度

一、名词解释

略

二、填空题

略

三、选择题

1. A　2. B　3. D　4. D　5. A　6. D　7. B　8. A　9. A　10. C

四、简答题

略

第八节 母婴保健法律制度

一、名词解释

略

二、填空题

略

三、选择题

1. A　2. B　3. D　4. A

四、简答题

略

第九节 人口与计划生育法律制度

一、名词解释

略

二、填空题

略

三、选择题

1. A　2. B　3. D　4. A

四、简答题

略

第十节 食品安全法律制度

一、名词解释

略

二、填空题

略

三、选择题

1. C　2. A

四、简答题

略

第十一节 医疗损害责任法律制度

一、名词解释

略

二、填空题

略

三、选择题

1. A 2. C 3. A 4. C 5. B

四、简答题

略

第十二节 精神卫生法律制度

一、名词解释

略

二、填空题

略

三、选择题

1. A 2. C 3. D 4. D 5. B 6. C 7. B 8. B 9. B 10. A
11. C 12. C 13. D 14. B 15. A

四、简答题

略

第十三节 突发公共卫生事件应急处理法律制度

一、名词解释

略

二、填空题

略

三、选择题

1. B 2. A 3. B 4. A

四、简答题

略

第十四节 医疗废物管理法律制度

一、名词解释

略

二、填空题

略

三、选择题

1. A 2. A 3. B 4. C

四、简答题

略

第三章　护理管理基础

第一节　护理管理组织

一、名词解释

略

二、填空题

略

三、选择题

1. B　2. A　3. B　4. D　5. C　6. D　7. C　8. A　9. C　10. A
11. A　12. A　13. C　14. A　15. A　16. C　17. A

第二节　护理规章制度

一、名词解释

略

二、填空题

略

三、选择题

1. A　2. A　3. B　4. C　5. C　6. B　7. D　8. D　9. A　10. D
11. C　12. B　13. A　14. D　15. B　16. B　17. A　18. C　19. D　20. C

四、简答题

略

第三节　护理质量管理

一、名词解释

略

二、填空题

略

三、选择题

1. D　2. C　3. B　4. C　5. B　6. C　7. C　8A

参考文献

[1] 蔡菲.出生人口性别比升高问题及其对策研究[M].北京:社会科学文献出版社,2012.

[2] 蔡卫忠,王福玲.最新医疗法律解读与案例精析[M].北京:中国法制出版社,2008.

[3] 陈瑶,田侃.卫生法学[M].北京:科学出版社,2010.

[4] 达庆东,曹文妹,田侃.卫生法学纲要[M].3版.上海:复旦大学出版社,2004.

[5] 丁朝刚.卫生法学案例分析[M].重庆:西南大学出版社,2008.

[6] 国务院法制办公室.中华人民共和国常用法律法规规章司法解释大全[M].北京:中国法制出版社,2011.

[7] 国务院法制办公室.中华人民共和国精神卫生法[M].北京:中国民主法制出版社,2013.

[8] 姜丽萍.护理管理学[M].杭州:浙江大学出版社,2012.

[9] 黎东生.卫生法学[M].北京:人民卫生出版社,2013.

[10] 李继平.护理管理学[M].3版.北京:人民卫生出版社,2012.

[11] 梁宏.失衡的两性"天平"——广东省出生性别比问题探讨[M].北京:社会科学文献出版社,2008.

[12] 陆皓.护理岗位管理工作制度与岗位职责[M].北京:人民军医出版社,2013.

[13] 莫丽霞.出生人口性别比升高的后果研究[M].北京:中国人口出版社,2005.

[14] 全国护士执业资格考试用书编写专家委员会.全国护士执业资格考试指导[M].北京:人民卫生出版社,2013.

[15] 施卫星,王国平.医学伦理与卫生法——理论与实践[M].北京:中国时代经济出版社,2012.

[16] 石超明,何振.卫生法学[M].2版.武汉:武汉大学出版社,2014.

[17] 宋文质.卫生法学[M].2版.北京:北京大学医学出版社,2008.

[18] 谭建三.卫生法学[M].郑州:郑州大学出版社,2009.

[19] 陶高清,马骥.卫生法学[M].北京:人民军医出版社,2010.

[20] 田侃,陈瑶.医药卫生法[M].北京:科学出版社,2005.

[21] 田侃.卫生法规[M].北京:中国中医药出版社,2010.

[22] 田侃,朱晓卓.医学法学[M].北京:中国医药科技出版社,2013.

[23] 王峰.卫生法律法规[M].北京:科学出版社,2013.

[24] 王胜明.中华人民共和国侵权责任法释义[M].北京:法律出版社,2010.

[25] 中华人民共和国精神卫生法医务人员培训教材编写组.中华人民共和国精神卫生法医务人员培训教材[M].北京:中国法制出版社,2013.

[26] 杨芳,杨才宽.卫生法学[M].2版.合肥:中国科学技术大学出版社,2013.

[27] 杨菊华，宋月萍，翟振武，等．生育政策与出生人口性别比[M]．北京：社会科学文献出版社，2009.
[28] 杨立新．医疗损害责任法[M]．北京：法律出版社，2012.
[29] 中国法制出版社．医药卫生法律适用全书[M]．北京：中国法制出版社，2012.
[30] 余凤英，宋建华．护理管理学[M]．3 版．北京：高等教育出版社，2014.
[31] 张幸国，王临润，刘勇．医院品管圈辅导手册[M]．北京：人民卫生出版社，2012.
[32] 赵同刚．卫生法[M]．2 版．北京：人民卫生出版社，2004.
[33] 郑平安．卫生法学[M]．北京：科学出版社，2008.
[34] 中国法制出版社．医药卫生法律·法规·规章[M]．北京：中国法制出版社，2011.
[35] 朱晓卓．卫生法律实务[M]．南京：东南大学出版社，2013.